圖解系列

圖解

三大特色
- 一讀就懂的國際傳播入門知識
- 文字敘述簡明易懂、提綱挈領
- 圖表方式快速理解、加強記憶

國際傳播

莊克仁 著

閱讀文字

理解內容

觀看圖表

五南圖書出版公司 印行

作者的話

比起國際大國，如俄羅斯、美國或加拿大，臺灣只不過是個小島，但就歷史發展與地理位置而言，臺灣在世界的重要性，確有其不可忽視的地位。

就國際貿易而言，臺灣從明朝開始，或許在更早些的年代，就和中國、日本、南洋，甚至更遠的非洲，有過經濟與商務的往來，至少站在貿易轉運站的角度，臺灣和其他國家、地區和民族以物易物或雙方買賣的關係，就歷史上有過的記載，是極其頻繁的。

儘管如此，由於政治、社會、教育或其他的原因，近期的臺灣卻受限於許多觀念和作法，對於國際傳播這一塊領域，比起其他鄰近國家，顯然做的不夠多，也做的不完整。

國際傳播在臺灣未必是個顯學，但在網路化、數位化和國際化腳步的催促下，它的重要性與影響力愈來愈大，要達到理想的國際傳播，除了增強外國語言，尤其英語的應用能力外，還要藉由國際貿易、觀光旅遊、公民互訪、城市交流、交換學生等方式來持續進行。在媒體方面則多能以不同的外國語言和管道報導臺灣，同時加強與國際溝通。

但願每一位從臺灣走出去的男女老幼，都能在世界任何角落與人和平相處，並且變成好朋友！

莊克仁

本書目錄

本書目錄

本書目錄

第 15 章　國際傳播與跨文化傳播

第 16 章　國際傳播的效果與展望

第 **1** 章

導論

● 章節體系架構

Unit 1-1
國際宣傳與國際傳播

圖解國際傳播

002

一、國際宣傳

在羅馬帝國時代，宣傳一詞即是消息的傳播。國際宣傳（international propaganda）無非是將宣傳活動，擴充到國外去，設法使他人瞭解自己，進而相信自己，以便在交流中做出對自己有利或有好的表現。隨著科技發達與國際間的交流日漸密切，國與國之間相互宣傳已日益受到重視。根據二十世紀以後的經驗顯示，宣傳在爭取人心或打擊敵方士氣上，都有相當顯著的效果。

從第一次世界大戰開始，各國逐漸瞭解在總體戰爭中必須「心戰」和「武力」並行，方能奏效。其後隨著無線電廣播發明與普及，使得「國際宣傳」至第二次世界大戰時更加活躍。各國除投資大量經費推展國際宣傳外，亦盡力排除其他國家對本國的宣傳。

可見國際宣傳之發展與國家整體戰略及外交思維密不可分，國際宣傳對於主權國家之重要性可見一斑。而國際宣傳之定義眾多，美國傳播學者 John Martin 對國際宣傳之定義為：「凡是一國的人民或政府，超越國界，向他國人民散布宣傳者，謂之國際宣傳」；相同地，當在一國的領域內宣傳，而不論此人或議論者的公民資格為何，在另一國家的領土範圍可以接收到的，亦稱為「國際宣傳」。

相較 Martin 廣義之定義，學者 Jacques Ellul 對國際宣傳之定義則較為狹義，其認為國際宣傳包括心理上的影響、心戰、再教育、洗腦、潛移默化、公共和人際關係。國際宣傳是全體動員的，從事國際宣傳者一定要利用所有可供使用之科技，包括報紙、電視、廣播、電影、海報、演說，甚至挨家挨戶登門遊說，皆為國際宣傳之手段。前美國新聞總署（United States Information Agency, USIA）將國際宣傳定義為：「一種具有選擇性及偏見的資訊，以期能灌輸、改變或影響特定的聽（觀）眾。」

二、國際傳播

上述對於國際宣傳的定義不盡相同，今日西方國家使用「國際宣傳」一詞頻率亦已下降，代之而起的是以國際傳播（international communication）等新的用詞。國際傳播之發軔，與國際政治、外交皆有相關。國際傳播可定義為跨越兩個或兩個以上國家文化體系之訊息交流。研究國際傳播的學者 Hamid Mowlana 將國際間訊息交流之種類及途徑，分為「科技導向」和「人文導向」，總共包含八個層面：印刷媒介、廣播媒介、影音媒介、衛星通訊、網路科技、觀光移民、教育文化交流、外交政治交流。

據上述國際傳播之層面，國際傳播的進行，一方面由外向內將國際社會之重要事件和變化，傳達給本國民眾；另一方面由內向外把有關本國政治、經濟、文化等方面的訊息，傳達給國際社會。再就國際傳播主導者而言，前述國際宣傳與公眾外交兩者主導主要係政府，但國際傳播推動者除國家外，尚有其他國際行為主體，故國際傳播在行為主體及層面上均較前述兩者更加廣泛。

三、全球傳播

主要是一種以美國為首的西方發達國家主控的單向訊息傳播，使西方發達國家的文化，特別是美國的消費主義和娛樂主義文化逐漸充斥於全球的每一個角落。全球傳播要擴散的文化就扎根於人欲之中，因此具有普世的特徵。

國際宣傳與國際傳播定義

國際宣傳

→ John Martin 廣義定義：凡是一國的人民或政府，超越國界，向他國人民散布宣傳者。

→ Jacques Ellul 狹義定義：國際宣傳包括心理上的影響、心戰、再教育、洗腦、潛移默化、公共和人際關係。

國際傳播

→ Hamid Mowlana：將國際間訊息交流之種類及途徑，分為「科技導向」和「人文導向」，總共包含八個層面。

→ 包括印刷媒介、廣播媒介、影音媒介、衛星通訊、網路科技、觀光移民、教育文化交流、外交政治交流。

全球傳播

→ 是國際傳播的擴大和發展，包括傳統的國際傳播的各個領域，且有全新課題。

→ 例如：文化、國家發展、外交策略、衝突與衝突的解決、科技、新聞的流通、國家主權、大眾傳播系統比較、立法與政策、人權與公民權、意識形態衝突、戰爭與和平，以及宣傳與影響。

→ 全球傳播的成長，為人類與國家間以往的組織、貿易與傳播形態所建立起來的組織和網路帶來了變化。

→ 我們倚賴著全球傳播的流動，以提供來自世界各地的資訊，亦即對於需要倚賴其他人為我們蒐集並傳遞資料的程度也就越大。

→ 全球傳播的研究與理論是一個「多方面科學」，因為它處在眾多領域之間。

Unit 1-2
國際傳播、全球傳播與跨文化傳播

圖解國際傳播

004

一、國際傳播

國際傳播有廣義和狹義兩種界定。廣義的國際傳播包括跨越國界的大眾傳播和人際傳播，狹義的國際傳播僅指跨越國界的大眾傳播。

為何採取廣義國際傳播說？主要有兩個原因：一是現今交通發達、各國開放度增大，以旅遊、移民、留學、訪問、會議等形式的過境人員往來日益頻繁。二是網際網路（Internet）的發展使大眾傳播與人際交流日益融為一體，國際傳播的訊息發送者中，跨國公司、個人的作用日益增強。這些新形勢使廣義國際傳播得到更多的認可。

總之，國際傳播乃指透過政府、組織、個人進行的跨越國界的傳遞訊息過程。

二、國際傳播與全球傳播的區別

全球傳播（global communication）是國際傳播的擴大和發展，包括傳統國際傳播的各個領域有全新課題。全球傳播主要是一種以美國為首的西方發達國家主控的單向訊息傳播，使西方發達國家的文化，特別是美國的消費主義和娛樂主義文化逐漸充斥全球的每一個角落。全球傳播要擴散的文化就扎根於人欲之中，因此具有普世的特徵。

弗雷德里克（H. Frederick）曾對國際傳播和全球傳播進行過區分，認為全球傳播包括非國家角色（例如：非政府組織和跨國公司）之間的傳播。但如果把國際傳播和全球傳播混為一談，名為全球傳播，實為國際傳播，那就不妥了。這兩種說法有微妙而重大的區別：第一，全球是一個地理概念，國際是一個政治概念。第二，當前在地球上發送訊息者，無論是機關團體、工廠、企業、跨國公司，還是個人，都是有國籍的。第三，用全球傳播代替國際傳播，不利於由國際傳播引起衝突的解決，解決國際傳播問題主要靠國家的外交。第四，如果說「在各國之間的關係中，文明進展可以認為是從武力到外交，從外交到法律的運動」的話，目前世界中出現的傳播問題，如果要根據法律來解決，世界上目前只有國際法，沒有世界法或全球法，「在現實世界裡，很難想像在可預見的將來在主權國家之上建立一個世界政府，也很難想像國際法轉變為世界法。」第五，在傳播學領域，國際傳播是一個獨立的分支，而全球傳播是未得到公認的一個獨立分支。

三、國際傳播與跨文化傳播的區別

跨文化傳播（intercultural communication）是傳播學中一個很活躍的分支，跨文化傳播指的是來自不同文化背景的個體、群體或組織之間進行的交流活動。美國學者愛德華·霍爾（Edward Hall）首先提出跨文化傳播（cross-cultural communication）的相關概念。

（一）兩者的區別

1. 外延不同：國際傳播與文化是不同的概念。跨文化交流主要為人際傳播，指既有不同文化背景下的人士之間的訊息交流；國際傳播側重於大眾媒介等媒體的傳播，例如：報刊、書籍、電影、廣播、電視、網路。
2. 學術淵源不同：國際傳播的研究，起源於國際政治和國際關係的研究；而跨文化傳播，主要是研究人際傳播。

（二）兩者的聯繫

1. 國際傳播很大程度上是跨文化傳播，跨文化傳播通常也要考慮國際關係因素。
2. 兩者正在靠攏。
3. 跨文化交流不能完全脫離政治、經濟背景，國際傳播也離不開文化和語言背景。

國際傳播、全球傳播與跨文化傳播

國際傳播

→ 廣義的：國際傳播包括跨越國界的大眾傳播和人際傳播。

→ 狹義的：國際傳播僅指跨越國界的大眾傳播。

全球傳播（global communication） 是國際傳播的擴大和發展，包括傳統國際傳播的各個領域，有全新課題。

國際傳播與全球傳播的區別

1 全球是個地理概念，國際是個政治概念。

2 當前在地球上發送訊息者，都是有國籍的。

3 用全球傳播代替國際傳播，不利於由國際傳播引起衝突的解決。

4 目前世界中出現的傳播問題，只有國際法，沒有世界法或全球法。

5 在傳播學領域，國際傳播是一個獨立的分支，而全球傳播是未得到公認的一個獨立分支。

跨文化傳播 美國學者愛德華‧霍爾（Edward Hall）首先提出了跨文化傳播（cross-cultural communication）的相關概念。

國際傳播與跨文化傳播

區別

1. 外延不同：國際傳播與文化是不同的概念。
2. 學術淵源不同：國際傳播的研究起源於國際政治和國際關係的研究，而跨文化傳播主要是研究人際傳播。

聯繫

1. 國際傳播很大程度上是跨文化傳播。
2. 兩者正在靠攏。
3. 跨文化交流不能完全脫離政治、經濟背景，國際傳播也離不開文化和語言背景。

Unit 1-3
國際傳播的定義、目的與內容

006

一、國際傳播的定義

國際傳播即特定的國際社會組織或集團，利用大眾傳播媒體（傳統媒體如報紙、期刊；電子媒體如廣播、電視、影音製品、網路）進行的跨國家邊界、跨越國家傳播體制的交流。

因此，國際傳播乃是一種「跨越國界」的傳播行為，其傳播國界可能為單一國家，亦有可能為國際區域，甚至是全球互通。此外，此種界定之下的國際傳播效果，有可能會隨著「全球化」的效應而逐漸增強。

進一步而言，廣義的「國際傳播」主體，不僅限於「國家」或「國界」的範圍。因此，如「個人」、「國內團體」、「國際組織」、「跨國企業」等其他的「國際行為者」，亦可能透過特定的通訊技術，向其他行為者傳遞特定訊息。

二、國際傳播的目的

國際傳播的發軔與國際政治、外交皆有相關，而目前國際傳播的首要任務仍舊是政治。世界各國都將政治宣傳工作，列為國際傳播的首要位置。學者李少南（1994）認為，在人文主義的角度下，國際傳播關注的焦點是「如何消除人民間的誤解」，以及「如何促進不同文化背景的人互助互愛」。若從功利主義的角度來看，國際傳播的目的就是要說服對方，維護本國利益；至於從政治經濟角度來看，國際傳播即是幫助本國加強國際地位的資源，亦即如何獲取及維護這些資源。

三、國際傳播的內容

國際傳播的內容，指國際傳播媒體的資訊。大體上可分為政治資訊、經濟資訊與文化資訊，茲分述如下：

(一) 政治資訊

1. 宣傳：指為實現某種傳播目的，採用直接灌輸、勸說方式而進行的說服行動。現代意義上的宣傳，可能源於十七世紀羅馬天主教皇創立的「信仰宣傳委員會」（Congregation for the Propagation of the Faith），這是一個組織傳教士對信徒進行宗教宣傳的委員會。此後，在美國獨立戰爭和法國大革命期間，宣傳一詞得到廣泛應用，並且深入人心。

2. 公共外交（public diplomacy）：指用一種軟性的、隱蔽的方式，委婉地將自己的意圖傳達給國外受眾。這種傳播手段具有很強的親和力，也更能被受眾接受。在國際傳播中，透過公共外交來傳播政治資訊並取得成功的例子，更是屢見不鮮。

(二) 經濟資訊

1. 商業廣告：為了更好地推銷產品，在國際傳播的過程中，企業往往需要藉支付費用，透過預算將資訊傳遞到用戶群中。從經濟學的視角來看，廣告是一種「付費傳播」，即廣告主必須透過經濟交易，購買傳播媒體的部分使用權（包括節目時段、不同單元、不同節目等），以推銷其產品。

2. 公共關係：指企業（以及其他社會組織）利用包括大眾傳播媒體在內的各種手段與公眾建立良好關係，取得他們的理解、信任與支持，為自己的發展創造有利的外部環境的傳播活動或行為。

(三) 文化資訊

隨著經濟和文化全球化的進展，文化產品的商業化已經成為一種世界現象，像任何一宗物資產品一樣，電視節目、電影、音樂 CD、影音 DVD 和其他大眾文化產品，都在國際市場上出售。

國際傳播

定義

① 狹義：乃是一種「跨越國界」的傳播行為，其傳播國界可能為單一國家。傳播國界有可能為國際區域，甚至是全球互通。

② 廣義的「國際傳播」主體：不僅限於「國家」或「國界」的範圍。

國際傳播

目的

① 從人文主義的角度看：國際傳播關注的焦點是「如何消除人民間誤解」，以及「如何促進不同文化背景的人互助互愛」。

② 從功利主義的角度來看：國際傳播的目的是要說服對方，維護本國利益。

③ 從政治經濟角度看：國際傳播是要幫助本國加強國際地位的資源。

內容

政治資訊
1. 宣傳：是指為了實現某種傳播目的，採用直接灌輸、勸說方式，而進行的說服行動。
2. 公共外交：就是用一種軟性的、隱蔽的方式，委婉地將自己的意圖傳達給國外受眾。

經濟資訊
1. 商業廣告：從經濟學的視角來看，廣告是一種「付費傳播」。
2. 公共關係：指為自己的發展，創造有利的外部環境的傳播活動或行為。

文化資訊
隨著經濟和文化全球化的進展，文化產品的商業化已經成為一種世界觀。

Unit 1-4
國際傳播的組成、形式與特徵

一、國際傳播的組成

國際傳播由兩部分所組成,分別說明如下:

(一) 由外向內傳播:將國際社會的重要事件和變化,傳達給本國民眾。

(二) 由內向外傳播:把有關本國政治、經濟、文化等方面的訊息,傳達給國際社會。

二、國際傳播的形式

根據 Mowlana 的說法,國際傳播至少分為八個層面,包括:

(一) 印刷媒體:如報刊、雜誌。

(二) 廣播媒體:如電臺、電視及衛星等。

(三) 影音媒體:如電影、CD、DVD 的交流等。

(四) 衛星通訊:如電腦訊息等。

(五) 個人事務及商業往來:如郵件、電報、電話。

(六) 個人進行之人際交流:如跨國旅遊、留學和移民等。

(七) 教育及文化之交流:如國際會議和體育賽事等。

(八) 外交及政治交流:如政治協商及軍事會議等。

三、國際傳播的特徵

(一) **國際傳播主導者,是主權國家以及其他國際行為的主體,包括:**

1. 國際機構,如聯合國、歐盟、世貿組織等。

2. 地區性的聯盟組織,如北大西洋公約組織、東南亞國家聯盟等。

3. 跨國組織,如國際奧委會、國際紅十字會、世界環保組織等。

另外,國際傳播是國際行為主體控制下的訊息傳播。國際傳播是國際政治的一部分,而國際政治突出的是政治關係。

(二) **國際傳播是對傳播技術高度依賴的傳播型態**

國際傳播雖然是大眾傳播的一部分,但是一般性的大眾媒體及其傳播管道滿足不了它的需要。比如十九世紀四○年代以前,國與國之間的訊息往來主要依賴遠洋航運(由商船附攜報紙)和郵政系統。二十世紀初期無線信號傳輸取代了海底電纜後,很快就被用於一戰期間的通訊聯絡和其後的國際廣播中。廣播電視信號的衛星傳送乃至國際網際網路的開發、利用,不但使訊息傳播速度達到前所未有的程度,同時也使國家間、地區間、洲與洲之間的訊息傳遞,可以無障礙地同步進行。

(三) **國際傳播是多重控制下的傳播**

從訊息控制的角度來講,國際傳播與國內傳播有所不同,後者的控制源主要來自國內,前者的控制源則是多重的。早期的相關組織有國際電報聯盟(1856),二十世紀初期新興的無線電技術被採用後,又成立國際電信聯盟(1932),後者為圍繞無線電頻率的使用問題制定一系列國際公約。由於國際組織制定的國際公約是「市場准入」的前提,不能不遵守,它自然就成為國際傳播的另一個控制源。於是,傳播對象國就成為國際傳播的第三個控制源。

(四) **國際傳播是更複雜的傳播過程**

如前所述,國際傳播是訊息的跨國界流動,其所面臨的傳播環境比國內傳播複雜得多。這種複雜性具體表現為由地域的不同而帶來的一系列差異,包括政治制度的差異、意識形態的差異、經濟發展水準的差異、宗教信仰的差異、文化傳統的差異、語言文字的差異以及傳播控制的差異等。這些差異無形中增加國際傳播的難度,使得很大一部分所傳訊息在傳播途中就耗損掉,沒有損耗的也難免存在傳而不通或通而無效的情形。

傳播媒體發展趨勢分析

時代性	媒體發展（依順序）	社會主軸
肢體時代	1. 肢體動作 2. 言語 3. 文字	勞力社會
機械時代	4. 紙	腦力社會
電力時代	5.（電流）電子 6. 電報 7. 留聲機、電話、廣播、電影	生產力社會 （工業社會）
電子時代	8. 唱片、電視、廣播、錄影帶 9. 錄音帶、電視、廣播、錄影帶	
光電子時代	10. 光碟、電視、廣播、雷射影碟、電腦 11. 網路電腦、電腦光碟	資訊社會
多媒體時代	12. 網路多媒體電腦	

（資料來源：程予誠，《傳播帝國》，p. 156。）

國際傳播

| 組成 | ▶ 由外向內傳播：將國際社會的重要事件和變化，傳達給本國民眾。
▶ 由內向外傳播：把有關本國政治、經濟、文化等方面的訊息，傳達給國際社會。 |

| 形式 | 根據 Mowlana 的說法，國際傳播至少分為八個層面，包括：
1. 印刷媒體；2. 廣播媒體；3. 影音媒體；4. 衛星通訊；5. 個人事務及商業往來；6. 個人進行之人際交流；7. 教育及文化交流；8. 外交及政治交流。 |

| 特徵 | ▶ 國際傳播主導者：是主權國家以及其他國際行為主體，包括：
　1. 國際機構；2. 地區性的聯盟組織；3. 跨國組織。
▶ 國際傳播是對傳播技術高度依賴的傳播型態：
　1. 十九世紀四〇年代以前：要依靠遠洋航運（由商船附攜報紙）和郵政系統。
　2. 二十世紀初期：無限信號傳輸取代海底電纜，廣播、電視信號的衛星傳送，乃至國際網際網路的開發、利用。
▶ 國際傳播是多重控制下的傳播：
　1. 早期的相關組織：國際電報聯盟（1856）。
　2. 二十世紀初期：成立國際電信聯盟（1932）。
　3. 國際公約：自然就成為國際傳播的另一個控制源。
▶ 國際傳播是更為複雜的傳播過程：
　1. 國際傳播是訊息的跨國界流動。
　2. 它所面臨的傳播環境比國內傳播複雜得多。 |

Unit 1-5
國際傳播的主體

整體上看，學者們有關國際傳播主體的界定或描述大致可分為三類：

一、國家主體說

國外有學者認為：「國際傳播是以國家、社會為基本單位，以大眾傳播為支柱的國與國之間的傳播。」另有學者認為：「在透過大眾媒介的國際傳播活動中，國家政府組織是主要的訊息發出者之一。國家藉助傳播媒體，利用訊息維護與謀求本國利益；國家藉助傳播媒體實施其國際戰略。」

二、多元主體說

國外有學者認為：「國際傳播是一個調查和研究個人、群體、政府（利用）技術（如何）傳遞價值觀、觀念、意見和訊息的領域，是一個關於不同國家和文化間促進或阻止訊息交流的機構組織的研究領域。」國內有學者認為：「國際傳播主要是指透過大眾傳播媒體（即國際媒體），並以民族國家和國際組織為主體的跨越民族國家界線的國際訊息傳播及過程。」「國際傳播是指跨越兩個或兩個以上國家，或不同文化體系間的訊息交流。訊息交流是指個人、團體、政府，透過各種手段轉移訊息及數據。」

三、無主體表述

這類界定側重於對國際傳播現象的描述。國外有學者認為：「國際傳播的簡單定義是超越各國國界的傳播，即在各民族、各國家間進行的傳播。」中國於 1992 年出版的《宣傳輿論學大辭典》對國際傳播的界定是：「指國家與國家之間的訊息交流活動，尤指以其他國家為對象的傳播活動，可透過人際傳播或大眾傳播形式進行，但以大眾傳播為主。」有不少大陸學者因襲這一說法。

總結來說以上界定，特別是前兩種界定中關於國際傳播主體的描述——無論是國家主體說，還是多元主體說，都是正確的，是對國際傳播某一發展階段內在特徵的反映。不足之處在於，對於國際傳播主體，兩者均缺乏歷史的、動態的實務經驗。由於傳播技術手段的限制，在很長一段歷史時期內，國際傳播的主導者是國家，是代表國家行使管理職能的各國政府。

各國政府不但透過大眾傳媒（特別是大眾傳媒中專門用於對外傳播的部分）向外傳播訊息，還承擔著國際傳播控制者與管理者的職責，即大眾傳播中所謂「守門人」的職責。它決定本國是否加入與如何加入國際傳播過程，採取什麼樣的訊息接收方式，如何建立自己的國際傳播系統，在哪些方面加大投入力度，是否與國際網路入口網站連接、開放本國的訊息市場等；它還需代表國家就國際傳播中涉及到的相互關係問題簽訂國際協議，並代表國家在國際性的公約組織中發表意見，體現國家的意志。

而這些都是國家以外的其他組織機構和個人難以做到的。當然，即便是在傳統媒體時期，也有透過海底電纜或國際通訊衛星進行私人傳播的情形，比如跨國公司為了使公司本部與國外製造廠或銷售點取得聯繫，租用衛星轉發器；一些國家的使館透過衛星與其祖國保持聯繫。但這只是小範圍、小規模的傳播行為，相對於國家主體而言，它們只是處於依附地位。因此，在傳統媒體主導傳播過程的情況下，國際傳播就是「以國家、社會為基本單位，以大眾傳播為支柱的國與國之間的傳播」，在此傳播中，「國家政府組織是主要的訊息發出者之一」。

國際傳播的主體

國家主體說

① 利用訊息維護和謀求本國利益。
② 實施其國際戰略。

多元主體說

① 國際傳播：是指跨越兩個或兩個以上國家，或不同文化體系間的訊息交流。
② 訊息交流：是指個人、團體、政府透過各種手段，轉移訊息及數據。

無主體表述

① 簡單定義：是超越各國國界的傳播，即在各民族、各國家之間進行的傳播。
② 國家主體說或多元主體說都是正確的，是對國際傳播某一發展階段內在特徵的反映。
③ 國際傳播就是「以國家、社會為基本單位，以大眾傳播為支柱的國與國之間的傳播」。在此傳播中，「國家政府組織是主要的訊息發出者之一」。

國際傳播主體的種類

　　國際傳播主體，就是國際傳播的主導者，是主權國家以及其他國際行為主體，包括：
① 國際機構：如聯合國、歐盟、世貿組織等。
② 地區性的聯盟組織：如北大西洋公約組織、東南亞國家聯盟等。
③ 跨國組織：如國際奧委會、國際紅十字組織、世界環保組織等。
　　另外，國際傳播是國際行為主體控制之下的訊息傳播，國際傳播就是國際政治的一部分，而國際政治突顯出的是政治關係。

資料來源：國際函授學校：file:///C:/Users/Danny/Downloads/publicD3%20(2).pdf

Unit 1-6
國際傳播主體的特徵

國際傳播主體的特徵有四，分類如下：

一、傳播主體的性質不同

雖然政府、企業、社會組織和個人都可稱作「國際傳播主體」，但他們卻有本質上的區別。主體的不同，也決定傳播性質與型態的不同。以政府為主體的國際傳播是政府（訊息）傳播的延伸，是政府傳播的跨國界部分。與其他傳播主體所不同的，政府傳播者代表國家行使傳播職能，具有絕對的權威性。當它透過媒體進行傳播時，既是傳播者，也是把關人，這是其他任何國際傳播主體不具備的特性。

由於傳播主體性質的不同，因此決定了傳播目標、傳播型態及其內容的不同。所以，在研究國際傳播主體共同性的同時，有必要對不同傳播主體的個性特徵進行考察分析。

二、傳播主體的影響力不同

在國際傳播中，傳播主體的影響力是不同的。在諸種傳播主體中，政府是強勢主體，最具影響力。它所傳播的訊息可以在一個國家、一個地區，甚至整個世界形成一致性的注意，並形成統一的輿論、統一的意志、統一的行為，對事件的發展產生巨大的推動作用。例如：911 美國遭受恐怖攻擊後，政府的訊息傳播（包括總統演講、新聞發言人的發言、各種相關的報導、評論等）使美國民眾在較短的時間內，可以從極度的恐慌中鎮定下來，進而恢復正常生活，並開始一致對外的「反恐」活動。政府傳播主體的影響力可見一斑。

三、傳播主體利用媒體的程度不同

傳播主體的特殊性，決定它在媒體選擇和使用上的特殊性。國家是強勢傳播主體，它對媒體的使用是全方位的。就位勢而言，政府顯然高於媒體。作為代表國家行使管理職能的一種特殊機構，政府對媒體具有控制與管理的權力（特別是在國際傳播中），這種權力或透過行政、法律手段表現出來，或透過訊息手段表現出來。在後一種控制狀態下，媒體對政府的依賴性是顯而易見的，媒體無不希望得到來自政府的權威訊息，並藉此顯示自己的權威性。因此，政府用以進行國際傳播的媒體，包括報紙、廣播、電視以及網際網路在內的各種媒體。當然，政府傳播中也存在媒體的選擇問題，但它無需考慮費用如何，只需考慮如何透過媒體將訊息快速、準確的傳達到公眾那裡。

四、傳播主體的傳播行為不同

不同的傳播主體代表不同的集團（或個人）利益，有著不同的目標訴求，這些必然在傳播行為中表現出來，從而呈現出不同的規律與特徵。在西方國家，傳播者研究被定位於控制研究，與內容分析、媒體分析、受眾分析、效果分析，合稱為大眾傳播學研究的五大領域。國際傳播研究的是不同傳播主體利用大眾傳媒（跨國界）傳播訊息的現象和行為，相對的，對主體傳播行為的考察分析就成為這門學科中一個基礎性的部分。如果不對傳播主體進行分類、分層研究，具體觀察不同傳播主體特殊的傳播行為及其在此基礎上形成的共同性特徵，就不可能對國際傳播現象做出合理的解釋，也不可能有針對性地提出傳播效果的參考意見，其結果，國際傳播研究的任務也就不可能很好的完成。

國際傳播的主體特徵

傳播主體的性質不同

❶ 國際傳播主體：政府、企業、社會組織和個人。

❷ 以政府為主體的國際傳播：是政府（訊息）傳播的延伸，是政府傳播的跨國界部分。

❸ 傳播主體性質的不同：也就決定了傳播目標、傳播型態及其內容的不同。

傳播主體的影響力不同

❶ 政府：強勢主體，最具影響力。

❷ 例如：911 美國遭受恐怖攻擊後，美國政府傳播主體的影響力。

傳播主體利用媒體的程度不同

❶ 國家：是強勢傳播主體，它對媒體的使用是全方位的。

❷ 就位勢而言：政府顯然高於媒體。

❸ 媒體：對政府的依賴性是顯而易見的。

傳播主體的傳播行為不同

❶ 不同的傳播主體：代表不同的集團（或個人）利益，從而呈現不同的規律與特徵。

❷ 在西方國家：傳播者研究被定位於控制研究，與內容分析、媒體分析、受眾分析、效果分析，合稱為大眾傳播學研究的五大領域。

❸ 國際傳播研究：是不同傳播主體利用大眾傳媒（跨國界）傳播訊息的現象和行為。

第 **2** 章

國際傳播簡史

章節體系架構 ▼

Unit 2-1
國際傳播的歷史與現狀

一、電子傳播媒體的出現開闢了國際傳播新時期（1837-1918）

這一時期，大英帝國處於歷史上的巔峰，是世界頭號超級大國，基本上控制了全球的國際有線電報業。1904 年，英國在 25 個管理國際有線電報網路公司中占 22 個，配置了 25 艘船共 7 萬噸位負責檢修海底電纜；而位居第二的法國只有 6 艘船，共 7000 噸位檢修海底電纜。1910 年，英國控制了全球一半的海底電報電纜，總長 26 萬公里。因而，國際訊息的傳播權基本上控制在西歐各列強的手中。英國由於控制了訊息傳播的電纜興建，倫敦成為世界訊息和新聞的中心。國際格局對國際傳播的狀況產生很大影響，故這一時期乃以英國為首的西歐國家稱霸全球的國際傳播。

二、世界大國開始大規模對外宣傳（1918-1945）

第一次世界大戰期間（1914-1918），俄國於 1917 年爆發十月革命並取得勝利，它在 1922 年建立蘇維埃社會主義國家聯盟（簡稱蘇聯）。世界歷史上出現第一個社會主義國家，在世界政治格局中出現新型的社會制度。戰後，1919 年的巴黎和會建立凡爾賽體系。但是，這並沒有解決西方列強的矛盾。經過第一次世界大戰，英國的地位開始衰弱，美國地位開始上升。

1922 年義大利的墨索里尼上臺，1929 年爆發世界性經濟大危機，1931 年「918 事件」後日本侵占中國的東三省。1933 年希特勒上臺，世界局勢持續動盪不安，最終導致 1939 年第二次世界大戰的爆發。兩次世界大戰促進了大國對外傳播事業的發展與對國際傳播的系統研究。這個時期突顯國際格局的發展與變化。

三、冷戰時期的國際傳播（1945-1990）

第二次世界大戰結束後，出現一個以蘇聯為首的由十多個國家組成的社會主義陣營。以馬列主義為指導的社會主義國家意識形態和以美國為首的資本主義國家意識形態，有重大的差異。戰後由於兩種不同的制度和意識形態所形成的尖銳對峙顯現，在美國由麥卡錫煽動的反共情緒，加強這種對立。以蘇聯為代表的社會主義陣營和以美國為代表的資本主義陣營中，兩大陣營的敵對宣傳越演越烈。1947 年，外國對蘇聯的廣播只有美國和英國兩家，每週只播 1 個小時。到 1980 年，已經有 35 個國家用蘇聯民族的語言對蘇聯進行國際廣播。此一時期主要是美、蘇兩大陣營的政治宣傳戰。

四、冷戰結束後國際傳播的新形勢（1990-至今）

1990 年，美國通用儀器公司研究所成功把電腦所產生的和處理的電子信號，用「1」和「0」轉換後都可以變成圖像、文字、聲音、數據等，這被稱為數位革命。也就是說，由於數位革命，現在可以用「1」和「0」的信號來表示和轉換電子訊息，這說明通訊、廣播電視和電腦有自己通行的語言，即共同的語言。

在數位技術中，相同的信號經過編碼，以二進制的方式排列為一組組的 0 和 1，變成數據處理文件。這些基本文件尚存在問題，即它們對傳輸容量要求非常高。數位壓縮技術解決這個問題，它使訊息流量較少，節省傳輸時間，降低傳輸費用，而且沒有改變訊息本身的質量和內容。此一時期傳播科學技術有了新進展，故稱訊息技術中的數位革命。

國際傳播的歷史與現狀

1837～1918 年

電子傳播媒體的出現開闢了國際傳播新時期

▶大英帝國：控制了全球的國際有線電報業。
▶倫敦：成為世界訊息和新聞的中心。

1918～1945 年

世界大國開始大規模對外宣傳

▶1922 年：建立蘇維埃社會主義國家聯盟（簡稱蘇聯）。
▶第一次世界大戰後：英國的地位開始衰弱，美國地位則開始上升。
▶兩次世界大戰：促進了大國對外傳播事業的發展。

1945～1990 年

冷戰時期的國際傳播

▶社會主義陣營：以蘇聯為首的由十多個國家所組成。
▶資本主義國家陣營：以美國為首，由麥卡錫煽動的反共情緒，加強敵對宣傳。

1990～至今

冷戰結束後國際傳播的新形勢

▶1990 年：美國通用儀器公司研究所成功完成數位革命。
▶全球商用網站數，從 1997 年的 88 萬個增至 2020 年的 367 萬個。

017

Unit 2-2
印刷媒體與全球傳播體系

一、印刷媒體的全球化

（一）印刷技術的推廣與書籍的出現

在人類發明文字後，世界各地創造各種文字載體。西元 105 年，中國東漢人蔡倫發明造紙術，製造出成本低廉、質地良好且便於書寫和攜帶的紙張。這被稱為人類傳播手段的第三次革命（第一次是語言的出現、第二次是文字的出現），他為訊息傳播提供廣闊的空間和無限的前景。

十八世紀後期至十九世紀中期，歐美主要國家先後發生工業革命。這場革命為印刷媒體帶來技術上的革新。工業革命帶來的最突出的媒體後果是，報紙呈現面向大眾（mass）讀者（即普通民眾，而非特定的菁英群體）的大眾化發展趨勢。

到十九世紀末，商業報刊最終孕育出發行量達數百萬，並逐漸在世界範圍內廣為流行的大眾報刊。大眾報紙是真正現代意義上的大眾媒體，它標誌著大眾傳播時代的來臨。

綜上所述，造紙術和印刷術的發明與改進為人類知識、訊息的生產和傳播，提供了一種嶄新、高效的媒體形式，而且，伴隨這些媒體形式、技術及其產品在世界各地的傳播，人類的訊息開始在全球範圍流動和擴散。其中書籍是最早的印刷媒體形式，也是最早的大眾傳播媒體。

（二）報刊的出現及其大眾化

報刊是真正現代意義上的印刷媒體。相較於書籍，報刊出版週期短，發行範圍廣。報刊源自於流行歐洲各國的一種叫做「Gazette」的手抄小報。到十七世紀初期，蓬勃興起的資本主義因素突破出版管制，使得報紙終於以印刷形式出現。

印刷媒體對訊息傳播全球化的推動，還歸功於報刊經營本身的國際化。進入十九世紀，作為最早的大眾媒體，一些報紙為了滿足讀者對境外訊息的需求，紛紛開闢國際新聞專欄或版面，專門報導國際新聞事件。對國際新聞的報導激發了報紙的自我擴張，他們向世界各地派出駐外記者，奔赴焦點地區採訪，從而獲得獨家新聞（scoop）。而那些尚無外派記者的報紙，則向外報採集國際新聞。於是，世界各地的報紙間出現相互摘譯、彼此轉載的風氣。報紙間這種報導議程互設的現象，大大促進國際新聞訊息在全球範圍內的擴散。

概而言之，在印刷媒體時代，世界因大眾傳播方式而彼此連接起來，首次呈現全球統一性。

二、全球傳播體系的萌發

（一）全球傳播體系的雛形

全球性的傳播體系始於印刷媒體時代，以報刊為代表的印刷媒體造就大眾傳播，把人類首次引入到大眾傳播時代。大眾傳播的高效率為印刷媒體開展全球傳播活動、開啟世界歷史的全球階段，提供強大的技術支持。伴隨著印刷媒體的跨國、跨地區傳遞，印刷媒體所承載的訊息在全球範圍內由近到遠漸次傳播出去，把世界各地越來越多的普通民眾納入讀者群中。由此，一張以歐洲為起點，將歐、亞、非、南北美洲連接起來的全球性訊息傳播網路初步顯露出來，全球傳播體系初見端倪。

（二）印刷媒體傳播體系的侷限性

以報刊為代表的印刷媒體對訊息傳播全球化的推動，構築一張全球性的訊息傳播網路，這是人類傳播史上第一個全球性的訊息傳播體系。由於印刷媒體（無論是書籍，還是報刊）對訊息的傳遞高度完全受制於物理條件，時空侷限性很大。這是由兩方面決定的：一方面，印刷媒體對其他媒體的依賴性很強，必須藉助交通工具和人力來進行訊息傳遞，因而深受人力和物力的侷限，並高度受制於物理交通技術。另一方面，基於自身的物理特性，作為訊息載體的印刷媒體與其所負載、傳遞的訊息是一體的，沒有實現空間上的有效分離。因此，印刷媒體的訊息傳播範圍，完全受制於印刷體本身遍及的範圍，這同時也決定訊息更新的速度取決於媒體本身更新的速度。

最後要指出的是，報紙、雜誌等印刷媒體的傳播範圍更多是受到受眾接受水準的影響。

傳統國際文化訊息的管理狀況

	書刊	電影、電視	廣告	音樂
形式	由國際標準化組織認可的 ISBN 和 ISSN 號碼，給每本書和期刊身分。書籍依各國市場進口和銷售。	各家公司為放映權繳費，不繳費被版權所有者認為是盜版。	通常由各國市場決定做法。	通常依各國市場做法進口和銷售。
規則和決策	沒有國際組織規範圖書和期刊本身的貿易，但是世界貿易組織保護作者的知識產權，萬國郵政聯盟依不同類別的出版物加以收費。大型圖書出版社利用自己的經濟影響，透過提供給作者的稿費、出版書的類型，來決定國際圖書市場的特點。	沒有國際組織規範電影和電視節目的貿易，但是實際上美國透過對國際市場的統治和奧斯卡具有的國際優秀電影身分，成為事實上的霸主。美國電影生產者協會為有利於美國出口商的國際貿易遊說，得到了美國經濟實力的支持。世界貿易組織保護製造者知識產權。	沒有國際組織規範國際廣告，廣告業必須符合播出廣告國家的規定。	沒有國際組織規範錄音、錄影帶和光碟的貿易，但是世界貿易組織保護表演者的知識產權。

（關世杰，《國際傳播》，p. 198。）

印刷媒體與全球傳播體系

一、印刷媒體的全球化

▶ 印刷技術的推廣與書籍的出現
　　1. 十八世紀後期至十九世紀中期：歐美主要國家先後發生了工業革命。
　　2. 十九世紀末：大眾報刊。
▶ 報刊的出現及其大眾化：
　　1. 報刊：源自歐洲各國「Gazette」的手抄小報。
　　2. 十七世紀初期：報紙終於以印刷的形式出現。
　　3. 十九世紀：開闢國際新聞專欄或版面，專門報導國際新聞事件。
　　4. 印刷媒體時代：首次呈現全球統一性。

二、全球傳播體系的萌發

▶ 全球傳播體系的雛形：
　　1. 以報刊為代表的印刷媒體，造就大眾傳播。
　　2. 全球傳播體系初見端倪。
▶ 印刷媒體傳播體系的侷限性：
　　1. 高度受制於物理交通技術。
　　2. 媒體本身更新的速度。
　　3. 受眾接受水準的影響。

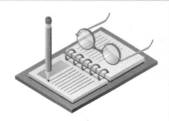

Unit 2-3
電子媒體的全球化

所謂電子媒體，是指以電子通訊技術為基礎的傳播媒體，如有線電報、有線電話、留聲機、無線電廣播、電影、電視、手機等。傳播學中所說的電子媒體通常是指屬於大眾傳播媒體的電子媒體，即狹義的電子媒體，主要包括無線電廣播和電視。這兩大電子媒體運用最為廣泛，又最具時代特徵。電報、電話等電子媒體本身不屬於大眾傳媒，但為了大眾傳播提供快速而有效的通訊手段。

一、電報

電子媒體時代的前奏，是電報的發明及其廣泛運用。1837 年，美國人莫爾斯（Samuel F. Morse）的有線電報機電碼傳遞試驗成功，其「滴答」聲開啟通向未來訊息時代的大門。

電報憑藉電波傳遞訊號，為人類傳播提供了高速度、遠距離、保密性強的通訊管道，將遠程訊息傳輸過程從以年、月計，縮短為以分、秒計，把人類帶入高速（有線）通訊時代。

二、電話

電子媒體時代的另一個前奏，是電話的出現。1876 年，美國人貝爾（Alexander G. Bell）發明電話。電話實現聲音（而不僅僅是滴滴答答的電碼）的遠距離傳遞。

如同電報，電話為訊息傳播的全球化奠定了技術基礎。電話的擴散，拓展人們的工作場域和社會關係網路，也使公司的跨區化、跨國化運作成為可能。同時，電話實現的是言語本身的遠距離傳遞，從而在通往遠程訊息的直接性（immediacy）、直觀性、即時性的傳播道路上，跨出重要的一步。

三、廣播

真正的電子媒體時代，是由廣播開啟的。1894 年，義大利人馬可尼（Guglielmo Marconi）用無線電波打響了 10 公尺以外的電鈴，並首次成功的將無線電訊號傳出 1 英里，因此被稱為「無線電之父」。

冷戰期間，西方國家對蘇聯發起廣播（宣傳）攻勢，蘇聯、東歐國家則對西方國家的廣播信號予以干擾，而西方國家對信號干擾又作出反干擾的努力。

四、電視

電子媒體時代最典型的特徵，無疑是電視的盛行。電視是現代電子通訊技術高度發展的產物，也是二十世紀人類傳播史上最偉大的發明之一。

（一）無線電視

1936 年，英國廣播公司創建全世界第一座電視臺，開闢第一個高清晰度的電視廣播，定時播送電視節目。這標誌著電視廣播正式誕生，世界電視事業從此開始。

（二）衛星電視

衛星電視誕生於二十世紀六〇年代，其出現首先要歸功於通訊衛星的發射－－人類通訊技術發展史上的第二次飛躍。它是在太空技術和衛星通訊技術的基礎上，所產生和發展的。從 1962 年到 1964 年，美國先後發射世界上第一顆通訊衛星（電星一號）、同步通訊衛星一號、二號和三號，這些通訊衛星的發射在人類傳播史上，首次實現電視節目的跨國傳播。

進入二十世紀九〇年代，衛星電視的發展過程中出現數位化趨勢。

（三）數位直播電視

衛星電視利用太空技術和透過國際合作，突破空間地理和空間資源上的侷限，實現跨國訊息傳播的高度遠程化、同步化和無障礙化，但是，它仍然面臨著國家間權力政治（主要表現為國家主權）問題。具體來說，就是傳播管道的國家控制和管制問題。

電子媒體的全球化

電報	1837 年：美國人莫爾斯（Samuel F. Morse）的有線電報機電碼傳遞試驗成功，把人類帶入到高速（有線）通訊時代。
電話	1876 年：美國人貝爾（Alexander G. Bell）發明電話，電話實現聲音（而不僅僅是滴滴答答的電碼）的遠距離傳遞。
廣播	1894 年：義大利人馬可尼（Guglielmo Marconi）首次成功的將無線電訊號傳出 1 英里，因此被稱為「無線電之父」。

電視

▶ 無線電視：1936 年英國廣播公司創建全世界第一座電視臺。
▶ 衛星電視：
　1. 從 1962 年到 1964 年：美國先後發射世界上第一顆通訊衛星。
　2. 在人類傳播史上，首次實現電視節目的跨國傳播。
▶ 數位直播電視：衛星電視利用太空技術和透過國際合作。

網路

▶ 1981 年國際事務機器公司（IBM） 開發出個人電腦（personal computer, PC），可謂劃時代之舉。
▶ 1998 年聯合國新聞委員會宣布，網際網路是繼報刊、廣播、電視等傳統媒體之後新興的第四媒體。
▶ 網際網路（Internet）將成為全球產業轉型升級的重要助推器，例如：物聯網（Internet of Things, IoT）。物聯網的應用領域非常廣闊，從日常的家庭個人應用，到工業自動化應用，以至軍事反恐、城建交通。當物聯網與網際網路、移動通訊網相連時，可隨時隨地全方位「感知」對方，人們的生活方式將從「感覺」跨入「感知」，從「感知」到「控制」。

Unit 2-4
全球傳播體系的擴展

在印刷媒體時代，全球傳播體系還只是一個雛形。進入電子媒體時代，全球傳播體系得到很大的發展，基本上變成一種完全的現實。電子媒體時代的全球傳播體系，大體上由電報電話網和廣播電視網兩大網路所構成。

一、全球性電報電話傳播網路

十九世紀七〇年代電報發明後，龐大的帝國傳播體系得以在全世界範圍內延伸。在七〇年代初，大英帝國的海底及陸地的電報電纜已經把歐、亞、非、北美世界四大洲連接起來，其電報網路成就第一個全球性的通訊網路。這張訊息傳播網路把英國同海外殖民地牢牢維繫在一起。與此同時，西方世界的幾大新聞通訊社憑藉這張發達的電報網路傳遞訊息，構建起覆蓋全球的新聞網路。1962 年 7 月，美國太空總署和美國電報電話公司合作發射世界上第一顆通訊衛星——「電星一號」，它首次突破國界、跨越大洋，在美國與歐洲間同時提供電話通訊，從而將歐洲和美國的數十個城市連接起來。由此，電話實現從區域覆蓋到全球覆蓋的飛躍，全球性的電話網路終於建立起來。

二、全球性廣播電視傳播網路

作為第一種電子媒體，無線電廣播天生就是跨國界的。而戰爭又催發廣播這種「可以逾越大部分戰役戰術障礙」，不受國界限制的媒體，使它的「無距離」傳播功能發揮到極致。在第二次世界大戰期間和冷戰期間，在對外宣傳的跨國界展開過程中，包含政治、軍事等各方面的訊息不斷向全球外溢，形成訊息傳播全球化的態勢。

進入後冷戰期間，繼短波廣播之後，環球廣播的蓬勃發展進一步推進國際廣播傳播範圍的全球化。英國 BBC、美國之音、法國國際廣播電臺、俄羅斯之聲、日本 NHK 等國際媒體都已創辦環球廣播，尤其是美國之音開辦兩套環球英語廣播，實現 24 小時不間斷播出。開辦環球廣播、電視的國家已經從六〇年代的幾個發展為現在的幾十個。環球廣播透過不分時間、不分地域的連續廣播，傳播範圍幾乎覆蓋全球。由此，國際廣播成為名符其實的全球廣播，在真正的意義上編織出一張訊息傳播的全球化網路。

電視是至今為止，全球普及率最高、覆蓋率最廣的電子媒體，也是影響力最大的大眾媒體，而「衛星電視是國際傳播在全球範圍內展開的一個必要條件」。衛星（直播）電視越過各個國家和地區的當地電視臺、轉播臺等中間環節，直接向全球受眾傳送電視節目；同時，衛星電視使世界各國、各地區的觀眾可以在同一時間收看到同一個電視節目，並使國家之間、地區之間、洲與洲之間的節目相互傳送，可以即時（immediate）進行。歐洲首先實現電視區域間無疆域的傳播，隨後亞洲也初步建立區域性電視傳播網路。在不久的將來，世界五大洲有望彼此連接起一個區域性的電視網路，最終融合成一個全球性的電視網路，進而使馬歇爾·麥克盧漢（Marshall McLuhan）的「地球村」假設逐漸現實。

在電子媒體時代，廣播和電視無疑在很大程度上打破國家對訊息傳播的控制，基本上消除了世界範圍內的傳播障礙，甚至在某種程度上瓦解訊息傳播的國界概念。不過即便如此，全球廣播、電視傳播體系並不完整，並未包羅全球各個角落，也並非牢不可破。相較於印刷媒體時代，電子媒體所構建的世界無疑更加緊密和牢靠，但它離一個真正的統一體還有一段距離。

全球傳播體系的擴展

一、人際交流

❶ 面對面交流：旅遊、朝聖活動、運動會、國際會議、外事往來、藝術演出、留學生、講學和學術交流、舉辦個人展覽、傳教、勞務輸出、移民、難民、軍事占領等。

❷ 利用通訊設施：信件、包裹、電報、電話、手機、電傳、傳真、電子郵件等。

二、大眾媒體

❶ 印刷媒體：書籍、報刊、雜誌、張貼式廣告等。

❷ 電子媒體：電影膠片、錄音錄影帶、光碟、無線電廣播、無線電視、衛星直播電視、國際網際網路等。

甲國的訊息 ──────────────────────→ 到達乙國

（資料來源：關世杰，《國際傳播學》，p. 325。）

全球性電報電話傳播網路

❶ 十九世紀七〇年代初期：大英帝國電報網路成就了第一個全球性的通訊網路。

❷ 1962 年 7 月：美國發射世界上第一顆通訊衛星，建立全球性的電話網路。

全球性廣播電視傳播網路

❶ 後冷戰期間：國際廣播傳播範圍的全球化。

❷ 環球廣播：英國 BBC、美國之音、法國國際廣播電臺、俄羅斯之聲、日本 NHK。

❸ 衛星電視：使世界各國、各地區的觀眾，可以在同一時間收看到同一個電視節目。

❹ 現況：全球廣播、電視傳播體系並不完整，並未包羅全球各個角落，也並非牢不可破。

Unit 2-5
網際網路時代的全球傳播

在二十世紀下半葉，人類開發電腦網路，建立國際網際網路（簡稱「網際網路」，Internet）。網際網路的出現，在全球傳播發展史上具有劃時代的意義，它標誌著全球傳播形態的最終確立和全球傳播體系的最終實現（完成）。

一、網際網路的全球化

網際網路以地空合一的快速通訊管道作為訊息傳輸管道，是一種高速度、大容量、開放式、無障礙的傳播媒體。訊息一旦進入網際網路，就會超越國界在全球範圍內快速傳遞。網際網路的出現使人為干預、控制訊息傳播的可能性變得越來越小，從而把跨國界的全球性傳播提升到前所未有的水準。

網際網路成為真正意義的訊息傳播媒體後，各國政府、企業、社會組織和出版教育行業等紛紛上網，競相在網路平臺上推出電子政務、電子商務、電子事務、遠程教育等項目。人們可以在線上閱讀電子報刊和電子圖書、收聽廣播、收看電視節目和電影、傳遞電子郵件、線上聊天、遊戲、轉帳、炒股、訪親會友、祭奠、零售、購物、授課、辦公、會診、召開會議和組織討論等。網際網路以其超強的訊息傳播廣度和深度，比報刊、廣播、電視等傳統媒體更深刻的影響到人的生存狀態中，上網正逐漸內化成為人們不可或缺的生活方式。由此，人類開始步入所謂的「數位化生存」（being digital）時代。

二、全球傳播體系的成形

從短波廣播、到衛星直播、再到網路傳播，人類訊息傳播技術的每一次革新都改造世界的傳播。網際網路的出現實現人類通訊技術發展史上，第三次飛躍。相較於報刊、廣播和電視等傳統媒體，網際網路從根本上超越時空：一方面，它所負載的訊息不占據有形的物理空間（只存在於「非物質化」的賽博空間內），不存在版面篇幅和播出時段的問題，從而克服空間上的限制；另一方面，其訊息不再是轉瞬即逝，而是可以存儲、複製，從而打破時間上的限制。對此，有學者認為自網際網路誕生以來，在幾千年裡破天荒第一次，物理空間不再是阻礙人類在國際傳播領域中互動的一個不可逾越的障礙，過去的「空間地理」已變成「體驗地理」。網際網路用戶透過數個電腦網路形成的網路集合，獲得全球範圍內無限延長的網路訊息資源。換言之，網際網路最大限度的壓縮時空距離，而延伸了人類的活動範圍。在此過程中，個人的日常生活體驗無限的延伸並融入「賽博空間」（cyber space）和虛擬現實（virtual reality）之中，從而擴展人類的生存世界。

在網際網路時代，幾乎所有的人類傳播行為都實際上是朝向全球的全球性傳播行為，人類媒體訊息發布和訊息接收實現了雙向意義上的全球覆蓋。網際網路將人類傳播所及從「點」、「片」、「面」，擴展成為縱橫交錯的網路。至此，由人類社會中所有傳播活動所編織的全球傳播網路終於形成，人類真正步入到完全意義上的全球傳播時代。這表示，「地球村」不再是一個理論概念，而是人們不得不面對並身處其中的一個現實。

大眾傳媒、電腦和電信業的融合

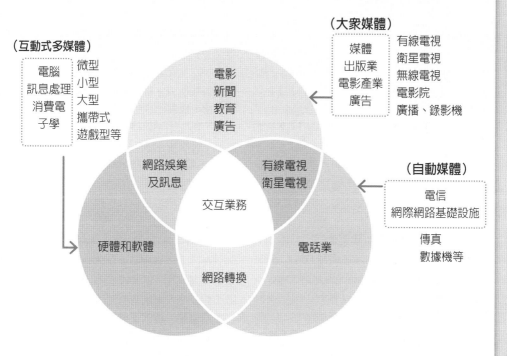

（互動式多媒體）

電腦
訊息處理
消費電
子學

微型
小型
大型
攜帶式
遊戲型等

（大眾媒體）

媒體
出版業
電影產業
廣告

有線電視
衛星電視
無線電視
電影院
廣播、錄影機

電影
新聞
教育
廣告

網路娛樂
及訊息

有線電視
衛星電視

（自動媒體）

電信
網際網路基礎設施

傳真
數據機等

交互業務

硬體和軟體

電話業

網路轉換

（資料來源：師淑云等譯，《世界傳播概覽——媒體與新技術的挑戰》，p. 32。）

網際網路時代的全球傳播

網際網路的全球化

❶ 網際網路：是一種高速度、大容量、開放式、無障礙的傳播媒體。
❷ 現況：人類開始步入所謂的「數位化生存」（being digital）時代。

全球傳播體系的成形

❶ 網際網路：從根本上超越了時空，而延伸了人類的活動範圍。
❷ 現況：融入「賽博空間」（cyber space）和虛擬現實（virtual reality）中，從而擴展人類的生存世界。
❸ 地球村：不再是一個理論概念，而是人們不得不面對並身處其中的一個現實。

Unit 2-6
國際訊息與傳播問題

一、緣起

二十世紀七〇年代，國際訊息和傳播問題得到發展中國家認真的重視，開始考慮用什麼辦法能在發達國家的媒體和文化統治的環境中維護自身的利益，保持和發展自己民族文化。這些問題成為七〇與八〇年代近二十年裡，國際會議的中心議題之一。

1973 年，在阿爾及爾召開的第四屆不結盟會議上，提出「關注大眾傳播領域裡的工作」，以「促進不結盟成員國之間訊息的進一步的相互交流」。1976 年 3 月，不結盟國家在突尼斯舉行的不結盟國家新聞討論會上，提出建立「國際訊息和傳播新秩序」（New World Information and Communication Order）的要求。該會議的報告說，「發展中國家成為訊息統治的犧牲品，這種統治是對發展中國家最根本的文化價值的打擊。」1976 年 8 月，在科倫坡舉行第五次不結盟國家首腦會議，這次會議在其《政治宣言》中鄭重宣布：「訊息與傳播領域的國際新秩序同國際經濟新秩序一樣重要。」

1976 年 10 月，發展中國家向第三十一屆聯合國大會和第十九屆聯合國教科文組織大會，提交了旨在建立國際訊息傳播新秩序的提議案。聯合國教科文組織接受該議案，把「國際」改為「世界」，就建立世界資訊與傳播新秩序（New World Information and Communication Order）展開工作。

二、爭論焦點

為了「建立世界訊息和傳播新秩序」，發展中國家與美國的爭論焦點為何？

(一) 尊重國家主權與自由傳播訊息之爭

在世界訊息和傳播新秩序討論中，尊重國家主權和自由傳播訊息一直是激烈爭論的問題。以美國為首的少數西方國家認為，世界訊息和傳播新秩序是以犧牲訊息自由流通為前提的。新秩序的主張是第三世界獨裁者阻礙媒體自由、強行書報檢查、排斥外國新聞記者的藉口。文化自治、媒體帝國主義和關於傳播國家主權的口號，是想控制傳播的管道。發展中國家的觀點是，發展中國家不反對訊息自由流通，而是反對國際訊息和交流領域裡不均衡的「單向傳播」的不合理局面。因而，要建立均衡的「雙向溝通」的訊息傳播新秩序，使發展中國家能夠平等地行使訊息傳播的權利是完全正當的。

(二) 新聞國際法與新聞道德問題

發展中國家和社會主義國家都認為，要制定新聞國際法，把國際之間的新聞活動納入國際法約束之內。沒有新聞國際法和職業道德的約束性規範，會對不發達國家的新聞報導產生不真實、不客觀，以致歪曲、醜化的弊端。美國等西方國家對制定新聞國際法和把國際新聞活動納入國際法的約束之內不感興趣，甚至表示反對。

美國堅持維護世界資訊與傳播舊秩序，其原因在於舊秩序維繫著美國許多大公司的經濟命脈，美國的跨國公司、銀行在發展中國家擁有巨大的資產，每年賺取巨額利潤，對發展中國家的政治、經濟、文化有強大的影響。

在第三世界國家爭取「世界資訊與傳播新秩序」的鬥爭中，1990 年國際格局發生重大變化，冷戰結束，爭取世界訊息與傳播新秩序的鬥爭力量受到很大的削弱，爭取世界訊息與傳播新秩序的鬥爭進入長期的低潮期。發展中國家開始把更多的助力集中到實際的國際傳播理論上，即國際傳播及相關的技術如何能有助於發展國內的社會和文化，而不是對國內的社會與文化產生有害的影響。

四大媒體在國際傳播中的傳播特點對比

	第一媒體 印刷品	第二媒體 廣播	第三媒體 電視	第四媒體 國際網際網路
適於承載的訊息				
新聞（適於度 強－弱）	1	2	3	4
大眾文化（適於－不適）	2	1	3	4
數據資料（適於－不適）	3	1	2	4
對訊息發出者				
資金投入（少－多）	4	2	1	3
技術難度（易－難）	4	2	1	3
經濟效益（多－少）	3	1	4	2
訊息跨境能力				
穿透力（強－弱）	1	3	2	4
速度（快－慢）	1	3	2	4
覆蓋面（大－小）	1	4	2	3
對受眾的要求				
受教育程度（低－高）	2	3	4	1
付費多少（少－多）	3	4	2	1
受眾接收與感受				
接收難易（易－難）	1	3	2	4
訊息保存（好－差）	4	1	2	3
閱讀自由度（好－差）	4	1	2	3
參與程度（多－少）	1	2	3	4
訊息回饋（好－差）	1	2	3	4
信度（強－差）	4	2	3	1
合計	40	37	41	52

（資料來源：關世杰，《國際傳播學》，p. 395。）

世界訊息與傳播新秩序

緣起

1. 二十世紀七〇年代：國際訊息和傳播問題，得到發展中國家認真的重視。
2. 1973 年：提出「關注大眾傳播領域裡的工作」。
3. 1976 年 3 月：提出建立「國際訊息和傳播新秩序」（New World Information and Communication Order）的要求。
4. 1976 年 8 月：宣布「訊息與傳播領域的國際新秩序同國際經濟新秩序一樣重要」。
5. 1976 年 10 月：聯合國教科文組織大會就建立世界訊息與傳播新秩序（New World Information and Communication Order）展開工作。

爭論焦點

1. 尊重國家主權與自由傳播訊息之爭：新秩序的主張，使發展中國家能夠平等地行使訊息傳播的權利。
2. 新聞國際法與新聞道德問題：
   ⑴ 發展中國家和社會主義國家都認為：要制定新聞國際法，把國際間的新聞活動納入國際法約束內。
   ⑵ 美國等西方國家：對此議題不感興趣，甚至表示反對。
   ⑶ 1990 年：爭取世界訊息與傳播新秩序的鬥爭進入長期的低潮期。

第 **3** 章

國際傳播與發展理論

 章節體系架構 ▼

Unit 3-1
馬克思主義政治經濟學與霸權理論

圖解國際傳播

一、馬克思主義政治經濟學

馬克思主義政治經濟學用生產力和生產關係、經濟基礎與上層建築的辯證關係，來分析社會現象。在分析國際傳播時，馬克思主義者試圖站在無產階級和被壓迫民族的立場，用對傳播和訊息的分析，來揭示階級關係和權力結構。馬克思主義者認為，傳播是控制社會的一部分。在資產主義社會中，傳播跟隨市場的走向前進。媒體是「迷惑」大眾的核心機構。媒體受到崇拜，使得媒體的商業特徵似乎是天經地義的，人被物化變成商品。金錢在「發揮作用」，資本在「生產」，媒體在「運作」。媒體透過聲稱自己是為了讓讀者得到滿足，而實際上它隱蔽自己的多種權力。對馬克思主義者來說，媒體是社會控制的新手段。壟斷資本主義已從直接的高壓統治、壓迫和工資奴役，過度到用統治階級喜歡的意識形態進行高壓統治。人類社會已到了轉折點：訊息常常取代軍事作為社會控制方法。

馬克思主義者在國際傳播領域提出的典型研究課題是：誰掌握、誰控制和誰操縱媒體？什麼樣的社會政治和經濟排列，造成社會傳播媒體的特點？在社會中媒體產生什麼作用？各種大眾傳媒藝術形式的作用是什麼？媒體傳播的是什麼思想、價值觀、觀點、概念和信仰，它忽略了哪些問題？作家、藝術家、演員和其他創造性的人們，是如何被所有權的模式和媒體的控制模式所影響？在商品生產、流通、交換和積累中，傳播表現什麼功能？

二、葛蘭西的霸權理論

在馬克思主義者中，義大利共產黨的創始人葛蘭西（Antonio Gramsci, 1891-1937）提出的霸權理論（hegemony）最具影響。葛蘭西於 1921 年創建義大利共產黨，1926 年被法西斯逮捕，1928 年被判處二十年徒刑，1937 年死於獄中。他在獄中寫下《獄中札記》，書中表述霸權理論。1971 年英譯本出版，對英語國家的學者影響很大。

葛蘭西認為，在一個社會中的支配群體，有能力對社會實施智力和道德的引導作用，建立一個新的社會統一戰線以支持自己的目標。他認為，對於統治階級來講，軍事力量不一定是最好的維護權力的工具，掌握權力更有效的方法，是透過文化產品的生產和銷售產生的意識形態的控制，建立一種集體意志。

在他看來，存在一個產生支配作用的社會階級對自己的同盟軍和從屬的階級實施著智力和道德的領導，透過它對學校、宗教團體、大眾媒體等機構實施。政府以「一種統治的集體意志，是一種組織起來的，而不是一般性的和粗糙的集體意志」，以一種統治是正確的而不會受到嚴峻挑戰的形式，在建立這種社會與知識的權威。「國家的確有這種集體意志、需求這種集體意志，而且在『教育』這種集體意志」。

他認為，國家最重要的功能之一是提高大眾的特定文化和道德水準，這種文化和道德水準與發展生產力需要相適應，因此符合統治階級的利益。學校、法院以及大量的主動權和活動，構成統治階級的政治和文化霸權的工具。

三、霸權理論對國際傳播的影響

在國際傳播領域，霸權的觀點得到廣泛的使用，用它對大眾媒體的政治功能加以概念化：在宣傳和維護支配性意識形態，在解釋傳媒和傳播生產過程，在以支配性意識形態去塑造新聞和娛樂節目，霸權的觀點發揮著關鍵作用。因而，雖然媒體在表面上不受政府的直接控制，然而他們發揮著支配意識形態合法化的代理人的作用。

南北差距

	1000 人報紙閱讀量（1994）	每人新聞用紙消費（噸）	1000 個居民擁有的錄影機數量	1000 個居民擁有的電視數量	網際網路使用（%）
發達國家	286	21.2	1045	544	88
發展中國家	44	1.8	198	153	12
世界	96	6	379	236	-

（資料來源：關世杰，《國際傳播學》，p. 316。）

馬克思主義政治經濟學

典型研究課題：
- 誰掌握、誰控制和誰操縱媒體？
- 什麼樣的社會政治和經濟排列，造成社會傳播媒體的特點？
- 在社會中，媒體產生什麼作用？
- 各種大眾傳媒藝術形式的作用是什麼？
- 媒體傳播的是什麼思想、價值觀、觀點、概念和信仰？
- 它忽略了哪些問題？
- 作家、藝術家、演員等是如何被所有權的模式和媒體的控制模式所影響？
- 在商品生產、流通、交換和積累中，傳播表現了什麼功能？

葛蘭西的霸權理論

1. 社會支配群體：有能力建立一個新的社會統一戰線，以支持自己的目標。
2. 統治階級：透過文化產品，建立一種集體意志。
3. 政府：以一種統治的集體意志，建立社會和知識的權威。
4. 國家：最重要的功能之一，是提高大眾的特定文化和道德水準。

霸權理論對國際傳播的影響

1. 對大眾媒體的政治功能，加以概念化。
2. 以支配性意識形態，去塑造新聞和娛樂節目。
3. 發揮著支配意識形態合法化代理人的作用。

Unit 3-2
發展理論與國際傳播

一、發展理論的起源

　　第二次大戰後至 1980 年代末期冷戰結束前，國際傳播有兩個重要的理論典範：發展傳播與文化帝國主義。這兩個國際傳播研究被視為典範，除了因各自均有生產論述，在以聯合國為主體的全球治理機制下，也曾實際影響跨國傳播政策的思維與走向。茲將理論說明如下：

　　發展理論的思維流行於 1950 至 1960 年代，主張西方現代化的發展經驗可以作為新興國族國家的表率；而傳播媒體在現代化的過程中，正可以扮演觸媒的角色，將傳統社會改造為現代社會。

　　傳播學者勒納（Daniel Lerner）在《傳統社會的消逝：中東的現代化》（*The Passing of Traditional Society: Modernizing the Middle East*）一書中主張，衡諸歐美社會的發展軌跡，「現代化」一詞代表的不只是開發的過程，更是改造一般大眾的社會性格，使他們普遍具有「移情能力」（有學者翻譯為「非分之想」）。而在推動社會現代化的過程中，傳媒正可以在短期內培養「未來導向」的人格，且是傳遞「移情能力」最好的工具。因此，要使社會從傳統的價值觀與陋習中掙脫出來，提升一般媒體的使用率將是一個重要的途徑。

二、發展理論的癥結問題

　　發展理論論述高舉著「現代化」的大旗，希望提升全人類的生活水準，因而在早期成為國際組織重建戰後世界秩序、協助經濟弱勢國家的論述典範，包括世界銀行、聯合國農糧組織與教科文組織等，皆贊助相關研究計畫，或協助發展鄉村廣播媒體，落實發展主義欲藉由傳播改造社會的理想。

　　然而不可否認的是，在冷戰的氛圍中，發展主義的論述突顯了以西方特殊經驗作為普世參考價值的西方中心思維。問題的癥結點有二：

（一）對發展的狹隘界定

　　發展理論學者將發展狹隘定義為「經濟」的發展，並將西方資本主義社會現代化的生活方式，定位為所有第三世界國家應仿效的典範。傳媒建設的充實，成了勒納所言「塑造現代化人格的手段，因為現代化媒體可以加速新興國族國家經濟體質的轉化，從而使其在逐漸成形的全球資本主義體系中各安其位。

　　許多新興國族國家因應這種現代化論調，在缺乏資金與技術的前提下，便貿然在國內建立起現代化的傳播媒體，且大量進口外國的影視產品，這便突顯媒體產業的控制權問題。

　　有些國家是由政府控制傳媒的經營權，或由政府特許少數商業勢力寡占傳播通路。因此，傳媒往往淪為當權者的傳聲筒，或成為既得利益者鞏固勢力的工具，鮮少鼓吹社會改革。且傳媒的使用多集中在都會區的菁英階級，城鄉的中、低階級並沒有受惠，其結果反而擴大社會階級間的矛盾與對立。

（二）發展政策未能與自由、共產兩大集團的國際權力政治脫勾

　　發展理論的起源，約莫是戰後歐洲殖民帝國沒落、美國興起之時。因此，由第一世界學者、技術官僚所建構的發展主義論述，十足是冷戰時期的產物，無法與美國所發起的全球反共行動脫勾（Sparks, 1998）。

　　若說第一世界國家將發展與現代化表述視為一種基於人道援助的善意，然而，本應是善意援助接受者的新興國族國家，卻有完全不同的體認。對它們而言，雖然國內建設百廢待舉，亟需外來的經濟與技術援助，但它們也希望釐清援助與支配的界線；一些國家不免擔憂，隨著電臺、通訊社與進口電視節目而來的，是國族文化自主權的旁落。雖然經濟發展、改善生活是要務，但主權獨立與文化傳承也同等重要，對等且公平的均衡發展才是重點。

國際新聞的南北流動模式

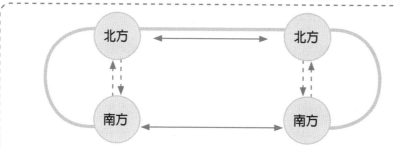

（資料來源：Hamid Mowlana, *Global Information and World Communication,* Sage Publications, p. 46.）

國際新聞的西東南三角流動模式

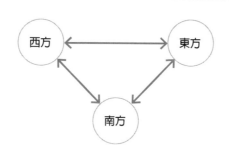

（資料來源：關世杰，《國際傳播學》，p. 325。）

發展理論

起源

1. 發展理論：流行於 1950 至 1960 年代。
2. 主張：西方現代化的發展經驗，可以作為新興國族國家的表率。
3. 傳播媒體：扮演觸媒的角色，將傳統社會改造為現代社會。
4. 代表人物：傳播學者勒納（Daniel Lerner）。
5. 著作：《傳統社會的消逝：中東的現代化》（*The Passing of Traditional Society: Modernizing the Middle East*）。

癥結問題

1. 對發展的狹隘界定：
   ⑴「經濟」的發展。
   ⑵ 為所有第三世界國家應仿效的典範。
   ⑶ 傳媒的使用擴大了社會階級間的矛盾與對立。
2. 發展政策未能與自由、共產兩大集團的國際權力政治脫勾：
   ⑴ 第一世界國家將發展與現代化，表述為一種基於人道援助的善意。
   ⑵ 雖然經濟發展、改善生活是要務，但主權獨立與文化傳承也同等重要。
   ⑶「對等且公平的均衡發展」才是重點。

Unit 3-3
現代化理論的檢討

圖解國際傳播

034

一、現代化理論主要觀點

國際傳播是第三世界國家現代化過程和發展的關鍵。因為國際大眾傳播可以被用來向新獨立的南方國家,傳播西方現代化的訊息、傳播西方的經濟和政治模式。這種現代化或發展的理論基於相信大眾傳媒,有助於從傳統國家向現代化國家過度的過程。

傳播加速現代化理論的核心觀點有兩個:㈠ 廣播和電視等大眾傳播技術可以向廣大受眾,特別是發展中國家的貧困地區,提供推進社會發展的訊息。㈡ 受眾接觸到訊息可以改變個人的知識、態度、行為,以利經濟和社會發展。現代化理論認為,工業化影響社會變遷甚巨,因為工業化後,社會開始累積財富,經濟發展之後中產階級興起與國民教育程度提高,進而促進民主化。

二、現代化理論首創者

現代化理論的首創者是美國麻省理工學院的政治學教授勒納(D. Lerner)。1958 年,他在《傳統社會的消逝:中東的現代化》(*The Passing of Traditional Society: Modernizing the Middle East*)一書中,透過對二十世紀五〇年代初中東一些國家(土耳其、黎巴嫩、埃及、敘利亞、約旦和伊朗)的民眾,接受到國內和國際大眾媒體狀況的對比研究而提出,大眾媒體是推進現代化的催化劑。

三、現代化理論發展階段

現代化理論從萌芽至成熟,大致經歷了三個階段。第一個階段是現代化理論的萌芽階段,從十八世紀至二十世紀初。這一階段以總結和探討西歐國家自身的資本主義現代化經驗和面臨的問題為主,其中主要的學者有聖西門、孔德、迪爾凱姆和韋伯等。第二個階段是

現代化理論的形成時期,從二次世界大戰後至二十世紀六〇、七〇年代,以美國為中心,形成比較完整的理論體系,主要學者有社會學家帕森斯、政治學家亨廷頓等。第三個階段是從二十世紀六〇、七〇年代至今,這一時期研究的核心是如何處理非西方的後進國家,現代化建設中的傳統與現代的關係。

四、現代化理論的貢獻、缺點與質疑

(一) 貢獻

「切中時弊」提供開發中國家獨立建國的方向、目標、動力、誘因,如改造民族文化、建立民主法治、發展經濟科技等,都是具體可行的。

(二) 缺點

這個模式的弱點就在於它對線性效果的強調,在於它對地位和專長等級制的依賴,以及對於來自上層合理的、或是仁慈的操縱依賴。此後,傳播促進現代化理論進行一定的轉換,改頭換面為發展傳播理論,對廣播電視會促進現代化、對訊息與傳播技術的盲目相信,轉向傳播通訊設施與社會發展變化間關係的研究。

現代化理論另外還有兩個明顯的缺點:一是它在探討國家發展時,片面強調大眾傳媒的作用,忽略政治、經濟和文化因素,有技術決定論和傳播影響社會發展方向的傾向。二是該理論把傳統生活與現代化生活,看成是彼此格格不入的。

(三) 質疑

現代化項目擴大了發展中國家已經存在的社會和經濟的不平等,使它們依賴於西方模式。

現代化理論

主要觀點

① 廣播和電視等大眾傳播技術：可以向廣大受眾，特別是發展中國家的貧困地區，提供推進社會發展的訊息。

② 受眾接觸到訊息：可以改變個人的知識、態度、行為，以利經濟和社會發展。

首創者

① 美國麻省理工學院的政治學教授勒納（D. Lerner）。

② 代表作品：1958 年《傳統社會的消逝：中東的現代化》（*The Passing of Traditional Society: Modernizing the Middle East*）。

③ 論述：大眾媒體是推進現代化的催化劑。

發展階段

① 第一個階段：從十八世紀至二十世紀初，是現代化理論的萌芽階段。

② 第二個階段：現代化理論的形成時期。

③ 第三個階段：從二十世紀六〇、七〇年代至今。

貢獻

「切中時弊」：提供開發中國家獨立建國的方向、目標、動力、誘因。

缺點

① 忽略政治、經濟和文化因素，有技術決定論傾向。

② 把傳統生活與現代化生活看成是彼此格格不入的。

質疑

① 加大了發展中國家已經存在的社會和經濟的不平等。

② 使發展中國家更依賴西方模式。

Unit 3-4
依賴學派：依賴理論與世界體系理論

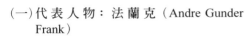

圖解國際傳播

036

一、依賴理論

（一）代表人物：法蘭克（Andre Gunder Frank）

（二）主要觀點

依賴理論（Dependency Theory），或稱作依賴學派（Dependency School），是 1960 年代晚期由拉丁美洲學者所提出的國際關係與發展經濟學理論。其將世界劃分為先進的中心國家與較落後的邊陲國家，後者在世界體系的地位受到中心國家的剝削，故得不到發展，或產生腐敗等弊病。

法蘭克（Gunder Frank）在《資本主義和拉美的不發達》一書中，提出了依賴理論，其核心觀點是：跨國公司（大多數在北方發達國家）在本國政府的支持下，透過建章立約的方法，對發展中國家加以控制，主導發展中國家的市場、資源、生產和勞動力。

發源地為第三世界的拉丁美洲國家，盛行於 1970 年代。許多國家貧窮落後的主因，不是像現代化理論所宣稱來自其內部的因素，依賴論者指責歐美運用國際體系間的社會經濟依賴，使衛星（落後國）成為都會（先進國）發展的補充，並作為其擴張的墊腳石，由於「不平等的交換」，先進國以高科技的獨占成為科技產品價格的決定者，國際貿易中的平等互惠根本無法存在。

（三）發展策略

溫和者提出發展民族工業，保護本國工業。政府應扮演積極角色，建立公營事業並協助民營企業發展。聯合邊陲國家修改列強所建構的國際經濟貿易秩序。

（四）優點

激進者提出採取革命手段，斬斷與資本主義體系間的關聯，而自給自足。

（五）缺點

把國家不能發展的原因歸咎於列強的外在因素，如同現代化理論所強調的內在因素一樣，都是一偏之見。

二、世界體系理論

（一）代表人物：華勒斯坦（Immanuel Wallerstein）

（二）主要觀點

以整個世界作為對象，以長時期的、巨觀的觀點，全面回顧近代西方資本主義文明體系的形成、鞏固與擴張，並從中檢討工業先進國與落後國之結構關係與制約的事實。對於一個國家發展的原因，兼顧內、外因素。

基本上，現存的貧富強弱國際社會並非一朝一夕之故，也非哪些國家所能完全控制，因為現代世界的形成，應追溯到數百年來資本主義世界經濟體系的延續，有些國家居於世界體系的「核心」，具有支配「邊陲」的優勢，我們可重構世界經濟體系的基本格局，並改變「核心—邊陲」的時空位置。例如：早期西、葡、荷，繼之英、法，近期之美、俄、日、德，皆為世界體系的核心主軸。

（三）發展策略

「世界體系理論」一方面承襲依賴理論的「剝削結構」與「不平等交換」觀點，另一方面卻反對其「依賴有弊無利、斷絕依賴」的命題，而發展出一套由「邊陲」提升至「半邊陲」，邁向「核心」的「力爭上游」策略。

（四）優點

1. 華勒斯坦要求打破學科的界線，提倡學科一體化和建構歷史社會科學。
2. 解構國家的神話：華勒斯坦指出民族國家是現代世界體系的產物，它自身不是說明問題的有效實體，歷史研究的單位應該以世界體系代替民族國家。
3. 批判歐洲中心主義：世界體系理論深刻地批判了歐洲中心，認為它歪曲並貶低了非西方世界的成就和貢獻。

（五）缺點

1. 中心和外圍國家的劃分沒有定量標準。
2. 著重從世界體系角度分析世界發展，相對忽視生產力和科技發展的作用。
3. 概念比較混亂，理論自身的矛盾比較多。
4. 世界體系層次分析，不能反映世界發展和現代化的全貌等。

依賴理論

代表人物：法蘭克（Andre Gunder Frank）

主要觀點

① 依賴理論（Dependency Theory），或稱依賴學派（Dependency School），是 1960 年代晚期由拉丁美洲學者所提出的國際關係與發展經濟學理論。

② 跨國公司(大多數在北方發達國家)在本國政府的支持下，透過建章立約的方法，對發展中國家加以控制，主導發展中國家的市場、資源、生產和勞動力。

發展策略

① 發展民族工業，保護本國工業。

② 政府應扮演積極角色，建立公營事業並協助民營企業發展。

③ 聯合邊陲國家修改列強所建構的國際經濟貿易秩序。

優點	斬斷與資本主義體系間的關聯，自給自足。	缺點	把國家不能發展的原因，歸咎於列強的外在因素。

世界體系理論

代表人物：華勒斯坦（Immanuel Wallerstein）

主要觀點

① 全面回顧近代西方資本主義文明體系的形成、鞏固與擴張。

② 檢討工業先進國與落後國之結構關係與制約的事實。

③ 對於一個國家發展的原因，兼顧了內、外因素。

發展策略

發展出一套由「邊陲」提升至「半邊陲」，邁向「核心」的「力爭上游」策略。

優點	缺點
1. 提倡學科一體化和建構歷史社會科學。 2. 解構國家的神話。 3. 批判歐洲中心主義。	1. 中心和外圍國家的劃分沒有定量標準。 2. 忽視生產力和科技發展的作用。 3. 概念比較混亂。 4. 不能反映世界發展和現代化的全貌等。

Unit 3-5
文化帝國主義與結構帝國主義理論

038

一、文化帝國主義

(一) 主要觀點

1969年，美國學者席勒（H. Schiller）在《大眾傳播與美利堅帝國》（*Mass Communications and American Empire*）一書中，將文化帝國主義定義為：「一個綜合的過程，透過這個過程，把一個社會帶入現代世界體系。這個過程具有一種社會機制，即透過吸引、壓迫、強制，有時是賄賂手段，使該社會主導的階層形成符合現有世界體系統治中心的價值觀，增強現有世界體系統治的結構。」

這部著作具體提出以下四個重要論點：

1. 現代傳播媒體成為美國實施全球政策的工具：美國跨國公司不斷地增長，主導了全球的經濟。這種經濟的增長，得到傳播業的支持，使美國的商業和軍事組織在以新電子技術為基礎的全球傳播系統中，取得領導地位。

2. 電視帝國主義的論題：發展中國家對美國傳播技術和投資的依賴，對媒體產品的新需求，使大量進口美國媒體產品，特別是電視節目成為必要。他是「電視帝國主義」的強烈批判者。

3. 世界文化同質化：西方傳媒竭力鼓吹資本主義的「美國生活方式」的結果，對發展中國家（特別是南方國家）形成「電子式的入侵」。這種入侵威脅或破壞發展中國家的傳統文化，犧牲社區的價值觀，加強物質消費主義，甚至使傳統文化不復存在。

4. 美國媒體的多米諾效應：在世界範圍內，美國商業電視如此之強大，以至於很少有國家能夠抵制，更造成「多米諾」效應，透過它，美國的商品、連同其製造公司和美國政府的意圖，從一個國家擴散到另一個國家，其影響在很短的時間內會波及整個世界。

(二) 批評

它忽視了媒體的形式、內容和受眾的作用。用文化研究方法分析國際傳播的學者認為，像其他文化製品一樣，媒體的「原文」可以有多種涵義，可以由受眾給予不同的解釋，在確定「原文」涵義的過程中，受眾不僅是消極的消費者，而且是「積極的」參與者。

(三) 貢獻

文化帝國主義的話語，在二十世紀七〇年代和八〇年代的國際傳播研究中非常流行。特別是對於二十世紀七〇年代在聯合國教科文組織和其他國際講臺上，關於世界訊息與傳播新秩序之論有很大的影響。

二、結構帝國主義理論

(一) 主要觀點

1971年，挪威社會學家高爾通（Johan Galtung）提出結構帝國主義理論（A Structural Theory of Imperialism），對國際傳播在維護國際經濟和政治權力中的角色，提供一種解釋。它的結構主義從「中心」（core）國家與「周邊」（periphery）國家之間的不平衡關係入手。他認為，世界由發達的「中心」國家和不發達的「邊緣」國家構成，一個國家內也由「中心」地區與「周邊」地區所構成，這樣形成四種類型：中心的中心（例如：美國紐約市）、中心的周邊（例如：美國阿帕拉契山區）、周邊的中心（例如：菲律賓的馬尼拉市）、周邊的周邊（例如：菲律賓的薩馬島）。

中心國家和邊緣國家之間有五種形式的帝國主義：經濟帝國主義、政治帝國主義、軍事帝國主義、傳播帝國主義和文化帝國主義。此五種帝國主義構成綜合的帝國主義，它們之間互相聯繫、彼此影響，並透過各種管道加強中心對邊緣的統治。傳播帝國主義與文化帝國主義密切聯繫，新聞就是文化傳播的一種結合。

根據高爾通的理論，結構帝國主義的基本功能以兩種互動形式為中心：一種是垂直（vertical）的互動，一種是對封建領地（feudal）的互動。

(二) 批評

有的作者對結構帝國主義理論提出批評，認為它太過強調跨國商業及外部力量對一國社會和經濟發展的影響與作用，忽視一國內部階級、性別、民族和權力關係。

文化帝國主義與結構帝國主義理論

文化帝國主義

代表人物：美國學者席勒（H. Schiller）

代表作品：1969 年《大眾傳播與美利堅帝國》（*Mass Communications and American Empire*）

主要觀點：❶ 現代傳播媒體成為美國實施全球政策的工具。

❷ 電視帝國主義的強烈批判者。

❸ 世界文化同質化。

❹ 美國媒體的「多米諾」效應：在很短的時間內會波及整個世界。

批評：它忽視了媒體的形式、內容和受眾的作用。

貢獻：❶ 在二十世紀七〇年代和八〇年代的國際傳播研究中非常流行。

❷ 對於世界訊息與傳播新秩序之論有很大的影響。

結構帝國主義理論

代表人物：挪威社會學家高爾通（Johan Galtung）

主要觀點：❶ 1971 年，提出結構帝國主義理論(A Structural Theory of Imperialism)。

❷ 結構帝國主義的基本功能，以兩種互動形式為中心。

❸ 一種是垂直（vertical）的互動，一種是對封建領地（feudal）的互動。

批　評：❶ 太過強調跨國商業和外部力量，對一國社會和經濟發展的影響和作用。

❷ 忽視一國內部階級、性別、民族和權力關係。

Unit 3-6
伯明罕學派的貢獻

040

一、伯明罕學派的緣起

在英國伯明罕大學當代文化研究中心，以霍爾（S. Hall）為代表的一群學者形成了伯明罕學派，他們受到葛蘭西的霸權理論影響較大。二十世紀七○年代，霍爾透過對媒體（特別是電視節目）的文本分析，以及對不同民族受眾調查進行的開創性研究展露頭角。

英國的伯明罕文化學派（以下簡稱伯明罕學派）始於上個世紀六○年代，當時世界範圍的社會運動風起雲湧。1964 年，當代文化研究中心（Centre for Contemporary Cultural Studies，簡稱為 CCCS）在英國的伯明罕大學應運而生，一種新的大眾文化研究典範從此閃耀於學術舞臺。

1964 年「伯明罕當代文化研究中心」的成立，是英國文化研究史上的一件大事，以至「文化研究」這個概念本身也要歸功於伯明罕學派。他們不滿於法蘭克福學派那樣站在精英主義立場來研究文化的方式，特別是他們認為的真正的大眾文化，即底層的工人階級的文化，力圖從英國文學批評的利維斯主義傳統中脫離出來。

二、伯明罕學派的宗旨

伯明罕大學當代文化研究中心宣稱，其成立宗旨是研究文化形式、文化實踐和文化機構，以及其與社會和社會變遷的關係。其研究內容主要涉及大眾文化及與大眾文化密切相關的大眾日常生活，分析和批評的對象廣泛涉及電視、電影、廣播、報刊、廣告、暢銷書、兒童漫畫、流行歌曲，乃至室內裝修、休閒方式等。在這些眾多而分散的研究內容中，大眾媒體始終是其研究焦點，尤其是對電視的研究極為關注。其研究方法最初受美國傳播學研究影響，但在霍爾領導時期，吸收了阿爾都塞和葛蘭西的觀點，轉向媒體的意識形態功能分析。

三、伯明罕學派的發展

伯明罕學派是完全建立在馬克思主義基礎上，但它是相當正統的馬克思主義。在西方馬克思主義這把傘下，融合著不同的馬克思主義傳統，所以，許多人儘管同歸於學術上的馬克思主義，但可能屬於不同的流派，並沒有一個固定的模式。有一段歷史不能被忽略。1968 年革命的年代，革命風暴席捲西歐，甚至美國。工人階級、普通百姓和大批學生走上街頭，他們異常地樂觀、積極和興奮，然而結果並非人們所想像的那樣，令他們非常失望。

二十世紀七○年代，伯明罕學派的新一代代表性學者霍爾重新整合大眾文化批判中的文化主義和結構主義兩種研究典範，並將阿爾都塞的意識形態理論和葛蘭西的文化霸權理論結合起來，開闢文化研究的新方向，並對北美及亞洲的文化研究產生重要影響。

到了八○年代，費斯克、默多克等人又對大眾日常生活和消費主義展開文化批判。他們透過對西方資本主義社會日常的消費文化現象進行解讀，突顯大眾在符號消費中積極的「創造性」、「藝術性」和「審美感覺」，以期為大眾的消費行為和商品符號，乃至人生與生活實際尋求意義。這種突顯大眾積極主動性的文化研究，有意、無意地以法蘭克福學派對美國商業流行文化的批判，作為宣揚他們文化研究而進行批駁的目標。

四、伯明罕學派的貢獻

伯明罕學派的突出貢獻，在於對文化和意識形態的相對獨立性的強調，反對經濟決定論，而突顯文化及文化主體，尤其是他們以民族誌的方法對工人階級與青少年反社會的次文化的追蹤考察、研究，取得引人注目的卓越成效。

伯明罕學派的貢獻

緣起

代表人物：霍爾（S. Hall）
代表機構：1964 年英國伯明罕大學當代文化研究中心

主要觀點：❶ 不滿於法蘭克福學派站在精英主義立場來研究文化的方式。
　　　　　❷ 力圖從英國文學批評的利維斯主義傳統中脫離出來。

宗旨

1. 研究文化形式、文化實踐和文化機構及其與社會和社會變遷的關係。
2. 研究內容
   ⑴ 主要涉及大眾文化及與大眾文化密切相關的大眾日常生活。
   ⑵ 大眾媒體始終是其研究焦點，尤其是對電視的研究極為關注。
3. 研究方法
   ⑴ 最初受美國傳播學研究影響。
   ⑵ 後轉向媒體的意識形態功能分析。

041

發展

❶ 二十世紀七〇年代：重新整合大眾文化批判中的文化主義和結構主義兩種研究典範。
❷ 八〇年代：費斯克、默多克等人對大眾日常生活和消費主義展開文化批判。

貢獻

❶ 在於對文化和意識形態相對獨立性的強調，反對經濟決定論。
❷ 突顯文化及文化主體。

Unit **3-7**
東方主義的影響

042

一、東方主義的緣起

1978 年，在美國哥倫比亞大學教書的巴勒斯坦學者愛德華・薩伊德教授（Edward W. Said）發表《東方主義》（*Orientalism*）一書，提出了西方人對中東地區的東方文化的看法，是在歐洲中心主義支配的文學中形成的，不是東方文化的真面目，他試圖創造出一種「不同西方想像」的「東方觀點」。

二、東方主義的主要觀點

薩伊德認為，自十八、十九世紀以來，西方殖民主義興起，而作為當時全世界最有權力的「國家」，這些國家在武力擴張的同時，也開始出現一種使用其「本位觀點」來理解「非西方國家」的傾向（如我們今天「中東」之名，即是由此而來）。

東方主義想要告訴我們的是，西方世界對於非西方世界的理解，始終都停留在十八、十九世紀，帝國殖民擴張時期對於非西方國家的「想像」。那樣的想像不但大多是以「西方」為本位的，更重要的是，許多觀點也並未是建立在「真實」的現象上。而西方這種「本位」的觀點，也在意識中為其建立起「西方」以及「非西方」的意識分野，也使得西方人民始終得以先進、現代的角色自居。

由此可知，唯有致力建構出一個得以使「東」、「西」方社會，皆可「平衡發展」自己論述與觀點的國際傳播秩序，始有可能發展出更平衡、多元的國際傳播內涵。

三、東方主義的影響

《東方主義》該書的出版，在學術界產生較大的影響。來自發展中國家的許多學者都認為，當代南方發展中國家的形象，受到東方主義的極大影響，東方主義是歷史上由西方文人透過文學、遊記和電影建構的。

四、對東方主義的批評

最主要的批評是，其中薩伊德在援引後結構主義者傅柯（Michel Foucault）理論時所出現的矛盾情節。也就是說，當薩伊德說東方主義歪曲了回教世界或整個東方世界時，他所隱含的前提是：存在著一個真正的客觀對象──東方或回教世界；但同時，他又經常引用傅柯等激進的後結構主義者觀點，斷言世界上沒有任何客觀的知識與知識對象，任何知識與知識對象都是認知主體建構與創造的。任何知識，尤其涉及異類的知識，都必然是一種歪曲與建構。所以批評者說「東方主義的非真實性問題，並沒有得到任何真實性的答案。」

五、結論

薩伊德繼《東方主義》之後，在 1993 年於《文化與帝國主義》一書裡，進一步揭示在十九世紀帝國主義的擴張和鞏固過程中，指出西方帝國之野心與其文化之間戲劇性的關聯，兩者相互輝映、相互增強。他始終堅持一種文化多元主義的立場，反對一切的本源性想像和認知策略，倡導文化之間的平等交融與相互尊重，「文化絕不是一個所有權的問題，一個有著絕對的債權人與債務人之間的借和貸的問題，而是不同文化間的共用、共同經驗與相互依賴的問題。這是一條普遍的準則！」

東方主義的影響

緣起

代表人物：美國哥倫比亞大學巴勒斯坦學者愛德華 ‧ 薩伊德教授（Edward W. Said）

代表作品：**1978 年發表《東方主義》**（*Orientalism*）

看法：是在歐洲中心主義支配的文學中形成的，不是東方文化的真面目。

觀點

❶ 西方國家對於非西方世界的理解：始終都停留在十八、十九世紀帝國殖民擴張時期，對於非西方國家的「想像」。

❷ 解決之道：建構出一個得以使「東」、「西」方社會，皆可「平衡發展」自己論述與觀點的國際傳播秩序。

影響

❶ 在學術界產生較大的影響。

❷ 東方主義是歷史上，由西方文人透過文學、遊記和電影建構的。

批評

東方主義的非真實性問題，並沒有得到任何真實性答案。

043

結論

❶ 西方帝國之野心與其文化之間戲劇性的關聯，兩者相互輝映、相互增強。

❷ 始終堅持一種文化多元主義的立場。

❸ 反對一切的本源性想像和認知策略。

❹ 倡導文化之間的平等交融與相互尊重。

第 **4** 章

各國傳播制度比較

章節體系架構 ▼

Unit 4-1
報業的四種理論

　　一個國家的媒體經營與管理，必定與該國的立國思想、政治體制，以及社會經濟、文化等有著密切的關係。

　　施蘭姆等人（Fred Siebert, Theodore Peterson, and Wilbur Schramm），即根據各國不同政治、經濟、社會等因素，將新聞傳播制度分為下列四大類：

一、集權主義式（authoritarian）

　　賽伯特（F. Siebert,1956）認為，集權主義理論是人類傳播史上第一種，也是最古老的一種傳播制度理論。這一理論認為，報刊是國家的公刊，必須對當權者負責；僅對私人新聞事業，透過特許制度、新聞檢查等嚴格管理與處分，以達到控制內容、服務執政者統治目的，如今日的伊朗、巴拉圭與奈及利亞等國家。

二、自由主義（libertarianism）

　　自由論者堅決反對對於新聞活動實施的任何形式的限制，倡導讓新聞媒體隨意報導任何事實，不受任何干預、暢所欲言、自由行事，為社會新聞受眾提供盡可能廣闊的選擇空間和判斷餘地，從而使他們能夠得出盡可能真切的結論。這一理論認為，新聞及人民知的權力的一部分，應該准許人民自由經營，且不得加以審查與限制，以協助尋找真理，告知、解釋娛樂之目的，如今日的美國、日本、德國等國家。

三、共產體制（Soviet communist concepts）

　　施蘭姆認為，這一理論是集權主義的變體，源起於馬克斯與列寧思想。馬克斯與列寧認為，大眾傳播媒體是作為國家與黨的工具來使用的，並作為黨實現統一的工具、發布「指示」的工具；它們幾乎是專用於宣傳和鼓動。新聞是教育群眾的工具，應由共產黨服務，應

由國家與政黨掌握經營。直至東歐共產黨體制轉變，東西德合併與蘇聯解體，才有根本的改變。

　　惟今日的北韓與古巴等依然實施共產體制，中國大陸則有限度的允許傳播媒體廣告，但言論和經營控制權仍在共產黨手中。

四、社會責任論（social responsibility）

　　這一理論是對自由主義理論的修正，也是「在傳統理論上一個新思想的推進」。美國新聞自由委員會出版的《自由和負責的報業》認為，新聞事業與社會責任比自由更為重要，故應維護人類言論自由，但其資訊出版不得造成社會傷害或傷害個人權益。新聞事業可由人民經營，但政府可以介入經營以確保公共服務。主要應克盡教育之責，以協助社會進步。今日世界尚無一個國家為此典範，期待者有美國。

　　傳播媒體不但影響個人日常生活，更對整個社會、政治、經濟與文化影響深遠。這四種理論只是對西方資本主義媒體體系和蘇聯共產主義媒體體系做了探討論述，並且有的詳細（如集權主義）、有的簡略（如自由主義），它忽略同時代其他種類的媒體模式。而且，隨著各國政治經濟的發展和媒體體制的變革，「四種理論」無法涵蓋現今世界各種不同的傳媒體系，新的理論模式便會應運而生。例如：阿特休爾（J. H. Altschull）《權力的媒體》（Agents of Power）一書，提出三種媒體體系；還有麥奎爾（Denis McQuail）提出的獨裁的、家長制的、商業的和民主的等。

媒體體制的古典模式

模式	定義
自由主義 （商業式） （libertarianism）	媒體組織可以自由出版發行他們所喜歡的東西。攻擊政府的行為是被允許的，為了更好的社會利益，甚至鼓勵這種行為。記者與媒體組織被賦予完整的自主權。
社會責任論 （social responsible）	媒體組織並無法完全隨心所欲自由地出版發行，因為他們對社會負有特定的義務，必須提供資訊與平衡。媒體組織必須提供所有團體，能獲得相關資訊的管道。媒體組織與政府共同作為建構文明社會的伙伴。
集權主義式 （authoritarian）	媒體組織必須經由直接的政府控管，滿足國家的需求。不允許媒體組織印刷或播送任何可能破壞既定權威體制，或侵犯既存政治價值的內容。如果有破壞規則的媒體組織，一旦被發現，就必須受到審查與懲罰的管制。
蘇維埃式 （Soviet）	理論上，媒體組織是為了勞工階級的利益而運作，其限制／審查權的觀念，則是透過與勞工團結在一起的記者覺醒所賦予的。在實際運作上，國家以集權主義模式掌控蘇維埃媒體。

（資料來源：摘自 Siebert, Peterson and Schramm, 1963.）

Unit 4-2
各國傳播制度

圖解國際傳播

048

傳播制度作為社會制度在大眾傳播領域的應用和反映，其內容十分繁雜，它體現了社會制度或制度性的因素，在各個方面對傳播媒體活動的影響和制約。

傳播制度研究既包括諸如媒體與政府之間的關係這種宏大的問題，也對一些較為微觀的問題如媒體與社會群體，以及廣大受眾的關係予以關注。既包括言論出版的自由與權利這種抽象的問題，也包含言論出版者所應承擔的責任和義務等具體的問題。因此，可以說傳播制度對社會整個結構和所有關係的複雜性都有所體現。既然如此，每個國家對傳播媒體的管理也不盡相同。以下為各國家的傳播制度：

一、國營制

國營制源自「威權體制」專制國，如二次世界大戰之前的納粹德國、現今的伊朗、巴拉圭等國家，視傳播媒體為其宣傳工具，予以嚴加管制。

二、共產制

本質如國營制，只是傳播媒體僅專供共產黨宣傳與教育人民，控制與管制媒體之權都在共產黨手中。

三、民營制

應稱為「民營商業制」，人民可經營傳播媒體，享受言論自由之權力，政府不得對其內容加以審查，其財源來自廣告，更不會被政府控制，但若商業廣告左右傳播媒體內容或品質，則非人民與社會之福，此種制度以美國人民為代表。

四、公營制

屬國會立法獨立經營之公司，如英國國家廣播公司（BBC），由代表各界人士與社會菁英組成管理委員會，領導公司運作於政府指揮部門外，亦即對內不由政府監督，對外甚可代表國家，其財源經特別立法直接徵收「收聽、收視」費，以確保其獨立運作機能。

「公營制」最大優點，是可以根據民眾利益，製作高水準的節目，包括較多比例的文化、藝術、社會公益與議題節目。

由於獨立財源，可免受商業經營法與廣告業務之影響，但卻也使工商企業少了一種有效的廣告媒體。此外，也由於若干節目「曲高和寡」，進而無法滿足大多數閱聽眾對娛樂性的期待。

五、公共制

美國為補救商業制度的缺失，乃參與公共事業管理成立公共電視制度，而為美國公共廣播電視網（Public Broadcasting System, PBS），其經費係由政府撥款與民間捐助而成，獨立經營，播放教育、公益、文化與藝術節目。

六、混合制

如前所述，如美國、日本等國家，兼採公民營共存制度，或二種制度的一種混合體制，稱之為「混合制」。

七、政府經營制

在臺灣現行根據前《廣播電視法》第5條規定，「政府機關所設立之電臺為公營電臺。由中華民國人民組設之股份有限公司或財團法人所設立之電臺為民營電臺。」其中民營電臺有以商業方式經營者，如前者所稱之股份有限公司；或以公共制方式經營，如後者之財團法人，如中央廣播電臺、公共電視。至於政府經營之電臺，如臺北電臺、高雄電臺；亦有屬中央政府之電臺，如教育電臺、漢聲電臺（國防部）。後者可稱國營，但連同前者，似泛指政府經營為宜。

各國傳播制度

國營制
二次世界大戰前之納粹德國、現今伊朗、巴拉圭等國家。

共產制
掌握宣傳與教育人民，控制與管制媒體之權。

民營制
應稱為「民營商業制」，人民可經營傳播媒體，享受言論自由權力，以美國人民為代表。

公營制
英國國家廣播公司（BBC），由於財源獨立，根據民眾利益，製作高水準的節目。

公共制
美國為補救商業制度的缺失，乃參與公共事業管理成立公共電視制度，而為美國公共廣播電視網（Public Broadcasting System, PBS）。

混合制
如美國、日本等國家，兼採公民營共存制度，或二種制度的一種混合體制，稱為「混合制」。

政府經營制
臺灣現行根據前《廣播電視法》第 5 條規定，政府機關所設立之電臺為公營電臺。

Unit 4-3
四種理論到三種模式

一、對《報業的四種理論》的批評

最早提出傳播體制的是，美國傳播學者施蘭姆等人《報業的四種理論》（*Four Theories of the Press*）。但是，許多學者批評，施蘭姆等人觀點較爲西方中心主義，不具有廣泛代表性，但這些模式對於以一種概括的方式，來討論媒體與公眾之間的關係，的確提出一個有幫助的起點。這些模式都代表「理想的」（ideal）情境，而這些情境是相對於現實的體制。

媒體與政治的關係，是西方新聞傳播學研究關注的重要問題之一。媒體作爲一種社會機構，是社會的一個組成部分，因此不可避免地受到它所屬社會和政治結構的形塑。另一方面，媒體在與社會制度、政治體系互動的過程中，也在一定程度上影響著整個社會。一個國家媒體與社會、媒體與政治的關係歸結起來，就是這個國家的媒體體系。雖然我們習慣將歐美國家統稱爲西方，但實際上歐美國家的媒體體系之間還是有很大區別。

二、《比較媒介體制：媒介與政治的三種模式》的問世

近年來學界引述較多的，則是由哈林（Daniel C. Hallin）和曼席尼（Paolo Mancini）在其所合著《比較媒介體制：媒介與政治的三種模式》（*Comparing Media Systems: Three Models of Media and Politics*）中，所新提出的三種模式。哈林與曼席尼認爲施蘭姆等人所提出的《報業的四種理論》，「就像恐怖電影的僵屍一樣，幾十年來都偷偷隨著媒體研究發展的景象，超越本身的自然生命」；而我們有必要「發展出基於現實比較分析的一種更爲精細、周延的模式」。藉由採用北美與歐洲的政治體制，哈林與曼席尼建構以下三種模式，來取代施蘭姆等人《報業的四種理論》：

自由主義模式（the liberal model）、民主統合主義模式（the democratic corporatist model）與極化多元主義模式（the polarized pluralist model）。自由主義模式，盛行於英國、愛爾蘭和北美；民主統合主義模式，盛行於歐洲大陸北部；極化多元主義模式，盛行於南歐的地中海。

㈠自由主義模式的特徵：市場機制和商業性媒體的相對支配性。就相對性而言，國家在媒體組織中，所扮演的角色是比較微弱的。

㈡民主統合主義模式的特徵：商業性媒體與有組織社會和政治團體相聯繫的媒體共存的歷史，以及相對活躍，但是，在法律上受到限制的國家角色。

㈢極化多元主義模式的特徵：媒體組織整合進入政黨政治中，就歷史發展來說，商業媒體是比較衰微的。國家在媒體組織中的角色是強大的。

三、《比較媒介體制：媒介與政治的三種模式》讀後感

如同哈林與曼席尼對他們所提出的模式所做的定義與檢證，我們逐漸瞭解要有效地比較完整的媒介體制，是相當困難的。此外，他們發現，商業化與全球化的力量在不同國家的媒體之中，正引領它們走向所謂「大量的聚合與趨同」（considerable convergence），使我們更難去建構可以在單一國家中分析媒體與政治場域的模型。雖然，他們所提出的三種模式，提供我們對當今媒介體制是如何運作的，有更細微的理解，同時，這三種模式也是基於現代的研究；但我們試圖去定義那些比較性的脈絡中，用來解釋媒體與政治之間關係的「模式」究竟爲何涵義時，也會發現這些模式的限制。

各案例與三種模式的關係

極化多元
主義模式

● 希臘

● 西班牙
● 義大利　● 葡萄牙

● 法國
● 比利時

● 德國

● 奧地利　● 荷蘭
● 挪威　　　　　　● 英國
　● 芬蘭　　● 瑞士　　　● 加拿大
● 丹麥　● 瑞典　　　　● 愛爾蘭　● 美國

民主統合
主義模式

自由主義
模式

（資料來源：陳娟等譯，《比較媒介體制》，p. 69。）

四種理論到三種模式

對《報業的四種理論》的批評

❶ 較為西方中心主義，不具有廣泛代表性。
❷ 媒體不可避免地受到它所屬社會和政治結構的形塑。
❸ 媒體在一定程度上影響整個社會。

《比較媒介體制：媒介與政治的三種模式》的問世

❶ 認為施蘭姆等人所提出的《報業的四種理論》，「就像恐怖電影的僵屍一樣，超越了本身的自然生命」。
❷ 自由主義模式的特徵：市場機制和商業性媒體的相對支配性。
❸ 民主統合主義模式的特徵：在法律上受到限制的國家角色。
❹ 極化多元主義模式的特徵：商業媒體是比較衰微的。

《比較媒介體制：媒介與政治的三種模式》讀後感

❶ 逐漸瞭解要有效地比較完整的媒介體制，是相當困難的。
❷ 更難去建構可以在單一國家中，分析媒體與政治場域的模型。
❸ 我們也會發現這些模式的限制。

Unit 4-4
《比較媒介體制：媒介與政治的三種模式》

052

在《比較媒介體制：媒介與政治的三種模式》中，作者哈林（Daniel C. Hallin）和曼席尼（Paolo Mancini），將歐美十八個國家的媒介體制分為三種類型，即北大西洋／自由主義模式、地中海／極化多元主義模式和中北歐／民主統合主義模式。

一、北大西洋模式／自由主義模式（the liberal model）

北大西洋模式／自由主義模式所包含的國家，有英國、愛爾蘭、美國和加拿大，是以自由主義理念為基礎的一種媒介體制。

自由主義所強調的個人主義、限制政府權力、多元主義和多數決定等原則，深刻影響著這一模式中媒體理念和實踐的發展。這主要表現為商業化媒體出現得較早，並占據媒體市場的主導地位，與政黨或社會團體緊密相關的媒體，幾乎沒有生存的空間。普遍存在新聞專業主義理念，強調事實與意見的截然分離、強調客觀報導的原則；國家很少干涉媒體的具體內容和行為，即使曾經對廣播電視實行許可制度，但現在大多已經解除此類管制。

二、地中海模式／極化多元主義模式（the polarized pluralist model）

地中海模式／極化多元主義模式所包含的國家，有義大利、希臘、葡萄牙、西班牙和法國。地中海國家大多經歷很長時間的鬥爭和轉型，才進入民主社會，因此這些國家的媒體與政治的緊密關係不言而喻。即使是在民主制度確立的當代政治對媒體的影響力依然存在，媒體也表現出較高的政治一致性。媒體不僅是廣泛的政治光譜的代表，且相互間鬥爭不斷，以爭取自己所代表的政治勢力的聲音得以表達。

地中海國家媒體的發行量一般較小，商業媒體的力量不夠強大，並且具有很強的政治傾向。相較於民主統合主義模式和自由主義模式，地中海國家媒介體制中的新聞行業組織十分不發達。《比較媒介體制：媒介與政治的三種模式》統合這源於媒體對政治的依附性，而缺乏對新聞行業作為一個行業的整體認同性。媒體的工具化狀況也很明顯，不是被大的政治勢力或商業巨頭控制，就是受到國家較深程度的干預。

三、中北歐模式／民主統合主義模式（the democratic corporatist）

中北歐模式或民主統合主義模式所包含的國家，主要有斯堪的那維亞國家（挪威、瑞典、芬蘭）、低地國家（比利時、丹麥、荷蘭）、德國、奧地利和瑞士。

民主統合主義模式與自由主義模式和極化多元主義模式有著許多共同之處，但又存在著巨大的差異。在自由主義者看來，大眾媒體的高度發展必然以脫離政治屬性為前提。但民主統合主義媒介體制，恰好是兩者的完美共存。縱使民主統合主義模式的這種政治意識形態色彩，並不如極化多元主義那樣強大。換句話說，民主統合主義是一種溫和的多元主義，其目的是使媒體成為各種政治和社會組織發表意見的公共平臺，而不是成為政黨鼓吹的工具。民主統合主義媒介體制的新聞專業化非常深入，體現在各國普遍存在的記者組織和行業自律組織，以及新聞工作者對新聞倫理規約的普遍共識和獨立的職業意識上。民主統合主義國家擁有相對完善的新聞法律體系，不但保護新聞自由和政府訊息的近用權，也在一定程度上規範媒體，使之不致危害社會的整體利益。

「三種模式」為比較媒介體制研究帶來了新的思路和觀點，但其研究主要使用實證研究方法，故實際上是實證研究與規範研究的結合；其次，「三種模式」更多是政治因素決定的三種媒介體制，雖然政治力量在媒介體制的形成和實踐過程中產生主導作用，但當代媒體的強大發展也使得媒介體制反過來對政治系統產生強大的影響力，這是不能忽視的一點。

三種模式：媒介體制特徵

	地中海或極化多元主義模式	北歐／中歐或民主統合主義模式	北大西洋或自由主義模式
	法國、希臘、義大利、葡萄牙、西班牙	奧地利、比利時、丹麥、芬蘭、德國、荷蘭、挪威、瑞典、瑞士	英國、美國、加拿大、愛爾蘭
報業	報紙發行量小；精英政治取向的報界	報紙發行量大；大規模發行；報界發展早	報紙發行量居中；大規模發行的商業報界發展早
政治平行性	政治平行性高；外部多元主義，評論取向型新聞事業；廣播電視的國會或政府治理模式——政治凌駕於廣播電視之上的體制	外部多元主義，尤其是在全國性報界中；歷史上有強大的政黨報刊；轉向中立的商業報界；具有實質性自治的政治融入廣播電視的體制	中立的商業報界；訊息取向型的新聞事業；內部多元主義（英國是外部多元主義）；廣播電視治理的專業模式——正式的自治體制
專業化	專業化弱；工具化	專業化強；制度化的自律	專業化強；非制度化的自律
國家在媒介體制中的角色	國家干預強；法國和義大利對報界提供津貼；數度進行新聞審查；野蠻的解除管制（法國除外）	國家干預強，但保護新聞自由；報界津貼在斯堪的那維亞國家特別顯著；強大的公共服務廣播電視	市場主導型（英國、愛爾蘭強大的公共廣播電視除外）
政治史；衝突與共識類型	民主化晚；極化多元主義	民主化早，溫和多元主義（德國和 1945 年前的奧地利除外）	民主化早
共識或多數票決政府	兼備	共識主導	多數至上主義
個人化的與有組織的多元主義	有組織的多元主義；政黨強大	有組織的多元主義，歷史上曾有碎片化多元主義；民主法團主義	個人化的代表制，而不是有組織的多元主義（尤其是在美國）
國家的角色	干預主義，國家和政黨對經濟強行干涉；數度威權主義時期；法國和義大利的高福利	高福利國家，國家對經濟強行干涉	自由主義；較低的國家福利
法理型權威	法理型權威發展較弱（法國除外）；依恃主義	法理型權威發展強勁	法理型權威發展強勁

（資料來源：陳娟等譯，《比較媒介體制》，p. 68。）

Unit 4-5
各國政府對出境訊息的控制手段（一）

圖解國際傳播

054

　　一般來說，各國對國際傳播（出境訊息）的控制主要採取以下手段（程曼麗，2007）：

一、行政手段

　　行政手段是指行政機構以強制性的命令、指示、規定等形式，調節訊息傳播活動，以達到預期目的的一種控制手段。這種手段的具體形式有：1. 對媒體的創辦進行審批、登記；2. 直接或變相地資助某一傳播機構；3. 對傾向政府的傳播媒體給予種種優惠或特權；4. 在紙張、無線電頻道等方面進行有選擇的配給；5. 壓抑持不同政見者的傳播媒體；6. 遴選傳播從業人員等。

　　無論在哪一種類型的國家裡，媒體都擺脫不了來自政府方面的行政控制。例如：二十世紀七〇年代，美國總統尼克森以行政手段，拒絕公布有關「水門事件」的文件和錄音。2001年 11 月，布希總統下令禁止公開歷屆美國總統的文件紀錄。儘管這些行政命令最終未能阻止消息的透露，但是對媒體報導還是產生限制作用。

二、訊息手段

　　訊息手段是指政府以其占有權威訊息來源的優勢，透過操縱新聞發布、控制消息來源而形成對媒體控制的一種方法。這種方法早先在已開發國家十分風行，近年一些開發中國家也開始採用。在此以美國為例，來說明訊息控制手段的具體表現方式。在美國，政府通常採取以下手段進行訊息控制：

（一）打招呼

　　告訴媒體哪些內容可以報導，哪些內容不要報導。2001 年美國「反恐戰爭」開始前，美國國防部將《紐約時報》、《華盛頓郵報》、CNN、ABC 等十七家重要媒體代表，召集到停泊在阿拉伯海上的美軍航空母艦上，向他們介紹報導戰爭的注意事項。2003 年波斯灣戰爭爆發前，隨軍記者也曾集中受訓。

（二）封鎖消息

　　政府是許多重大新聞的來源，如果它不願意讓媒體知道，常常會對重大消息進行封鎖。例如：1991 年 1 月，美國軍方制定打擊伊拉克的「沙漠風暴」計畫，該計畫事先對媒體嚴格保密。戰爭打響後，美國軍方提供給新聞網的是經過剪輯的轟炸影像，而對伊拉克平民死傷的情況三緘其口。

（三）培植親信

　　美國總統或政府官員時常會邀請一家或幾家主要媒體，接受採訪，透露一些重要的決定，目的是拉攏和培植聽話的媒體。媒體為了在競爭中勝出、壓倒對手，願意採取各種方法接近政府要員，與他們保持良好的關係。

（四）主動做簡報

　　白宮、國會、國防部和國務院定時舉辦的新聞簡報（briefing）會和發布會，是媒體獲得國內外大事最新消息的唯一官方消息來源。這種形式延續了多年，培養一大批專門報導政府活動的記者（如上千名白宮記者）。他們按照政府提供的資料進行報導，政府的說法無形中為媒體定了調。

各國政府對出境訊息的控制手段（一）

一、行政手段

01 對媒體的創辦進行審批、登記。

02 直接或變相地資助某一傳播機構。

03 對傾向政府的傳播媒體給予種種優惠或特權。

04 在紙張、無線電頻道等方面進行有選擇的配給。

05 壓抑持不同政見者的傳播媒體。

06 遴選傳播從業人員。

二、訊息手段

具體形式：

1 打招呼　　**2** 封鎖消息　　**3** 培植親信　　**4** 主動做簡報

國家級網軍打壓、抹黑政敵手法氾濫

世界各國政府都利用網路散布仇恨以及騷擾行為，以威脅與嚇阻政治立場相反的人們，未來研究院提到，由於網際網路的規模以及便利性，導致這類網軍攻擊行為能夠輕易地執行。

經過 18 個月的研究，未來研究院（Institute for the Future）於 2018 年發表了國家級網軍攻擊正流行的報告，仇恨抹黑與匿名威脅已經成為獨裁統治以及反民主國家思想的關鍵工具。

（資料來源：李建興，2018-07-23：https://www.ithome.com.tw/news/124717）

Unit **4-6**
各國政府對出境訊息的控制手段（二）

圖解國際傳播

056

三、法律手段

法律手段是指國家透過立法形式，對訊息傳播活動進行規範管理（既保證傳播者的權益，同時又要程度不同地限制它們的自由）。目前世界各國與大眾傳播有關的法律，大致有以下幾種：1. 著作權法；2. 煽動叛亂罪法；3. 色情管制法；4. 誹謗罪法；5. 保障隱私權法；6. 保密法；7. 反壟斷法；8. 廣告管理法；9. 許可證申請法；10. 廣播、電視與電影管理法；11. 圖書出版法；12. 新聞法。

除此之外，傳播控制的法律手段還應當包括各國法律體系中，適用於傳播活動的部分，即憲法、民法、商法、刑法等各個法律門類中，所有適用於傳播活動的法律文件和條款。

四、經濟手段

經濟手段是指國家（政府）透過入股、控股等形式，經由稅收、撥款和制定相關的產業政策等方法，對訊息傳播活動實行間接控制的一種手段。

首先是國家獨資創辦媒體或以入股、控股的方式，干預媒體的運作。各國都有政府獨自創辦或隸屬於政府的媒體，而各國主要的對外傳播媒體則絕大多數為政府所辦，接受政府的資助。目前世界上實力最強的五家國際廣播機構（從使用語種、播出時數、發射功率三方面綜合考量）——美國之音、俄羅斯之聲電臺、中國國際廣播電臺、英國廣播公司、德國之聲電臺，其經費均由政府提供。各洲一些影響較大的國際廣播電臺，如澳洲廣播電臺、全印廣播電臺、埃及國際廣播電臺、哈瓦那廣播電臺等，也是同樣的情況。為了對國內一些重要的媒體施加影響，政府有時也會採取入股、控股的形式。例如：在俄羅斯，普丁迫使媒體寡頭從傳媒領域退位後，政府透過入股、控股的方式，一躍成為國內媒體的最大「股東」，控制了 70% 的電視媒體、20% 全俄性質的報刊，以及 80% 的地區報刊。

其次是透過稅收、貸款、財政補貼等方式，對媒體施加影響。出於宏觀發展的需要，許多國家對媒體採取區別對待的原則。對於那些與政府不合作的私營媒體（特別是那些對外傳播的私營媒體），國家往往採取嚴格的稅收政策；而對於國有媒體，特別是那些傾向於政府的媒體，則採取優惠的稅收政策，並透過增加銀行貸款、擴大財政補貼等方式扶植其發展。

再次是透過制定相關的產業政策，為媒體發展創造條件。例如：美國政府在保障美國「二十一世紀的領導地位」的口號下，提出訊息高速公路計畫，並透過《1996 年電信法》，積極推進傳媒產業的結構調整，力求為本國傳媒參與國際競爭打下寬鬆的制度基礎。如果過去美國政府對傳播事業的宏觀調控的重點在於國內，那麼在今天，這種調控已經有了明顯的全球戰略性質。

以上四種手段，是各國政府對新聞傳播活動施予控制過程中普遍採用的方式。只不過在不同的國家和其發展不同的歷史階段上，它們被採用的具體情況不同。例如：在社會轉型期或國家面臨重大危機時，絕大多數國家會選擇採用行政手段，藉助國家強制性的約束力來度過難關，避免發生更大的震盪；而在社會穩定發展時期或社會發展的成熟期，由於法制體系相對健全，許多國家則主要採取法律手段規範媒體的行為，或者透過經濟手段間接地影響媒體運作。按照「傳播控制的相對論模式」，這是一個動態的系統和自我調節的過程。

各國政府對出境訊息的控制手段（二）

三、法律手段

1 著作權法
2 煽動叛亂罪法
3 色情管制法
4 誹謗罪法
5 保障隱私權法
6 保密法

7 反壟斷法
8 廣告管理法
9 許可證申請法
10 廣播、電視與電影管理法
11 圖書出版法
12 新聞法

四、經濟手段

1 國家獨資創辦媒體或以入股、控股的方式，干預媒體運作。
2 透過稅收、貸款、財政補貼等方式，對媒體施加影響。
3 透過制定相關的產業政策，為媒體發展創造條件。

五、公關手段

　　「獨家新聞」對總是有著曖昧關係的媒體與政府來說，有著不可告人的神祕性。政府控制媒體的方法也得與時俱進，過去以法令限制媒體運作，現在以各樣的公關手法影響媒體內容。

　　除了正式的管道與記者建立資訊流通關係外，政府機構或官員會有意無意地將敏感消息洩漏給特定記者，試探輿論反應、便利政策推行，同時滿足記者採訪需求。這時，媒體不但能取得「獨家」新聞展現自己的功力與人脈，還能同時得到利益，但卻成為政府或政客的傳聲筒。

　　這看起來是互利共生的曖昧關係，不但方便記者作業，也符合現實的新聞產製與新聞價值體系的運作邏輯，政府、政客更能得到好處，但最後輸家恐怕會是媒體。

（資料來源：https://tw.news.yahoo.com/blogs/society-watch/
Yahoo! 奇摩新聞：「獨家新聞」有時是政府控制媒體的手段。）

057

第 **5** 章

國際廣播與對外宣傳

章節體系架構 ▼

Unit 5-1
國際廣播的定義、特性與類型

　　國際傳播是指：超越國家邊界、跨越國家傳播體制的訊息交流。訊息交流指的是透過個人、團體、政府或機構傳遞的資訊及數據。毫無疑問，國際交流的最重要的形式之一是國際傳播，即透過大眾傳播媒體進行文化訊息的交流和傳遞，其中對傳播者而言，最便利、最有效的工具是透過天空直接傳播的媒體，即廣播和電視。國際傳播的歷史，就電子媒體而言，始於國際廣播。

一、國際廣播的定義

　　國際廣播是負責的國際電臺以短波（sw）發送訊號，需要特殊的短波收音機才能收聽到。短波廣播是介於3-30MHz（兆赫）的廣播，一般的 FM 廣播是介於 88-108MHz 之間，短波廣播的頻率比 FM 廣播低的多。由於短波頻率較低，以及不受地形與距離限制的無線電特性，使得短波一直是跨洲通訊最佳利器。由於在室外直接用伸縮天線即可接收短波廣播，所以比其他媒體更適合作爲國際宣傳。

　　除了廣播服務以外，長程的橫越太平洋航空管制通訊、海事通訊、業餘無線電、軍警通訊，都可以利用短波達成與全世界任何地點，做距離 10,000-20,000 公里的聯繫，因此才可以利用短波廣播來得知世界各國的動態。

二、國際廣播的特性

　　國際廣播具有極大的跨國傳播的優越性。首先，它不受邊防檢查的限制，可以穿越國境，長驅直入；其次，它不受時空侷限，可以隨時到達目標受眾，而聽眾則在任何時間、地點均可收聽；最後，它傳遞訊息迅速、方便、經濟，所費不多而影響巨大。因此，一經發明，廣播就受到各國政府的極大重視，被視爲國際傳播的首選工具。

　　目前國際傳播存在著許多障礙，如語言的不同、文化的差異、傳播工具的落後、種族和信仰的分歧、識字率的偏低等，使得各國政府在有意、無意中，阻礙了國際傳播的發展，但上述所說國際傳播的困難，卻可藉國際廣播得到部分的解決，因爲無線電具有下列優點：

(一)電波可超越國界，免於檢查。
(二)不受時空限制，可隨時收聽。
(三)國際廣播利用各種語言，直接傳送給理想聽眾，可克服語言上的困難。
(四)經濟、方便、迅速、範圍廣、滲透力強。

三、國際廣播電臺的類型

　　根據過去國際廣播的歷史發展，只要有重要戰事或地區性衝突，凡是交戰國或衝突雙方，都會充分利用國際廣播這項工具，大幅增加對目標國的頻率、時數、語言的廣播，以爭取輿論支持和對目標地區人民進行宣傳。因此，國際廣播電臺難免有國家偏見，甚至被世界強國所控制，故大多淪爲各國政府的宣傳工具。

　　若以國際廣播電臺的成立性質劃分，又有以下幾種類型，但大致而言，仍以第一類型最爲廣泛：

(一)由各國政府開辦、提供資金或直接控制的國際廣播電臺，如美國之音、英國 BBC、中國國際廣播電臺、德國之聲、法國國際廣播電臺等。目的在宣傳本國政策，樹立國家形象與增進國際間的相互瞭解。
(二)以營利爲目的的商業性國際廣播電臺，如歐洲的盧森堡廣播電臺、非洲的「非洲第一」廣播電臺等。
(三)旨在傳教的宗教性國際廣播電臺，如梵蒂岡廣播電臺。
(四)刻意越過國界對鄰國人民播音的國內廣播電臺，此類電臺在中東與巴爾幹地區皆有。
(五)反政府組織在境外設置，刻意向該國進行廣播之祕密電臺。這類地下電臺有明顯的政治目的，經常與電波目標國的政府對立，他們通常是敵對政府或政治勢力所支持成立的。

國際廣播

定義

01 國際電臺以短波（sw）發送訊號，且需要特殊的短波收音機才能收聽。

02 因此，可運用短波廣播來得知世界各國的動態。

特性

01 可以穿越國境，長驅直入。

02 可以隨時到達目標受眾。

03 傳遞訊息迅速、方便、經濟，所費不多而影響巨大。

國際廣播電臺的類型

❶ 由各國政府開辦，此一類型最為廣泛。
❷ 以營利為目的的商業性國際廣播電臺。
❸ 旨在傳教的宗教性國際廣播電臺。
❹ 刻意越過國界對鄰國人民播音的國內廣播電臺。
❺ 祕密電臺。

Unit 5-2
國際廣播的歷史

從歷史發展來看，國際廣播首先開闢國際電子傳播的新領域，各國政府為了維護各自國家的利益，在這一領域裡一直進行著激烈的鬥爭，並有意、無意的阻撓訊息的「進口」，同時大力加強其「出口」。因此，國際廣播的歷史，基本上是一部競爭和鬥爭的歷史。

一、海外廣播的開始

第一個向海外聽眾廣播的定期節目，是荷蘭於 1927 年開始的，那個節目是為在荷蘭殖民地生活的荷蘭公民播放的，以期保持他們與母國的聯繫。於是，荷蘭成為第一個建立國際廣播電臺的國家。1929 年，德國效仿荷蘭的做法。1932 年，英國開始它的「帝國之聲」服務節目，同時用於政治宣傳的廣播。

1929 年，前蘇聯全蘇廣播電臺的播音員用德語和法語，向法、德兩國工人階級呼籲，在社會主義的旗幟下團結起來。其後，各國紛紛設立國際廣播，進行對外宣傳。1933 年，希特勒的國家社會黨政府在德國上臺，立即以廣播向全球宣傳納粹主義。至 1939 年，大約 25 個國家捲入國際政治廣播，其中最積極的是德國、義大利、法國、前蘇聯和英國。這一階段是國際廣播的黃金時代，留給世界人民最突出的印象－－那是一個風雲變幻的時期。當美國被捲入對德、日的戰爭後，其對外宣傳節目的「美國之音」於 1942 年 2 月 24 日也開播。抗日戰爭時期的國民政府，也成立中央廣播電臺對國際廣播。

二、第二次世界大戰期間

「國際廣播宣傳戰」最突出的表現，是在第二次世界大戰中。而國際廣播在第二次世界大戰中，主要表現在軍事和政治宣傳方面。大戰前後，納粹德國一方面向世界進行恐怖宣傳戰，另一方面以嚴厲手段禁止德國人民收聽來自反法西斯國家的廣播。大戰開始後，英國廣播公司國際廣播用 16 種語言對歐洲及世界廣播。美國自 1941 年珍珠港事件後，正式加入戰爭，因而特地成立戰時新聞局，發展心理戰和國際廣播。前蘇聯的對外廣播－－莫斯科電臺積極宣傳反法西斯鬥爭中前蘇聯的主張。日本廣播公司的「東京玫瑰」節目在對美國軍隊的廣播發揮心理戰的作用，日本侵略者還向亞洲國家大力推行「大東亞共榮圈」的宣傳。

三、冷戰期間

第二次世界大戰結束後，東西方之間的冷戰持續著。1945 年戰爭結束，自封為「國際警察」的美國，開辦的主要朝向東德和東柏林的美國管轄地區電臺於 1946 年開播，十年後成了西歐最大的系統之一。英國的對外廣播也加入反共宣傳，英國廣播公司於 1946 年開始針對前蘇聯的俄語廣播。國際宣傳戰延續到冷戰時期，除「美國之音」外，美國新聞總署還於 1950 年和 1951 年分別成立針對東歐國家和前蘇聯的「自由歐洲電臺」和「自由電臺」。1952 年，「美國之音」變成美國情報總署的一部分，其目標之一是「增強與強化對共產主義的心理遏制」。

五〇年代，日本和德國開始了新建立的國際廣播。在革命後的古巴，卡斯特羅建立的哈瓦那廣播電臺於 1961 年開播。前蘇聯於 1964 年開播了第二套對外廣播－－「和平與進步之聲廣播電臺」。

至六〇年代末，美國分布於世界各地的駐軍廣播電臺達到 300 座。美國支持的「自由歐洲電臺」和「自由電臺」目的，在於鼓勵社會主義國家之持不同政見者，直到 1973 年，它們一直接受中央情報局的祕密經費扶植。後來，美國國會任命一個新的獨立的政府董事會，將宣傳的祕密戰變為公開戰。

1984 年，美國開播了針對古巴的「馬蒂」電臺。早在八〇年代初期，位於新奧爾良的 WRNO 電臺成為第一個擁有執照的國際商業廣播電臺。在緬因州的基督教科學箴言電臺是，大功率的國際電臺。私營的國際廣播正是一個發展中的領域。

國際廣播的歷史

海外廣播的開始

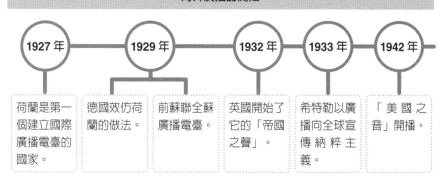

1927 年	1929 年		1932 年	1933 年	1942 年
荷蘭是第一個建立國際廣播電臺的國家。	德國效仿荷蘭的做法。	前蘇聯全蘇廣播電臺。	英國開始了它的「帝國之聲」。	希特勒以廣播向全球宣傳納粹主義。	「美國之音」開播。

第二次世界大戰期間

1 主要表現：在軍事和政治宣傳方面。
2 大戰開始後：英國廣播公司國際廣播用 16 種語言對歐洲及世界廣播。
3 美國：特地成立戰時新聞局，發展心理戰和國際廣播。
4 莫斯科電臺：積極宣傳反法西斯鬥爭中前蘇聯的主張。
5 日本「東京玫瑰」：發揮了心理戰的作用。

冷戰期間

1 1950 年和 1951 年：美國分別成立「自由歐洲電臺」和「自由電臺」。
2 1952 年：「美國之音」變成美國情報總署的一部分。
3 五〇年代：日本和德國開始了新建立的國際廣播。
4 六〇年代末：美國分布於世界各地駐軍廣播的電臺達到 300 座。
5 1984 年：在美國開播，針對古巴的「馬蒂」電臺。

Unit 5-3
國際廣播的發展與現況

圖解國際傳播

一、國際廣播的發展

國際廣播發展得追溯至第一次世界大戰期間，1923 年德、法之間展開第一次廣播戰爭。1933 年，希特勒開始以短波向世界、以中波向歐洲宣傳；1939 年，第二次世界大戰開打後，英國廣播公司用 16 種語言向歐洲傳播。之後美國也在 1942 年成立美國之音，蘇聯的莫斯科電臺、日本廣播電臺等紛紛成立，使得國際廣播宣傳在第二次世界大戰期間登峰造極。

1930 年代末期和二次大戰期間，國際廣播以迅如流星般的速度成長著。戰後，雖然有短暫的停頓，1950 年代和 1960 年代再次呈現巨幅的成長。這似乎顯示出世界各國並未放棄國際廣播。有些國家每年花費千百萬元發展國際廣播，而有少數國家則用相同的代價試圖阻止人民收聽國際廣播。

國際廣播的成長不僅快速，同時極為分歧。今天這些分歧的情形同樣存在，且隨著更多新電臺的成立而有與日俱增的趨勢。在一個電視越來越受到重視的時代，國際廣播似乎仍扮演著國際交流中的重要角色。

二、國際廣播的現況

(一) 美國之音 (VOA)

美國的國際廣播媒體包括「美國之音」、「自由歐洲」與「自由亞洲」等五家，全部是由「廣播理事會」(BBG) 監督。BBG 是美國聯邦政府捐助成立的獨立機構，其使命是「提供資訊、鼓勵並團結全世界民眾去支持自由和民主」，每年預算金額大約新臺幣 200 億元。在 1999 年之前，BBG 是美國新聞署 (USIA) 下面的一個部門，後來為了避免政治力對於新聞內容的干預，以及避免被批評美國透過國際廣播干涉他國內政，才改設獨立機構，增加一道「防火牆」。BBG 理事會有 9 名理事，8 名由兩大黨推薦，總統提名並獲得美國參議院同意後產生，另 1 名理事則由美國國務卿擔任，可見地位崇高。

(二) 英國廣播公司 (BBC)

英國國際廣播開始於 1932 年的「帝國之聲」廣播，後來併入 BBC 國際頻道。在 2014 年以前，英國國際廣播的預算都是由外交部編列，每年大約新臺幣 120 億元。BBC 理事會共有 12 名理事，其產生的方式是經過公共遴選委員會遴選後推薦，再由首相提請女王任命，地位相當崇高。

(三) 臺灣之音 (Radio Taiwan International, RTI)

1998 年 1 月 1 日起，央廣依照立法院通過的「財團法人中央廣播電臺設置條例」，正式改制為創新專業兼具全球視野的國家廣播電臺。根據設置條例，央廣任務為對國外地區傳播新聞及資訊，樹立國家新形象，促進國際人士對我國之正確認知，以及加強華僑對祖國之向心力；並對大陸地區傳播新聞及資訊，增進大陸地區對臺灣地區之溝通與瞭解。依照設置條例，央廣是獨立法人，董事會的董事是由文化部遴薦產生，包括幾個主要部會首長擔任官派董事。

央廣使用過的呼號，包括中央電臺、自由中國之聲、亞洲之聲、中廣海外廣播、中央廣播電臺 (Central Broadcasting System, CBS)、臺灣之音 (Radio Taiwan International, RTI) 等。目前央廣每天以國語、閩南語、客語、粵語、英語、日語、法語、西班牙語、德語、俄語、印尼語、泰語、越南語等 14 種語言，代表國家對全世界廣播。

央廣的國際廣播主要是使用涵蓋範圍最廣表的中波與短波 (short wave, SW) 對國際進行廣播，電波涵蓋距離可以達到幾百公里，甚至幾千公里，這有別於國內廣播主要是以 FM 與 AM 進行廣播，國內廣播涵蓋半徑通常只有幾十公里。放眼世界，包括中國大陸、阿拉斯加、東歐等地，以及南美洲烏拉圭、巴西這些地區，都能直接清楚的收聽到央廣從臺灣傳送出去的節目。

國際廣播的發展與現況

國際廣播的發展

1923 年
德、法之間展開第一次廣播戰爭。

1933 年
希特勒開始以短波向世界、中波向歐洲宣傳。

1939 年
第二次世界大戰開打後，英國廣播公司用 16 種語言向歐洲傳播。

1942 年
美國成立美國之音，蘇聯的莫斯科電臺、日本廣播電臺等紛紛成立，使得國際廣播宣傳在第二次世界大戰期間登峰造極。

1930 年代末期和二次大戰期間
國際廣播以迅如流星般的速度成長著。戰後，有短暫的停頓。

1950 年代和 1960 年代
再次呈現巨幅的成長。

國際廣播的現況

美國之音（VOA）

美國的國際廣播媒體包括「美國之音」、「自由歐洲」與「自由亞洲」等五家，全部是由「廣播理事會」（BBG）監督。

英國廣播公司（BBC）

BBC 理事會共有 12 名理事，其產生的方式是經過公共遴選委員會遴選後推薦，再由首相提請女王任命，地位相當崇高。

臺灣之音（Radio Taiwan International, RTI）

❶ 央廣使用過的呼號，包括中央電臺、自由中國之聲、亞洲之聲、中廣海外廣播、中央廣播電臺（Central Broadcasting System, CBS）、臺灣之音（Radio Taiwan International, RTI）等。

❷ 目前央廣每天以 14 種語言，代表國家對全世界廣播。

Unit 5-4
世界主要國際廣播電臺簡介

一、美國之音（Voice of America, VOA）

美國之音是美國政府所設置的一個純對外宣傳新聞的單位。成立於 1942 年 2 月，總部設於美國華盛頓。當年是為了滿足飽受戰爭摧殘的境外人士，對追求值得信賴的新聞需求而設立。節目宗旨以報導美國及世界正確與客觀的新聞和資訊給海外聽眾。VOA 成立後歷經幾次改組，目前隸屬於美國國際廣播局（International Broadcasting Bureau, IBB）所管轄的四個機構之一。

美國之音以 45 種語言，每週向世界各地廣播 1250 多個小時的新聞與節目，其中電視使用 25 種語言。該組織設有英語新聞及節目部、外國語言播音部、工程部、行政部、總部和電腦中心，以外語部門最大，其中以中文部為最大的一個。

在美國本土與海外的工作人員方面共僱用超過 1100 人，甚至在全美有 22 個國內特派員。

二、英國廣播公司（British Broadcasting Corporation, BBC）

BBC 是在 1932 年 12 月開始對國際廣播服務，而外語節目開始於 1938 年。目前透過英語和其他 40 種以上外語對全球各地播放。每週播出總時數在 870 個小時以上，根據最新（2017-2018 年）的調查顯示，BBC 全球聽眾超過 2 億 7900 萬人，其中電視新聞超過 1 億人都是英語聽眾，海外新聞工作人員則超過1000 人。

國際廣播的節目內容，包括新聞、時事分析、政治評論、體育、戲劇及其他娛樂等。英語節目更是 24 小時不間斷播放，並且在熱門時段增加對中東地區、非洲、東亞、南亞、歐洲與加勒比海地區播放。

三、德國之聲（Deutsche Welle, DW）

德國之聲（Deutsche Welle, DW）總部位在德國科隆，德國之聲成立於 1953 年，是提供德語與 30 種外語服務的國際廣播電臺，德語每日 24 小時播放，外語部分每天播放 70 小時左右，每日播音總時數超過 90 個小時。每週收聽人數有 1 億人之多。

德國之聲擁有來自於全球六十多國的 1500 多名工作人員。節目內容除了新聞、重要事件的深度分析報導外，也提供與政治、經濟、股市、文化、宗教、音樂與體育活動等相關消息。

2014-2017 年，德國之聲的閱聽人從 1 億 100 萬人增長至 1 億 5700 萬人，增幅約 60%，預計 2021 年每週將增至 2 億 1000 人。

四、日本放送協會（NHK）

NHK 日語羅馬字全名為「Nippon Hoso Kyokai」或「Nihon Hoso Kyokai」，官方英語名稱則為 Japan Broadcasting Corporation。日本 NHK 的國際廣播，開辦於 1935 年。

NHK 宣稱其經營國際廣播業務之目的，是向全世界正確、公正地傳播海內外新聞。內容特別注重描述日本人的日常生活、文化、政治、社會現象、科學和產業發展，以及日本對於重要國際問題採取的立場、民意走向，以藉此促進和其他國家的相互理解和友好親善、文化交流。簡言之，就是增進全世界對日本的瞭解，並使海外的日本人保持接觸日本資訊的機會。

「NHK World」使用三個衛星，向全世界進行全天候的播放，除了非洲南部之外，全世界約有 170 個國家，可以免費收看。該頻道節目有 25% 是可以英語收看。「NHK World」的節目內容是以新聞、資訊節目為主。

「NHK World Radio Japan」是一個使用日語、英語等 22 種語言，向全世界播放的國際短波廣播。不同語言加起來的播放時數，一天多達 65 個小時，分為一般廣播和地域廣播。一般廣播是以世界各地的外國人、日本人、日裔為主，以英語（一天 14 小時）和日語（一天 20 小時）進行新聞、解說、音樂等節目的播放。

世界主要國際廣播電臺簡介

美國之音（Voice of America, VOA）

❶ VOA 目前隸屬於美國國際廣播局（International Broadcasting Bureau, IBB）所管轄的四個機構之一。

❷ 美國之音以 45 種語言，每週向世界各地廣播 1250 多個小時的新聞與節目。

英國廣播公司（British Broadcasting Corporation, BBC）

❶ 目前透過英語和其他 40 種外語對全球各地播放，每週播出總時數在 870 個小時以上。

❷ 英語節目更是 24 小時不間斷播音，並且在熱門時段增加對中東地區、非洲、東亞、南亞、歐洲與加勒比海地區播放。

德國之聲（Deutsche Welle, DW）

❶ 提供德語與 30 種外語服務的國際廣播電臺，德語每日 24 小時播出。

❷ 外語部分每天播出 70 小時左右，每日播放總時數超過 90 個小時。

日本放送協會（NHK）

❶ 「NHK World」使用三個衛星，向全世界進行全天候的播放，除了非洲南部外，全世界約有 170 個國家可免費收看。

❷ 該頻道的節目有25%是可以英語收看的。「NHK World」的節目內容是以新聞、資訊節目為主。

2018 年主要的國際電臺

電臺	成立時間	語種	正式員工	每週收聽者（百萬）
英國廣播公司（BBC）	1932	41	……	279
美國之音（VOA）	1942	45	1140	……
德國之聲（DW）	1953	30	1500	100
法國廣播公司（RFI）	1975	20	……	45

（資料來源：數據基於公司網站；維基百科、百度百科。）

Unit 5-5
美國的國際「替代」廣播系統

美國除以「美國之音」對外廣播之外，另有「替代」廣播系統。美國之音向全球廣播，替代廣播系統則朝向一定地區廣播，以美國戰略利益為基礎，強調利用播報當地新聞影響對象國受眾的價值觀念。美國的「替代」廣播系統呈現逐年增加的趨勢，包括自由歐洲/自由電臺、馬蒂電臺、自由亞洲電臺、自由阿富汗電臺、薩瓦電臺、法爾達電臺等。

一、自由歐洲/自由電臺

「自由歐洲/自由電臺」是由美國國際廣播理事會批准，受美國國會贊助的國際廣播機構。名義上是一家私有的、非營利的公司，播放對象是前蘇聯地區、東歐以及中東地區。該電臺每週廣播1100多個小時，共用34種語言，透過短波、中波、調頻、調幅，以及網際網路播放。

二、自由亞洲電臺

「自由亞洲電臺」朝向亞洲，特別是向中國、北韓、越南播放。1996年3月正式成立，同年9月29日開播。以華語（漢語、普通話）、藏語、粵語、維吾爾語、緬甸語、越南語、寮國語、韓語等9種語言播出，其中華語（漢語、普通話）每天24小時播放。

三、馬蒂電臺

對古巴廣播的「馬蒂電臺」隸屬於「美國之音」，總部設在華盛頓，發射臺在佛羅里達。1985年5月正式開播，同年劃歸美國國際廣播局管理。

四、自由阿富汗電臺

「自由阿富汗電臺」總部，設在捷克首都布拉格。在「自由歐洲電臺」的基礎上建立，使用阿拉伯語向阿富汗播放節目，每天播音12小時。另外，美國還幫助阿富汗建立廣播節目訊號中繼站。

五、薩瓦電臺

「薩瓦電臺」於2002年3月開始播放，每天24小時廣播新聞和音樂。作為利用美國政府預算的公共廣播電臺，薩瓦電臺實際上就是「美國之音」的阿拉伯語版。由於方言和地區的多樣性，薩瓦電臺向伊拉克、埃及、波斯灣地區各國、巴勒斯坦等中東12個國家播放五種節目。除了新聞外，還交替播放英語和阿拉伯語的流行歌曲，希望藉此吸引地區人口60%以上的25歲以下的年輕人。從2004年開始，薩瓦電臺還播放衛星電視節目，除阿拉伯語以外，還準備開設印尼語、波斯語、土耳其語等朝向伊斯蘭世界的廣播，以擴充廣播的覆蓋範圍。

六、法爾達電臺

「法爾達電臺」的前身為1998年開播的自由歐洲電臺/自由電臺波斯語廣播，2002年12月改為現名。法爾達電臺成立之後，曾長期由RFE/RL和美國之音（VOA）共同營運。從2008年7月7日起，美國廣播理事會（BBG）將其完全納入RFE/RL旗下。2009年7月，美國國會通過了「伊朗審查制度受害者法案」，並據此撥款3000萬美元，資助RFE/RL、VOA和法爾達電臺用波斯語向伊朗廣播。法爾達電臺自稱是「極少數向伊朗人民提供未經審查消息的媒體之一」，每週7天、每天24小時透過設在德國、阿聯和斯里蘭卡的發射站，向伊朗播放政治、文化和經濟新聞以及體育、西方音樂和波斯音樂等節目。

法爾達電臺開播後的一段時間，伊朗官方對其採取了容忍的態度（雖然期間也有記者被扣押或被捕），但在2010年2月，伊朗逮捕7名法爾達電臺的工作人員，並指控其中一些人為美國間諜機構工作，並涉嫌在2009年的反政府暴力示威中煽動抗議者。

美國的國際「替代」廣播系統

自由歐洲／自由電臺	該臺每週廣播 1100 多個小時，共用 34 種語言，透過短波、中波、調頻、調幅以及網際網路播放。
自由亞洲電臺	以華語（漢語、普通話）、藏語、粵語、維吾爾語、緬甸語、越南語、寮國語、韓語等 9 種語言播放，其中華語（漢語與普通話）每天 24 小時播放。
馬蒂電臺	對古巴廣播的「馬蒂電臺」隸屬於「美國之音」，總部設在華盛頓，發射臺在佛羅里達。
自由阿富汗電臺	使用阿拉伯語向阿富汗播放節目，每天播音 12 小時。另外，美國還幫助阿富汗建立廣播節目訊號中繼站。
薩瓦電臺	「薩瓦電臺」於 2002 年 3 月開始播放，每天 24 小時廣播新聞和音樂。作為利用美國政府預算的公共廣播電臺，薩瓦電臺實際上是美國之音的阿拉伯語版。
法爾達電臺	法爾達電臺自稱是「極少數向伊朗人民提供未經審查消息的媒體之一」，每週 7 天、每天 24 小時，向伊朗播放政治、文化、經濟新聞，以及體育、西方音樂和波斯音樂等節目。

Unit 5-6
CNN 與國際廣播電視

冷戰結束，國際廣播電視（international broadcasting）利用傳播科技的進步，影響世人，尤其 CNN 的播出更突顯其在國際廣播電視的莫大功能。

一、國際廣播電視功能

應用最先進的現代化科技手段，具有「大覆蓋率」、「時效性」、「直接性」和「接近性」等特性，表現出如下功能：

（一）迅速及時，傳播廣泛

世界各地一旦有大事發生，全球各地幾乎立刻可看到廣播電視傳播資訊的及時性和廣泛性，超過其他任何傳播媒體型態。

（二）聲音影像，生動活潑

聲音兼具彩色的傳播畫面，以及書報傳播形態更加生動活潑吸引人。

（三）多元節目，可供選擇

豐富多元的節目，提供多套節目選擇。

（四）溝通社會，閉路聯繫

能作爲閉路系統，發揮溝通部分的社會功能。

二、CNN（美國有線電視新聞網）在國際傳播上的意涵

（一）CNN 的發展

CNN 美國有線電視新聞成立於 1980 年，是第一個全天候 24 小時的新聞頻道。CNN 國際新聞網路〔又稱有線電視新聞網國際新聞網絡、CNN 國際臺（CNN International, CNNI）〕，是以有線電視及衛星覆蓋全球大部分地方的電視網，於全球 200 個國家，超過 3 億的家庭和旅館房間中收看。大部分收視戶均可免費收看，其他則透過收費電視供應商及衛星收看不同版本的 CNN 國際新聞。

在 CNN 創辦之初，泰德・特納（Ted Turner）就提出著名的「人靠邊站，新聞至上」的口號。小型微波電視轉播車和移動式衛星地面接收站的投入使用，使現場直播和深度報導成爲可能。同時，CNN 將 24 小時新聞網分爲六個編輯部，每個部門負責 4 個小時的節目，

而編輯部的負責人往往是資深節目主持人，以節目爲軸心的組織架構能確保 CNN 新聞的時效性和深層的把握。新聞綜述、新聞專題、新聞雜誌、人物專訪，是 CNN 拓展重大新聞深度報導的主要節目單元。

憑著遍布全球主要城市的記者站的努力，美國有線電視新聞網每天都能獲得並即時播出充足的新聞和訊息，它已經超過英國路透社，躍升爲全球最大的新聞蒐集、播出機構。果不其然，CNN 在 1991 年波斯灣戰爭報導，一舉成名。接著在 2001 年 911 事件、2003 年伊拉克戰爭，CNN 國際新聞報導都成爲國際電視傳媒的主要新聞來源。

（二）CNN 國際新聞的傳播策略

1. 強勢媒體，精英路線：CNN 是美國電視業的後起之秀，在其創立之初，就確立走精英路線的策略，將節目檔次定位於政治家、文化和思想精英等。CNN 一個典型作法是向各國首腦免費贈送節目解碼器，從而使各國的政府都成爲 CNN 的直接受眾。

2. 巧妙運用不同節目類型

   (1) 區域化戰略：指新聞內容不僅關注國際，而且提供當地新聞，爭取該地區受眾支持。CNN 國際頻道分歐洲、中東及非洲、北美、亞太、南亞、拉美五大區域，並針對不同的區域增加該區域觀眾關心的節目內容。CNBS 財經電視臺也分別依據美國本土、亞太及歐洲三個區域性頻道，除了提供全球性的財經資訊外，還分別依據各區域的時間，追蹤報導該區域的重大財經資訊。

   (2) 語言多樣化：指除了英語外，還提供其他語言的輸出。CNN 針對五個區域的節目雖然都是用英語播放，但西班牙的「CNN 西班牙」用西班牙語、土耳其的「CNN 土耳其」用土耳其語播放。而在日本和韓國播放的一部分節目，則完全譯成當地語言後播放。

CNN 在國際傳播上的意涵

節目政策對組織的意義

CNN：迎合公眾胃口

需要（對新技術的重視）

對重大新聞做出快捷反應的能力；對技術的高投入；快速的生產轉變；對節目編排的最大控制；打斷任何節目播出的自由；快速的公眾回應；良好的內外溝通。

結果

刺激訊號；對公眾更大的瞬間吸引力；對大眾市場的關注。

BBC：引領公眾品味

需要（對現有技術的重視）

長遠的眼光；高預算；高昂的生產價值；對節目編排的最大控制；進行創作實驗的自由；逐漸爭取觀眾的自由；有保證的資源。

結果

高度的內部動力；為公眾帶來更大的價值；對中心市場的關注。

〔資料來源：彭泰權譯（L. K. Shankleman 原著）（2005）。《透視 BBC 與 CNN：媒介組織管理》。臺北市：亞太圖書，p. 271。〕

CNN 的結構圖

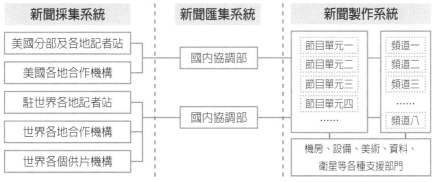

（資料來源：黎斌主編，《國際電視前沿聚焦》，p. 78。）

CNN 新聞作業三大部門

（資料來源：彭文正，《電視新聞實務》，p. 34。）

Unit **5-7**
半島電視臺的崛起與國際傳播

圖解國際傳播

072

一、半島電視臺的崛起

二十一世紀全球傳播局勢中，最突出的變化之一，是卡達「半島電視臺」（Al Jazeera）的崛起。

半島電視臺成立於 1996 年 2 月，是一家立足阿拉伯，朝向全球的國際性媒體，其總部位於卡達首都杜哈。半島電視臺提供一個非美國觀點的新聞，在阿富汗戰爭中獨領風騷，特別是 911 事件後聲名大噪，多次率先獨家播放賓拉登錄影帶聲明，儼然成爲阿拉伯觀點的代言人，被稱爲「阿拉伯 CNN」，其宗旨就是爲沒有聲音的那邊發聲（voice for the voiceless）。

在第一次波斯灣戰爭時，世界各國只能從美國 CNN 這個唯一的管道，獲得關於伊拉克戰場的報導，而深處戰火硝煙的阿拉伯國家媒體卻集體缺席，伊拉克入侵科威特的消息，一直到三天後才見諸報端。但在本世紀的第三次波斯灣戰爭中，同時有十多個沙烏地阿拉伯衛星頻道，加入媒體大戰，其影響所及，不僅限制了阿拉伯國家地區，而且遍及全世界。這其中，以卡達半島電視臺影響最爲突出。

半島電視臺的異軍崛起，有多方面原因。一方面，新世紀初，全球發生幾起重大事件，從 911 恐怖攻擊到隨後美國發動的阿富汗戰爭、伊拉克戰爭，都與阿拉伯世界密切相關。這爲阿拉伯媒體充分利用自身的語言優勢、文化優勢、地域優勢和相同的宗教價值等，從與西方強勢媒體不同的角度報導與阿拉伯世界息息相關的重大事件，提供了難得的歷史機遇；另一方面，半島電視臺的專業素質和傳播策略也發揮強大的作用。半島電視臺非常注重新聞的即時性，在幾乎所有阿拉伯國家重要城市都有特派記者，這保證它能以最快的速度，報導與阿拉伯世界有關的重大新聞，半島電視臺還高度重視現場報導，記者勇於在戰火線上傳回現場報導，滿足受眾需要。此外，半島電視臺堅持自己的報導理念，敢於大膽直言，絕不簡單套用美國主流媒體的說法，從而贏得廣泛聲響。

除電視頻道以外，半島電視臺另有一個英阿雙語的官方網站。在此任職的記者，都是來自於各阿拉伯國家。目前電視臺共有 60 多名記者、200 多名技術人員。在全球共有 25 個記者站。由於播出範圍遍及全球，使半島電視臺被認爲是世界影響力最大的阿拉伯媒體。

二、半島電視臺引起的爭議

儘管半島電視臺在中東地區有廣泛的影響力，但也引起過一些爭議。

2012 年 3 月，3 名半島電視臺記者因爲不滿電視臺在關於敘利亞和巴林的報導有失偏頗而辭職抗議。辭職的駐貝魯特辦公室執行主任哈桑‧沙班表示，半島電視臺「從一開始就持有偏頗」的立場。

2013 年至今，因傾向於支持穆斯林兄弟會，半島電視臺遭受埃及等國的批評，數名記者一度遭到關押。

2014 年 8 月，《紐約時報》有評論批評卡達利用半島電視臺的阿拉伯語服務，向區域內國家「傳播激進的訊息、煽動教派分歧」和「宣傳極端分子的觀點」。

2014 年 12 月，在沙烏地阿拉伯的介入下，半島電視臺關閉它的一個充斥反埃及言論的「半島直通埃及」頻道。

2017 年 6 月 5 日，沙烏地阿拉伯、阿拉伯聯合大公國、巴林、葉門與埃及等五國，5 日上午突然同步對卡達發出「斷交公告」，並指控卡達政府藉由半島電視臺等跨國媒體「煽動恐怖主義」、介入他國內政，半島電視臺在這些國家被封殺。2017 年 6 月 23 日，沙烏地阿拉伯、阿拉伯聯合大公國、巴林和埃及等四國向卡達提出復交的十三點要求，其中一項是卡達需關閉半島電視臺。

半島電視臺的崛起與國際傳播

卡達半島英語新聞臺

成立時間	2006 年
目標觀眾	非英美觀點的英語使用者
播送地區	全球
經費來源	卡達王室出資，部分來自廣告收入
經　　費	創臺費超過 10 億美元（約臺幣 312 億元）
特　　色	為沉默者發聲、接力式製作新聞
節目類型	新聞、紀錄片、議題調查、其他各類節目

資料來源：English Career, 2018. 12. 5. p. 25.

半島電視臺的爭議

2012 年 3 月	3 名半島電視臺記者因為不滿電視臺報導有失偏頗，而辭職抗議。
2013 年至今	因傾向於支持穆斯林兄弟會，半島電視臺遭受了埃及等國的批評。
2014 年 8 月	《紐約時報》有評論批評卡達利用半島電視臺的報導和觀點，傳播激進訊息、宣傳極端分子觀點。
2014 年 12 月	半島電視臺關閉了它的一個充斥反埃及言論的「半島直通埃及」頻道。
2017 年 6 月 5 日	半島電視臺在沙烏地阿拉伯等五個國家被封殺。

第 **6** 章

流行音樂產業與 MTV

章節體系架構 ▼

Unit 6-1
流行音樂產業發展的重要趨勢

一、流行音樂的定義

蘇可（Shuker, 1998）認為，流行音樂具有下列的特徵：

(一)流行性（popularity）。流行性不外乎音樂流通性與流通量，媒體傳遞的寬廣度可以造成流通性，而市場吸納的大小則會決定流通量。不過按照流行性來判別某類音樂有一個盲點產生，因為某類音樂可能在甲文化中很受歡迎，但在乙文化中卻完全相反，所以判別標準常受爭論。

(二)以強調商業本質以及是否為商業導向，來定義流行音樂。這種方式是以流行音樂受大眾歡迎的程度來判別，所以判定標準包括歌曲排行榜、廣播播放統計等。

(三)以音樂和非音樂性的特色，來定義流行音樂。

二、唱片工業時代的流行音樂

流行音樂本身就代表一個龐大的產業體，不過這裡必須先釐清一個層次上的差別。原則上，唱片工業與音樂工業指涉的範圍有別，音樂工業是廣義的包含音樂商業體制與附屬連結市場的整體，其範圍包括唱片公司、音樂報導、音樂硬體、周邊宣傳活動規劃、演唱會舉辦、法律權利代理機構等。相形之下，唱片工業是整體音樂工業中的一部分，以唱片工業為研究主體時，其研究議題主要包含唱片工業基本產業結構、唱片公司組織及經營模式、市場策略、唱片公司之間的競合關係、科技對唱片產製的影響，以及政府對唱片工業的態度等。

三、網路時代的流行音樂

1997 年是臺灣流行音樂以唱片工業為核心，由盛而衰的分水嶺，實體流行唱片從銷售金額超過 122 億新臺幣開始逐年下滑，到了 2015 年更只剩下 8.5 億元，低於全盛時期產值的十分之一，說明實體唱片收益銳減、產業榮景不再！

流行音樂走進網路時代，不僅提供人們更多元的聆聽音樂形式，整體產業也隨之發生劇烈轉變，卡帶、CD 等實體唱片逐漸衰退，但提供消費者透過不同載具欣賞音樂的串流音樂服務卻方興未艾，包括 Spotify 與 KKBOX 等業者，本身並不生產音樂，但作為內容的串流平臺，卻對流行音樂產業的獲利與推廣產生巨大影響，顯示流行音樂產業不再是單純的「唱片工業」，而是在新科技的發展下多元經營，進而轉型為具有新生機、新潛能和新商機的文化創意產業。

除了數位串流與線上直播等應用模式興起外，在展演行業方面，透過科技元素的導入也為演唱會增添了更豐富的視覺吸引力，如 Katy Perry 於 2015 年超級盃的演出，透過大量使用炫目的聲光設計以產生視覺落差，進而創造一種動態演出的感受；或者，瑞典歌手 Måns Zelmerlöw 在歐洲歌唱大賽（Eurovision Song Contest）演出動作與手勢跟背後螢幕畫面的人物相互呼應，歌曲高潮會同時與燈光投射的時間配合，使觀眾也更加投入其中，顯示大型音樂演出已成為新媒體科技的最佳展示場所，而新科技則是成為流行音樂產業的重要合作夥伴。

除了內容之外，新科技的發展也改變過去娛樂產業各行其是的發展模式。例如：2015 年 8 月優酷土豆更名為合一集團，宣布將全力布局自媒體生態，目標建立一萬個有 1000 名粉絲的自媒體頻道，在此趨勢之下，音樂素人、獨立音樂人有更多被看見的機會，並透過經營粉絲群，逐漸擴大自己音樂的影響力，以及中國大陸的樂視提供涵蓋網際網路視頻、影視製作與發行、智慧終端設備、大型螢幕應用市場、電子商務、網際網路智慧電動汽車等業務，打造出「平臺＋內容＋終端＋應用」的虛實生態圈，從影片網站開始切入流行音樂產業，並提供各式服務。

從內容生產與產業鏈的變化，都可發現流行音樂產業與科技的聚合（convergence）已密不可分，文化科技（culture technology）已成為流行音樂產業發展的重要趨勢。

流行音樂產業發展的重要趨勢

流行音樂的定義

流行音樂的特徵：
1. 流行性（popularity）。
2. 以強調商業本質及是否為商業導向來定義流行音樂。
3. 以音樂和非音樂性的特色來定義流行音樂。

唱片工業時代的流行音樂

1. 流行音樂：本身就代表一個龐大的產業體。
2. 音樂工業：是廣義的包含了音樂商業體制與附屬連結市場的整體，其範圍包括唱片公司等。
3. 唱片工業：是整體音樂工業中的一部分，其研究議題主要包含唱片工業基本產業結構、唱片公司組織及經營模式、市場策略等。

網路時代的流行音樂

1. 1997 年是臺灣流行音樂以唱片工業為核心，由盛而衰的分水嶺。
2. Spotify 與 KKBOX 等業者，對流行音樂產業的獲利與推廣產生巨大影響。
3. 流行音樂產業：不再是單純的「唱片工業」，進而轉型為具有新生機、新潛能和新商機的文化創意產業。
4. 在展演行業方面：Katy Perry 於 2015 年超級盃的演出，創造一種動態演出的感受。
5. 大型音樂演出：已成為新媒體科技的最佳展示場，而新科技則是成為流行音樂產業的重要合作夥伴。
6. 新科技的發展：打造出「平臺＋內容＋終端＋應用」的虛實生態圈，從影片網站開始切入流行音樂產業，並提供各式服務。
7. 重要趨勢：流行音樂產業與科技的聚合（convergence）已密不可分，文化科技（culture technology）已成為流行音樂產業發展的重要趨勢。

Unit 6-2
流行音樂產業之國際發展趨勢（一）

圖
解
國
際
傳
播

078

一、亞洲與北美流行產業之國際發展態勢

（一）亞洲市場

在全球資訊快速流通的時代，各先進國家如英國、南韓、日本、加拿大、澳洲等國家，無不積極思考提振音樂文化發展的政策，以提升文化認同，同時向世界推廣當地音樂。以英國為例，該國為全球第三大音樂市場，自八○年代開始，政府便以政策積極輔導流行音樂產業，並成為文化產業的政策焦點。另根據 IFPI 國際總會 1997 年之全球年鑑顯示，亞洲各國唱片銷售額之排名以日本最佳，為全球第 2；南韓全球排名第 17，居亞洲第 2。根據南韓音樂內容產業協會發表的資料顯示，2000 年的韓國唱片市場達到最大市場規模的 4104 億韓元，2007 年降為 788 億韓元，到 2011 年之後逐年上升，至 2014 年推定為 950 億韓元（柳東佶，2017：28-29）。

2015 年全球音樂市場收入總計 150 億美元，較 2014 年成長 3.45%，是自 1995 年來的首次增長，反轉了持續下滑的趨勢。就實體唱片、數位音樂、著作或表演權利金，與同步使用收入等四項占比變動狀況而言，實體唱片收入仍持續下滑，但 2015 年下滑比例有所放緩，僅下滑 4.92%，2014 年與 2013 年的下滑比例分別為 8.96% 與 10.67%。數位音樂則成為全球唱片市場主要的收入來源，占 44.67%，著作或表演權利金收入則占 14%。

就各區域市場而言，亞洲唱片市場增長 5.7%，其中，數位音樂下載產值增長 2.1%，數位音樂串流產值增長 29.5%。 就日本音樂產業發展現況而言，日本是僅次於美國的全球第二大音樂市場，其音樂產業屬於內容產業的一環。根據日本數位內容協會出版之《2014 數位內容白皮書》指出，2013 年日本內容產業市場規模為 11.9 兆日圓，其中音樂市場為 1.3 兆，占比 11%。相較其他國家市場逐漸形成以數位音樂為主體的產業形態，實體 CD 在日本流行音樂市場仍占有相當重要之地位，是全球最大的實體音樂市場。例如：全球連鎖唱片行

Tower Records 在日本仍有超過七十家分店，並發展出 Tower Records Café、Tower Dining 等新服務形態。

韓國流行音樂產業發展：根據韓國內容振興院《2011 音樂產業白皮書》指出，韓國音樂產業市場規模自 2007 年的 2 兆 3577 億韓元，增加至 2008 年的 2 兆 6020 億韓元，而 2010 年更成長至 2 兆 9591 億韓元。

中國大陸流行音樂產業發展：根據 2015 年 11 月中國音數協音樂產業促進工作委員會發布《2015 音樂產業發展報告》指出，2014 年中國音樂產業市場總規模約為 2851.5 億人民幣，相較 2013 年的 2716.56 億人民幣成長 4.97%。然而，回顧 2012 至 2014 年間，中國大陸音樂產業市場規模成長率卻一路下滑。

（二）北美市場（英國、美國）

就北美市場而言，2015 年底英國流行音樂在市場規模方面，據英國唱片業協會 BPI 在 2015 年的報告指出，英國音樂市場整體而言呈現上升趨勢，唱片整體銷售產值達 1 億 2160 萬英鎊，相較於 2014 年成長超過 3%。其中，2015 年音樂數位串流消費達 268 億英鎊，相較於 2014 年提升 82%，不僅超過數位專輯下載成為第二大銷售來源，支持英國音樂市場產值，也減緩實體專輯的下降幅度。而讓人更意外的則是黑膠唱片的銷售，突然暴增至 210 萬張，在 2015 年達到二十一年來新高，也讓實體專輯消費額目前仍居於第一。此外，英國歌手 Adele 發行第三張個人專輯《25》，發行三天僅在美國的銷售量就達到 230 萬張，打破此前由 Taylor Swift 的專輯《1989》所保持的首週 128 萬張紀錄，雖然二名國際巨星的實體專輯接連創下佳績，但北美唱片市場實體唱片銷售占比仍下滑 8.8%，整體產業已轉向數位音樂區塊，該項收入增長 4.3%，其中數位音樂下載收入減少 12%，但串流收入則大幅增長 46.6%。若單就美國觀察，2015 年數位音樂產值占該國市場份額已高達 66% 之多。

流行音樂產業之國際發展趨勢（一）

亞洲與北美流行產業之國際發展態勢

亞洲市場

❶ 亞洲唱片市場：增長5.7%，其中，數位音樂下載產值增長2.1%，數位音樂串流產值增長29.5%。

❷ 日本音樂產業發展現況：日本是僅次於美國的全球第二大音樂市場，2013年日本內容產業市場規模為11.9兆日圓，其中音樂市場為1.3兆，占比11%。

❸ 韓國流行音樂產業發展：韓國音樂產業市場規模自2007年的2兆3577億韓元，增加至2008年的2兆6020億韓元，而2010年更成長至2兆9591億韓元。

❹ 中國大陸流行音樂產業發展：2014年中國音樂產業市場總規模約為2851.5億人民幣，相較2013年的2716.56億人民幣，成長4.97%。

北美市場（英國、美國）

❶ 英國流行音樂市場：英國音樂市場在2015年整體而言呈現上升趨勢，唱片整體銷售產值達1億2160萬英鎊，相較於2014年成長超過3%。

❷ 北美唱片市場：實體唱片銷售占比仍下滑8.8%，其中數位音樂下載收入減少12%，但串流收入則大幅增長46.6%。

❸ 美國：2015年數位音樂產值，占該國市場份額已高達66%之多。

Unit 6-3
流行音樂產業之國際發展趨勢（二）

二、歐洲區域市場流行產業之國際發展態勢

在歐洲區域市場部分，唱片銷售趨勢增長 2.3%，市場依然呈現高度多元化的特性。首先談瑞典流行音樂產業發展現況，對於大部分的人而言，談到瑞典的流行音樂，1970 年代知名樂團 ABBA 是最常被提起的關鍵字，ABBA 在全球銷售近 4 億張唱片，排名僅次於 Beatles。

論及值得關注的流行音樂產業代表國家時，瑞典恐怕不是浮現腦海的前幾名選項，因此當看到以下數據時，不禁令人對這個地理位置相對邊陲的北歐國家產生好奇：瑞典音樂產業的出口規模名列全球第三位，僅次於美國、英國。若計入人口規模，瑞典則是全球音樂產業人均產值最高的國家。另外，據 IFPI 所公布之數據，瑞典音樂產業營收自 2008 年的 1.45 億美元成長至 2013 年的 1.94 億美元。於此同時，數位音樂的占比也從 8% 成長至 70%，且不愧爲 Spotify 的誕生國，瑞典的數位音樂產值中有超過九成來自串流音樂的訂閱服務，此比例爲全球第一。

該國數位音樂服務平臺 Spotify 自 2008 年上線後，目前已成爲全球最大的數位音樂服務商，每月活躍用戶突破 1 億人，其中約 30% 爲付費訂閱用戶。然而，如何讓免費用戶轉爲付費用戶仍是嚴峻的課題。就 Spotify 的毛利狀況而言，現階段每增加一位免費用戶，都會爲該公司帶來虧損。另一方面，德國市場則仍以實體唱片銷售爲主流，占比爲 60%。

然而，瑞典曾是全球盜版最猖獗的國家之一，全球最大的檔案分享網站「海盜灣」（The Pirate Bay, TPB）即是成立於瑞典，卻也因此催生 Spotify、SoundCloud 等，是改變當今音樂產業服務模式的重要公司。Spotify 的創立初衷正是爲了打擊盜版，創辦人 Daniel Ek 創造出了全新的運作模式，以親民價格、無須下載的收聽方式，快速席捲全球，也改變眾人聽音樂的方式。

整體而言，歐洲市場實體唱片及數位下載產值分別下滑 11.8% 和 6%，但數位音樂串流則增長 43.1%，彌補了前兩項服務產值下滑的影響。

根據國際市調機構 TechNavio 針對全球數位音樂市場所進行的調查報告指出，全球數位音樂市場預計在 2016-2020 年間，將會以接近 9% 的年複合成長率成長。總結三項趨勢，包括音樂串流服務將會更趨向全球化、數位音樂在結合雲端應用之後的產值將持續突破新高，以及穿戴裝置的需求將持續上升。

麥肯錫（McKinsey & Company）《全球媒體趨勢調查報告》從音樂媒體使用者消費狀況切入，發現數位音樂除了造成市場轉變外，也影響消費者的支出行爲。在 2010-2014 年間消費者數位音樂消費的支出年複合成長率達到 15% 之多，而傳統唱片市場則僅有 0.8%。麥肯錫所得到結論與 TechNavio 一致，兩機構皆預估未來幾年數位音樂消費將成爲市場主要的驅動力。在年複合成長率的帶動下，2015 年數位音樂消費金額已經正式超過實體唱片，到 2018 年整體市場較 2014 年的數值提升 10.3% 之多，而實體唱片支出增長 1.8%，數位音樂則增長 26%。

流行音樂產業之國際發展趨勢（二）

歐洲區域市場流行產業之國際發展態勢

❶ 歐洲市場：實體唱片及數位下載產值分別下滑 11.8% 和 6%，但數位音樂串流則增長 43.1%。

❷ 全球數位音樂市場：預計在 2016-2020 年間將會以接近 9% 的年複合成長率成長。2018 年整體市場較 2014 年的數值提升 10.3% 之多，而實體唱片支出增長 1.8%，數位音樂則可增長 26%。

美國流行音樂（American Popular Music）

　　十九世紀的前幾十年，義大利歌劇在美國也受到歡迎，且歌劇的美聲唱法 (bel canto) 風格對流行歌曲的發展也產生重大的影響。

　　舞蹈音樂是歐洲對美國流行音樂的另一重大影響。一直到十九世紀末，歐洲美國式舞蹈都仿自從英國和歐洲大陸引進的風格。鄉村舞蹈是受歡迎的。在美國，鄉村舞蹈發展出許多不同的變種，有城市的、鄉村的、精英的、下層社會的、黑人和白人的，現仍存於鄉村及西部排舞 (line dance) 和對舞 (contradance：跳舞者排成兩排與舞伴面對面的土風舞) 之中，這些舞蹈構成現代民俗音樂的一部分。

　　二十世紀初，民間傳說研究者還能記錄下在美國流傳的許多不同版本英國老敘事歌。今天這些歌曲主要由民俗音樂愛好者保存，該傳統的核心繼續存活在當代的美國鄉村及西部音樂之中。被稱為「高又孤獨之音」的尖銳鼻音腔調，至今仍是南方白人身分的標記。

　　二十世紀初，非美的雷格泰姆音樂 (ragtime) 和藍調，對美國流行音樂主流的塑成，有著深遠的影響。1920 年代的「爵士樂時代」和 1930、1940 年代的「搖擺樂時代」 (swing era)，都包含對非美舞蹈音樂的重寫，為的是吸引白人中產階級聽眾。

　　雖然鄉村音樂通常被定位為「白人」音樂風格，最著名的歌星卻都是黑人，一些像是吉米‧羅傑斯 (Jimmy Rogers)、漢克‧威廉斯 (Hank Williams) 和威利‧尼爾森 (Willie Nelson) 等鄉村音樂家的風格，都強烈受到非美音樂的影響。

　　1980 年代，邁阿密之音樂團 (Miami Sound Machine) 創造一種商業上成功的騷沙與狄斯可音樂混合，「世界音樂節奏」(world beat) 音樂家，如保羅‧賽門 (Paul Simon) 和大衛‧伯恩 (David Byrne)，開始以傳統的非洲古巴節奏做試驗。

　　（資料來源：美國資料中心：https://www.americancorner.org.tw/zh/american-popular-music/streams.html）

Unit 6-4
臺灣流行音樂產業發展歷程

圖解國際傳播

082

一、發展初期

臺灣流行音樂從日治中後期發展到近代，不斷受到政府在政治與文化上的控制影響，卻始終保持活力。從日治時代（約 1929 年）臺灣成立第一家唱片公司古倫美亞唱片行（Columbia），並由旗下鷹標唱片出版第一首流行曲《烏貓行進曲》，與隨後 1933 年的《望春風》、《月夜愁》等歌曲問世開始，臺灣流行音樂便逐漸起步發展。

二、發展六個時期

到了 1950-1960 年代，臺灣幾家小家庭式的唱片工廠，包含「麗歌」、「亞洲」、「女王」、「鳳鳴」等，陸續成立為唱片行，更帶動臺灣流行音樂產業開始蓬勃興起。針對臺灣唱片公司的發展歷程與產業策略，可分為以下六個時期：

(一)1950-1970 年代：此時期的歌曲多為翻唱國外唱片居多，直到 1960 年代中末期，才開始出現本土的原創音樂人。雖因為硬體、軟體的缺乏，尚談不上專業的企劃宣傳，但也培育出不少紅極一時的經典歌星，例如：鄧麗君以及鳳飛飛。

(二)1970-1980 年代：此時成立的唱片公司包含 1971 年歌林、1976 年新格以及隔年成立的鄉城唱片，其中以引導國語流行歌曲與校園民歌的歌林和新格兩家唱片公司最為出色。

(三)1980-1990 年：在 1980 年代政治民主化、經濟自由化與社會多元化的開放下，音樂產業更爆發出積累多時的活力，創造消費與生產旺盛的榮景。唱片業的蓬勃發展，催生不少知名歌手，包含羅大佑、張雨生、趙傳、蘇芮等，為之後的臺灣音樂產業打下基礎。

(四)1990-2000 年：隨著唱片業競爭越來越激烈，除了出現獨立音樂的發展外，以及 1980 年代末期進駐臺灣的五大國際唱片公司〔包括華納音樂、環球音樂（Universal Music Group）、新力音樂（SONY）、EMI 以及

BMG（貝圖斯曼媒體集團）〕外，滾石唱片更是有系統的拓展海外市場，包含香港、新加坡、韓國及日本等國家，成為全球五大國際唱片公司外的第六大唱片公司。

(五)2000-2010 年：除了唱片市場的競爭以及國際唱片公司併購帶來的衝擊外，由於網路應用興起，臺灣唱片銷售也受到 MP3 和 P2P 等下載技術以及延伸的盜版音樂問題衝擊。有些公司結束營業（如臺灣最大唱片中盤商亞洲唱片），有些唱片公司則開始改變過去販賣實體音樂的既有策略，並拓展其業務，如華研國際音樂（HIM）除代理唱片發行外，也負責國外藝人在臺發行業務、推出明星周邊產品等，或滾石在 2002 年成立子公司「滾石移動」負責單曲下載等相關業務，試圖進入數位音樂市場。

然而臺灣流行音樂產業在數位音樂方面營收，相較於全球數位音樂在 2016 年前以音樂下載作為主要收入，臺灣數位音樂一開始是以行動服務（來電答鈴）以及「吃到飽型」寬頻串流音樂（如 EZpeer、KKBOX）等服務作為主要收入來源。

(六)2010 年至今：受到智慧型手機普及影響，臺灣數位音樂的來電答鈴下載等行動服務收入逐年減少，反觀串流音樂服務成為數位音樂最主要收入來源，而行動串流更超越寬頻串流成為數位音樂消費主流。國內主流唱片公司則緊扣營運的核心「版權」與「人才」，一方面把握串流音樂作為數位營收的穩定管道，另外拓展現場展演業務，將音樂業務轉為多方面經營與合作。

在網際網路興起後，臺灣流行音樂產業面對更多元的經營重心與新興發展困境，需要調整產業策略並強化內容特質，並與政策相互溝通配合，從而發揮臺灣流行音樂作為華人音樂界最具價值品牌的成功要素。

臺灣唱片業之媒體產業相互支援

唱片業
製作／發行

藝人經紀	版權團體	新媒體
媒體演出、產品代言、活動出席與演出	版權代理 媒體播出權利金 公開演出權利金	網路、手機、電玩與其他

電影業	廣播業	廣告業
主題曲配樂或原聲帶、版權付費、藝人演出經紀	廣播節目演唱會播出 廣播節目打歌宣傳 唱片廣告	唱片廣告、廣告音樂製作、藝人演出

電視業	伴唱業	演出業
唱片部門音樂頻道娛樂新聞 綜藝節目演唱會轉播 電視劇唱片廣告 MV 製作	KTV 卡拉 OK 中心、伴唱帶版權代理、唱片與伴唱帶製作	場地、門票與出場收入 節目製作播出與影像作品 活動企劃、廣告與贊助

零售

連鎖唱片行、大型量販店、獨立唱片行

（資料來源：劉現成，《跨越疆界：華語媒體的區域競爭》，p. 82。）

083

臺灣流行音樂產業發展歷程

發展初期

日治時代（約 1929 年）：臺灣成立第一家唱片公司古倫美亞唱片行（Columbia），並由旗下鷹標唱片出版第一首流行曲《烏貓行進曲》。

發展六個時期

① 1950-1970 年代：此時期的歌曲多為翻唱國外唱片居多。

② 1970-1980 年代：此時期成立的唱片公司，包含 1971 年歌林等。

③ 1980-1990 年代：創造消費與生產旺盛的榮景，以及唱片業的蓬勃發展。

④ 1990-2000 年代：除了出現獨立音樂的發展外，1980 年代末期更有進駐臺灣的五大國際唱片公司。

⑤ 2000-2010 年代：由於網路應用興起，有些公司結束營業，有些唱片公司則開始改變過去販賣實體音樂的既有策略，並拓展其業務。

⑥ 2010 年至今：受到智慧型手機普及影響，使行動串流更超越寬頻串流成為數位音樂消費主流。

Unit 6-5
世界五大唱片公司

圖解國際傳播

084

隨著 2004 年，歐盟無條件通過了新力和 BMG 唱片的合併，使得世界五大唱片公司變成四大唱片公司。進入二十一世紀以後，隨著網路、新型娛樂管道的快速發展，這四大唱片公司也在積極轉型中，向手機、MP3、網路等多方面管道發展。

一、華納音樂集團（Warner Music Group）

華納音樂集團是二十世紀以來世界五大唱片之一，原隸屬於擁有華納兄弟電影、時代雜誌、CNN 有線電視新聞網等傳媒巨人的時代華納集團，在眾多行業擁有卓越的成就。

華納在華語唱片的市場占有率為 30%，目前華語區旗下知名藝人有：林俊傑、蔡依林、陳勢安、蕭敬騰、李榮浩、李佳薇等。

2014 年 4 月 29 日，華納音樂併購大中華區最成功的獨立唱片公司——金牌大風唱片。

二、環球唱片集團（Universal Music Group）

環球唱片集團是世界上五大唱片公司之首，隸屬法國維旺迪集團，占有世界場片市場 25.6% 的數量。環球唱片於 1912 年成立，原本只是環球影業旗下的一個部門。1998 年，環球影業購入專門出版古典音樂及流行音樂的寶麗金唱片公司，合併改組成為今天的環球唱片集團，成為一座規模宏大的「唱片帝國」，在全球幾十個國家設有子公司，發行各種類的影音產品。

環球唱片目前已擁有世界最大的音樂資料庫，從古典、爵士到流行。旗下諸多著名音樂大牌，如 Deutsche Grammophon、DECCA、水星唱片等；擁有世界三大男高音（帕華洛帝、多明哥和卡雷拉斯）和 Lady Gaga、Taylor Swift、黑眼豆豆、埃米納姆、Rihanna、Justin Bieber 等世界流行巨星。

擁有華語流行樂壇的巨星，包括張學友、張惠妹、林憶蓮、曲婉婷、陳奕迅、孫燕姿、梁靜茹、王心凌、楊丞琳、羅志祥、譚詠麟等。而華語流行資源庫裡，更擁有鄧麗君、張國榮、王菲、Beyond 等典藏內容。

三、BMG 唱片集團（Bertelsmann Music Group）

BMG 唱片集團，中文為貝圖斯曼唱片集團，世界五大唱片公司之一，全稱為 Bertelsmann Music Group，被譽為最具全球性的傳媒公司，是德國媒體巨人貝圖斯曼集團（Bertelsmann），世界第二傳媒帝國。旗下的音樂業務子公司，1987 年一舉買下美國著名的唱片大廠 RCA，並且正式成立貝圖斯曼唱片集團（BMG）。目前旗下擁有阿日斯特唱片（Arista Records）、BMG 加拿大（BMG Canada）、BMG 阿瑞歐拉（BMG Ariola）等 200 多家子公司。

1999 年吳宗憲的阿爾發唱片公司成功挖掘周杰倫，BMG 一時風光無限，現在旗下藝人只有陳小春、關淑怡、汪東城、張惠春等人。當今樂壇的許多大牌當年均來自 BMG，多年來 BMG 更像是一個跳板，卻難於更進一步。

四、新力音樂娛樂（SONY Music）

新力音樂娛樂是一家全球性的唱片公司，為日本新力公司旗下音樂事業群，前身為新力貝圖斯曼音樂娛樂公司。新力音樂娛樂公司為 SONY Corporation of America 的全資子公司，旗下擁有眾多知名藝人，發行許多歷史上著名的唱片。

新力音樂在全球擁有許多站在樂壇頂峰的天王、天后級藝人，在歐美地區擁有麥可·傑克遜、碧昂絲、布蘭妮等歐美王牌天王、天后；在亞洲則有中島美嘉、莫文蔚、A-Lin、戴愛玲等人。

五、百代唱片公司（EMI Music）

百代唱片（EMI）原是一家跨國的音樂創作及唱片公司，現為環球唱片旗下品牌。在和環球合併之前，是世界五大唱片公司中最古老的唱片公司。EMI 唱片公司前身是 1897 年成立於倫敦的英國留聲機公司，是當今歷史最悠久的唱片公司，迄今已有百年。EMI 的歷史幾乎就是整個唱片的歷史，許多著名的唱片廠牌都與 EMI 有著剪不斷的臍帶關係。

早在上世紀二〇年代，EMI 旗下的法國 PATHE-MARCONT 唱片公司率先在上海成立公司。「百代」一詞，也是 PATHE 的譯音。（資料來源：www.souid/com）

國際音樂市場狀況

公司名稱	國家	市場占有率（%）
Time Warner	美國	29.7
Sony	日本	17.0
Thorn EMI	英國	17.0（大約）
Matsushita Electric	日本	14.0
Philips Electronics	荷蘭	10.8
Bertelsmann	德國	8.2
獨立業者	各國	3.1（大約）

（資料來源：龐文真譯，《國際傳播》，p. 357。）

華納音樂集團（Warner Music Group）

① 成立：原隸屬於擁有華納兄弟電影、時代雜誌、CNN 有線電視新聞網等傳媒巨人的時代華納集團。

② 發展：2014 年 4 月 29 日併購大中華區最成功的獨立唱片公司——金牌大風唱片。

③ 現況：華納在華語唱片的市場占有率為 30%。

環球唱片集團（Universal Music Group）

① 成立：環球唱片於 1912 年成立，原本只是環球影業旗下的一個部門。

② 發展：1998 年，購入專門出版古典音樂及流行音樂的寶麗金唱片公司，合併改組成為今天的環球唱片集團。

③ 現況：隸屬法國維旺迪集團，占有世界唱片市場 25.6% 的數量，是世界上五大唱片公司之首。

BMG 唱片集團（Bertelsmann Music Group）

① 成立：1987 年一舉買下美國著名的唱片大廠 RCA，並且正式成立貝圖斯曼唱片集團（BMG）。

② 發展：BMG 總部在德國，在全球 12 個國家設立辦事處，包括美國、加拿大、德國、英國、法國、澳洲和中國等。BMG 是音樂版權管理公司，管理約 250 萬首音樂作品的詞曲和錄音版權。

③ 現況：目前旗下擁有阿日斯特唱片（Arista Records）、BMG 加拿大（BMG Canada）、BMG 阿瑞歐拉（BMG Ariola）等 200 多家子公司。

新力音樂娛樂（SONY Music）

① 成立：索尼音樂娛樂（SONY Music Entertainment，簡稱 SME，前譯為新力音樂），是日本索尼公司（SONY）旗下音樂事業群，前身為新力貝圖斯曼音樂娛樂公司（SONY BMG Music Entertainment），於 2004 年 11 月被 SME 公司合併後成立。總部設於美國紐約，為全球第二大音樂唱片公司。

② 發展：2012 年 4 月 19 日，新力音樂娛樂以 22 億美元收購英國百代音樂版權公司（EMI Music Publishing），新力也因此成為全球規模最大的音樂庫。

③ 現況：2018 年 5 月 22 日，新力音樂再以總價約 23 億美元收購百代音樂版權公司六成股權，成為全球最大的音樂版權商。

百代唱片公司（EMI Music）

① 成立：EMI 唱片公司前身是 1897 年成立於倫敦的英國留聲機公司。

② 發展：在和環球合併之前，是世界五大唱片公司中最古老的唱片公司。「百代」一詞也是 PATHE 的譯音。

③ 現況：現為環球唱片旗下品牌。

Unit 6-6
音樂錄影與跨國音樂頻道：MTV

圖解國際傳播

086

一、MTV 的成立

MTV（Music Television），中文為音樂電視網，或稱全球音樂電視臺，成立於 1981 年 8 月 1 日，為 MTV 電視網（MTV Networks）的營業項目之一，其資金來自於華納音樂集團（Warner Music Group）和美國運通公司（American Express）。它之後被維亞康姆（Viacom）公司買下，成為一個完全為其擁有的子公司。

MTV 是一個原本專門播放音樂錄影帶，尤其是搖滾樂的有線電視網。在 MTV 中可以看到音樂錄影帶、年輕 VJ 玩世不恭的臺詞、對特殊搖滾演唱會的推廣、有關樂團的新聞與紀錄片，這些都讓 MTV 受到年輕觀眾的歡迎，並且成為推廣新型搖滾樂以及搖滾樂手的領導者。

二、MTV 的發展

(一) 1980 年代

MTV 於 1981 年開始在紐約市播放，然後到了 1980 年代中期在美國大部分的地方，都可收看到 MTV。

1980 年代中期 MTV 播放的早期音樂錄影帶，通常都是製作粗糙的推廣錄影帶或演唱會錄影。隨著 MTV 受歡迎程度的提升，唱片公司意識到音樂錄影帶成為宣傳工具的潛力，於是開始製作越來越精緻、專門用來放在 MTV 上播放的音樂錄影帶。有些知名的電影導演，就是從拍攝音樂錄影帶起家的。

(二) 1990 年代前半期

1980 年代和 1990 年代有大量搖滾明星，藉由 MTV 而成為家喻戶曉的人物。可以立即和 MTV 畫上等號的 1980 年代樂團，有杜蘭杜蘭（Duran Duran）和邦喬飛（Bon Jovi）。麥可・傑克遜（Michael Joseph Jackson）因為成為 MTV 的熱門歌手，而掀起他事業的第二波高潮。而環顧整個 1980 年代，藉由 MTV 幫助自己的演藝事業不斷成長壯大，當中手法最高明、成效最顯著者，非瑪丹娜（Madonna Louise Ciccone）莫屬。她在 1980 年代藉由 MTV 成名，直到現在仍高度依賴 MTV 來宣傳她的音樂。

1997 年 MTV 進一步規劃印尼、馬來西亞、泰國與菲律賓等地方的套裝節目，顯見 MTV 亞洲臺積極開拓亞洲音樂市場，企圖以全球化策略穩占有線電視音樂頻道的首席地位。

(三) 1990 年代後半期

到了 1990 年代後半期，MTV 的主要組成節目已經屬於非音樂性質。2002 年，MTV 播出另外一個實境節目「奧斯朋家庭」（The Osbournes），這個節目成為 MTV 有史以來最成功的節目之一。

2003 年，另外一個實境節目「Newlyweds」開播，以及 2004 年 6 月播出的「艾希莉辛普森秀」（The Ashlee Simpson Show），這兩個實境節目的播出都十分成功。

三、MTV 在臺灣

1995 年 4 月 21 日晚間在臺灣首次開播，因專門播放音樂 MV 的節目內容，獲得許多年輕人喜愛。2011 年 11 月，臺灣 MTV 經營權由三立電視買下，年底原團隊搬入三立電視總部。2017 年 10 月，據《蘋果日報》報導，由於約滿加上高層有意將資金轉往大陸運用，擬計畫將 MTV 臺全面撤出臺灣，但該臺總監張世明未證實。目前三立電視公司官網仍將 MTV 掛在經營管轄下。

四、MTV 成功因素

MTV 主要目標觀眾的年齡層約為 14-34 歲，為了招攬此一年齡層，明確的頻道特色與市場定位（全天候播放音樂錄影帶的頻道），等於替廣告公司與唱片公司鋪路，是該頻道成功的一大關鍵。

五、外界對 MTV 的批評

(一) MTV 在早年被批評為有種族歧視，因為它播放的歌手幾乎都是白人。但不久，MTV 開始大量播放麥可・傑克遜專輯《Thriller》中的音樂錄影帶，尤其是「Billie Jean」和「Thriller」這兩首歌曲，成為了 MTV 史上最受歡迎的音樂錄影帶之一。

(二) 作為唱片工業的宣傳工具，MTV 被批評為過於商業化，損害真正音樂的重要性，讓視覺效果取代音樂地位。1985 年 Dead Kennedys，便喊出「MTV Get Off The Air」（MTV 滾出電視）的口號。

(三) 在英國，MTV UK 飽受批評，因為它已經不再播放任何音樂錄影帶。此外，MTV UK 也被批評為過度使用商標、節目廣告和倒數計時器。

(四) 另外有些人批評 MTV 將某些明星的不良行為播放出來，導致美國年輕人去模仿這些不良行為。

音樂電視頻道的世界

網路	成立年分	語言	用戶（百萬）
音樂電視頻道	1981	英語	72
音樂電視頻道歐洲網路＊	1987	英語	83
音樂電視巴西頻道	1990	葡萄牙語	17
音樂電視拉美頻道	1993	西班牙語	9
音樂電視亞洲頻道＋	1995	英語／華語	107
音樂電視第二頻道	1996	英語	11
音樂電視澳洲頻道	1997	英語	2
音樂電視俄羅斯頻道	1998	俄語	13
總數			314

注釋：帶＊項，包括 1996 年成立的音樂電視英國頻道和 1998 年成立的音樂電視日耳曼頻道的數據。帶＋項，包括擁有 4400 萬觀眾的華語服務頻道，1995 年成立擁有 2300 萬英語聽眾的東南亞服務機構，以及 1996 年成立的音樂電視印度頻道。

（資料來源：程予誠，《傳播帝國》，p. 216。）

音樂錄影與跨國音樂頻道：MTV（Music Television）

MTV 的成立	MTV（Music Television），中文為音樂電視網，或稱全球音樂電視臺，成立於 1981 年 8 月 1 日，為 MTV 電視網（MTV Networks）的營業項目之一。
MTV 的發展	❶ 1980 年代：MTV 於 1981 年開始在紐約市播放。 ❷ 1990 年代前半期：1980 年代和 1990 年代有大量搖滾明星藉由 MTV，而成為家喻戶曉的人物。 ❸ 1990 年代後半期：MTV 的主要組成節目已經屬於非音樂性質，實境節目「奧斯朋家庭」成為有史以來最成功的節目之一。
MTV 在臺灣	❶ 開播：1995 年 4 月 21 日晚間在臺灣首次開播。 ❷ 現況：2011 年年底 MTV 團隊搬入三立電視總部。
MTV 成功因素	明確的頻道特色與市場定位（全天候播放音樂錄影帶的頻道）。
外界對 MTV 的批評	❶ MTV 在早年被批評為有種族歧視。 ❷ 過於商業化。 ❸ 過度使用商標、節目廣告和倒數計時器。 ❹ 將某些明星的不良行為播放出來。

第 7 章

全球新聞產製與 BBC

 ● 章節體系架構 ▼

Unit 7-1
傳播跨國媒體的世界資訊傳送

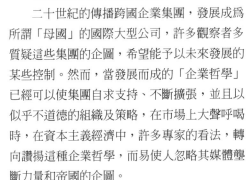

圖解國際傳播

090

一、傳播跨國企業集團的興起

二十世紀的傳播跨國企業集團，發展成為所謂「母國」的國際大型公司，許多觀察者多質疑這些集團的企圖，希望能予以未來發展的某些控制。然而，當發展而成的「企業哲學」已經可以使集團自求支持、不斷擴張，並且以似乎不道德的組織及策略，在市場上大聲呼喝時，在資本主義經濟中，許多專家的看法，轉向讚揚這種企業哲學，而易使人忽略其媒體壟斷力量和帝國的企圖。

他們建立自己的規則，依意志而行、不斷擴張。在吸引社會大眾的注視下，所標榜的是「社會需求」、「未來發展」。種種資訊的產製、發行和文化產品，都無形受到他們的影響、衝擊。以目前的自由經濟體制下，很難提出理論去限制其發展。相反地，卻更增加開放其經濟產品及服務範圍，其中科技是扮演重要的角色。

由於後冷戰時期和網路科技的發展，促成全球新聞時代來臨，也提醒我們生活在相互依存的世界。新聞是地球村所有人關注的訊息。在此新聞環境中，西方媒體無論是平面的報紙、雜誌，或是廣播、電視都是占盡優勢，謂之媒體帝國主義亦不為過。

二、媒體帝國主義的實例

無論是否視之為西方「媒體帝國主義」的另一個實例，或視之為對全球瞭解與整合有意義的貢獻，國際媒體正日益世界主義化，說英語，與迎合關切世界事務，具有國際心態的觀眾。因此，大多數的世界新聞，無論是電纜、短波、無線電、電報交換機、網路或通訊衛星，都是傳送英語。

美聯社通訊記者羅森布魯（Mort Rosenblum）指出：「通常所謂的世界資訊傳送，是一連串細水長流或一鼓作氣。新聞是由通訊記者透過一些令人驚奇的網路，越過邊境……。在較大國家平靜無事時，較小的國家才被用來應景。」羅森布魯引用拉丁美洲一位學者的評論說：「隨著國際航線的直接航線，新聞到南非就中斷。」

在地位方面，可能似乎如此，但是每天來自外國的新聞報導總量，非常龐大。有一研究評估四大通訊機構，一天傳送約 3300 萬字；美聯社發出 1700 萬字，合眾國際社發出 1100 萬字，法新社發出 340 萬字，而路透社發出 150 萬字。在較小的通訊機構中，德國德意志通訊社傳送 11 萬 5000 字，義大利的 ANSA 通訊社傳送 30 萬字，西班牙的艾菲（EFE）通訊社傳送 50 萬字。

三、傳播跨國媒體以英語傳送

不僅美聯社、路透社與彭博社，連法新社、德國新聞社，乃至塔斯社（ITAR-TASS）亦以英語傳遞他們的一些新聞，就像許多國家的新聞通訊社一樣。

世界六大廣播公司──英國國家廣播公司（BBC）、哥倫比亞廣播公司（CBS）、國家廣播公司（NBC）、美國廣播公司（ABC）、美國有線電視新聞網（CNN）與福斯廣播公司（FBC）──全部都以英語廣播，聽眾可能有 3 億人之多。同時，英語也是衛星電視主要的播出語言。

傳播跨國媒體的世界資訊傳送

傳播跨國企業集團的興起

❶ 跨國企業集團：二十世紀的傳播跨國企業集團，發展成所謂「母國」的國際大型公司。

❷ 全球新聞時代：由於後冷戰時期和網路科技的發展，促成全球新聞時代來臨。

「媒體帝國主義」的實例

❶ 英語：大多數的世界新聞，無論是電纜、短波、無線電、電報交換機、網路或通訊衛星，都是傳送英語。

❷ 四大通訊機構：一天傳送約 3300 萬字；美聯社發出 1700 萬字，合眾國際社發出 1100 萬字，法新社發出 340 萬字，而路透社發出 150 萬字。

❸ 世界六大廣播公司：全部都以英語廣播，聽眾可能有 3 億人之多。

首要的全球 24 小時電視新聞聯播中心

聯播中心	所在地	成立年分
CNN 國際新聞網路（CNN International）	美國	1985
天空新聞網（Sky News）	英國	1989
英國廣播公司世界新聞（BBC World Television）	英國	1992
歐洲新聞臺（EuroNews）	法國	1993
半島電視臺（Al Jazeera）	卡達	1996
巴西環球電視臺（GloboNews）	巴西	1996
福斯新聞頻道（Fox News）	美國	1996
衛視新聞臺（Star News）	印度	1998
日本國際頻道（NHK World TV）	日本	1999
亞洲新聞臺（Channel News Asia）	新加坡	1999
中央電視臺英語頻道（CCTV-9）	中國	2000
STAR 亞洲新聞（Star News Asia）	香港	2001
鳳凰衛視資訊臺（Phoenix Infonews）	印度	2003
NDTV 24x7	印度	2003
DD News	委內瑞拉	2005
全俄羅斯國家電視廣播公司（Russia TV）	俄羅斯	2004
法國國際新聞臺（France 24）	法國	2006
半島英文頻道（Al Jazeera English）	卡達	2006
伊朗英語新聞電視臺（Press TV）	伊朗	2007

（資料來源：整理自各公司網站及維基網站。）

Unit 7-2
國際新聞節目的產製流程及節目收視觀眾輪廓

國際新聞節目和一般廣播電視節目一樣，播出內容事前需要經過規劃與編排；換言之，負責製播節目的人員事前需經過資料蒐集、選擇、安排時段、宣傳以及評估節目。無論是節目導播、節目主管或是執行部門主管的工作，都是先選擇出迎合目標觀眾的節目，接著規劃節目播出時間，並確定節目會獲得最有效益的市場，最後再監督其成果。

一、國際新聞節目編排製作方法

一個成功的國際新聞節目，其節目編排製作方法，至少包括下列七項：

㈠新聞資訊性節目的受眾，要想知道最新發生的事情。

㈡將較有價值的人口族群，設定為目標觀眾。

㈢替這些目標觀眾，選擇適當的節目。

㈣評估節目的合理經費與適當播出時段。

㈤評估其他競爭者，並以此決定時段編排的策略。

㈥確定這個節目與其他鄰近時段的節目不會相衝突。

㈦將近期的話題事件，運用至節目中。

換言之，一個成功的國際新聞節目，首先要注意其節目的定位、功能與角色，接下來要注意的事項，包括節目形式與節目時段、報導內容與報導主題、主播與記者表現、製作技巧與節目創意，以及節目風格等，最後則是爭取受眾──「國際資訊菁英」對節目的認同感。

二、媒體傳播效果研究

以下是對於閱聽人收視行為進一步研究，以瞭解是否達到媒體傳播效果。

根據李金銓（1981）指出，媒體效果研究可分為：㈠心理動力模式，主要解釋媒體使用（或訊息收受）與閱聽人態度、信仰和行為間的關係；以及㈡社會文化模式，著重於探究媒體使用（或訊息接收）與閱聽人需求滿足或社會意義建構之關係。

源自於上述媒體效果研究的理論傳統，閱聽人可區分為：需求滿足的閱聽人以及認知思考的閱聽人。歸納為認知思考的閱聽人理論論述中，「知溝」理論敘述資訊在社會擴散時，不同社經水準的民眾，接受資訊的質與量是不同的，其中教育程度是重要的影響因素。另一方面，從詮釋批判角度出發的閱聽人研究觀察在日常生活實踐中，民眾憑藉著習癖（habitus）來認知、解讀和評價文化品味。

根據瑞德（William Read）與其他研究人員提出「國際資訊菁英」（international information elite）的概念，他們不論處在任何地理位置，都具有同樣豐富的共同經驗、觀念、想法與探討國際問題的方法。舉例言之，美國新聞處調查發現，「平均起來，非共產國家接受調查的菁英讀者中，有多達 15-30% 的人閱讀《時代周刊》。」

瑞德補充說明：「因此，當美國媒體扮演為全球設定議題角色，結果可能是決定了國際注意問題的程度。」

美國新聞處的研究下結論說：「資訊菁英」具有相同的一些興趣，主要是在國際事務與經濟方面。同時，他們也關切社會問題，但較不熱衷，只是的確對於藝術與大眾文化，未具有高度興趣。研究顯示：「資訊菁英」喜好實用的資訊，主張「全球在政治上與經濟上互相依賴。」瑞德說：「超越國家的菁英讀者顯著的特點是，他們位居社會頂端，而且有高度民族主義傾向。」

國際新聞從中心向邊緣流動模式

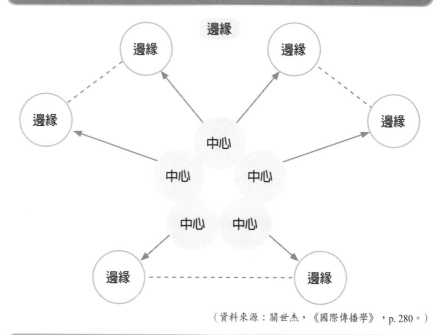

（資料來源：關世杰，《國際傳播學》，p. 280。）

國際新聞節目的產製流程及節目收視觀眾輪廓

國際新聞節目編排製作方法

1. 新聞資訊性節目的受眾，要想知道最新發生的事情。
2. 將較有價值的人口族群設定為目標觀眾。
3. 替這些目標觀眾選擇適當的節目。
4. 評估節目的合理經費與適當播出時段。
5. 評估其他競爭者，並以此決定時段編排的策略。
6. 確定這個節目與其他鄰近時段的節目不會相衝突。
7. 將近期的話題事件運用至節目中。

媒體傳播效果研究

1. 心理動力模式：解釋媒體使用（或訊息收受）與閱聽人態度、信仰和行為間的關係。
2. 社會文化模式：探究媒體使用（或訊息接收）與閱聽人需求滿足或社會意義建構之關係。
3. 「國際資訊菁英」（international information elite）：他們位居社會頂端，而且有高度民族主義傾向。

Unit 7-3
國際新聞流通之決定因素

北歐研究者 Rosengren（1974, 1977）認為，國際新聞之流通同時受到媒體組織之外在因素（如社會文化傳統或政府體制）及組織內在工作環境（如報社規模）影響。整體觀之，這些有關流通決定因素之討論，至少包含下述四個取向：

一、科技因素

主張科技因素取向者（如 Innis, 1951; McLuhan, 1964; Postman, 1979）曾認為，傳播媒體之外在物理結構影響新聞內容，乃因每種傳播媒體都有其物理特性，易於因此形成類型偏見。例如：電視新聞接收衛星畫面就比報紙文字敘述的國際戰爭新聞來得快速與扣人心弦，導致越是驚悚而引起閱聽者震驚的事件（如國際恐怖分子的所作所為），就越易成為電視新聞的報導對象。

二、社會因素

社會因素取向範圍廣泛，主要論點在於強調新聞乃是社會建構產品，建構過程中易於受到新聞機構內部的經濟、政治、組織機制與規範，甚或新聞工作者個人偏見影響。在描繪國際新聞結構時，則受「各國菁英人物」、「菁英國家」、「事件之負面程度」、「事件與個人相關程度」等四項因素影響。

此外，臺灣媒體受限於新聞守門人的不同教育背景、職務、政黨認同、新聞工作經驗等因素，而常出現新聞質量之差異。國外研究顯示，新聞守門人傾向將國際新聞議題轉化為本地新聞議題，以提升本地閱聽人之興趣。

近年來興起之「新聞社會學」（sociology of news）觀點，因而建議從新聞守門人的專業背景、組織資源及策略、新聞競合關係、文化認知等角度，探索國際新聞之流通與表現，以瞭解新聞建構過程如何影響成品之展現。

三、文化因素

文化因素取向認為，新聞乃具有說故事（story-telling）形式或充滿文化儀式象徵，可謂是社會文化的產製結果或傳達意識形態的工具。相較於經濟決定論，文化因素取向論者強調新聞文本並非外在現實的反映，乃因媒體使用之語言、符號（如報紙工作者使用之文字或電視記者使用的視聽工具），皆具有建構社會義理之效果，既不透明亦非中立。

四、政治經濟

政治經濟取向認為，一個國家的政治經濟體系決定該國新聞媒體如何呈現新聞事件。Herman 與 Chomsky 兩位學者曾提出「宣傳模式」（propaganda model）概念，強調新聞媒體乃係政治結構之一環，作用在於給予主流意識形態動力，進而穩定主流政經權力體系。例如：Chang 與 Lee（1992）的研究即曾發現，美國在國際事件的涉入程度，影響美國媒體對該事件的報導程度。Hallin 與 Gitlin（1994）分析波斯灣戰爭之報導內容時亦發現，美國媒體習慣以國家政策考量為依歸，將新聞事件塑造成與美國群眾息息相關。

除了上述四種研究取向外，許多實證研究亦曾相繼指出影響國際新聞流通之決定因素，包括國家距離與國家人口（Dupree, 1971）、國家人口與地理位置、編輯政策、語言、國家菁英程度、前殖民歷史關係、國內生產毛額（gross domestic product，即 GDP）、人口數量、國家經濟發展程度、文化接近性等。

總之，有關國際新聞決定因素的研究傳統與前述國際新聞流通研究之脈絡接近，兩者均曾提出重要發現，皆是國際傳播領域最受重視的研究主題。

國際新聞流通之決定因素

科技因素　傳播媒體之外在物理結構影響新聞內容，乃因每種傳播媒體都有其物理特性，易於因此形成類型偏見。

社會因素　強調新聞乃社會建構產品，建構過程中易於受到新聞機構內部的經濟、政治、組織機制與規範，甚或新聞工作者個人偏見影響。

文化因素　新聞乃具說故事（story-telling）形式或充滿文化儀式象徵，可謂是社會文化的產製結果或傳達意識形態的工具。

政治經濟　新聞媒體乃係政治結構之一環，作用在於給予主流意識形態動力，進而穩定主流政經權力體系。

莫拉納的國際訊息流動模式

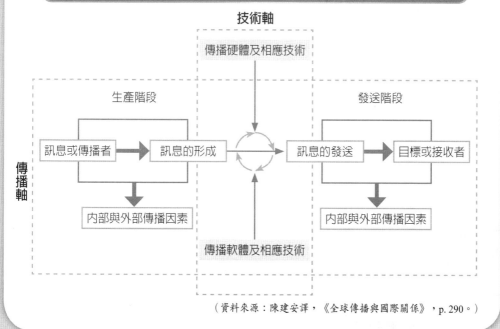

（資料來源：陳建安譯，《全球傳播與國際關係》，p. 290。）

Unit 7-4
公民新聞與國際傳播

096

一、全球公民社會的形成

傳統「公民社會」的討論，大多集中在「國家內部」的層級當中。換言之，傳統「公民社會」的「理論疆界」，即是以「國家的領土範圍」來作為與其他區域的區隔。然而，全球化現象以及資訊科技的興起，打破了既有國家的藩籬，更強化一般市民可透過自主的資訊傳播工具，與其他區域公民或是社會之間互相交流的可能。因此，一種「跨國界」或是「超越國界」的「全球公民社會」逐漸形成，並提供日後「公民新聞」的傳播基礎。

另一方面，全球化所帶來的整合風潮，也促使部分公眾菁英開始關注「草根式的區域文化」。意即全球地方化的概念，基本上可以被視為是一種對於全球化概念的反思，並以「在地化」的思維，來思考如何使特定區域的發展，可以更符合全球化的需求，並為地區爭取最大利益。此種思維使人們開始思考，如何透過公民社會的力量（而非傳統政治傳播途徑或是國家的力量），與其他公民及社會進行資訊友善的與對等的傳播，並成就「草根訊息傳播」及「資訊對等、平權」的目標，此即為公民新聞概念興起的由來。

二、公民新聞的實踐

公民新聞（civic journalism）或稱公共新聞（public journalism），意指一種由「非傳統」正式傳播途徑製作（如自製新聞報報網頁），並透過「未接受專業新聞播報訓練」之非專業人士（即公民）錄製、播報之新聞報導。公民新聞的出現，象徵的是國家層級當中的「公民社會」，對於受到全球化影響之「全球傳播」現象之抵抗，彰顯「資訊分權」以及「草根式傳播」的具體應用精神。

例如：臺灣公共電視文化基金會於 2007 年成立的公民電視臺，為臺灣第一個由公民以及非受過專業新聞訓練的人士所共同製作、播放的新聞頻道。「PeoPo」為「People Post」的結合縮寫，代表的是一種由「公民發聲」的精神，強調公民可以透過這個平臺分享自己的專業知識、觀點以及經驗，以促進媒體傳播訊息的多元觀點。

另一方面，網路讓人皆可以是新聞發報機。使用者除了可閱讀網路新聞，也能將自己的報導、評論張貼在部落格或公民新聞平臺中，新聞從此不再只是媒體機構交換閱聽人注意力，並藉以販賣給廣告商的「商品」。傳統新聞媒體機構裡科層化的守門人機制在網路社會裡，卸下專業化的外衣，由網路使用者共同參與和監督新聞資訊。

同時，公民新聞平臺將新聞的詮釋權交給使用者，包括全球之聲的超文本連結，以及維基解密未經剪輯地公布洩密者提供的完整資料等作法，將新聞的素材與成品、報導與編輯，以及報導者與受眾的界線模糊化，新聞專業意識面臨重構。

公民新聞實踐代表的則是新聞資訊系統網路的個人化，且可說是相對於政經勢力壟斷的國際新聞體系而起的另類新聞勢力。部落格與向來被排除在主流媒體外的社運團體與受壓迫的群體或個人，在網路裡成為完全去中心化、去機構化的態勢。相對於傳統新聞機構，網路新聞彰顯的是「串聯」的群體勢力；由下而上集結成跨區域的資訊連結網路，進而產生影響全球視聽的公民新聞勢力。

總之，公民新聞（公共新聞）是網路崛起之後，公民參與政治、社會過程的具體表現，堪稱網路為公民開啟參與途徑，它不僅對各國內政帶來重大影響，亦對國際傳播產生不可輕忽力量。

公民新聞與國際傳播

全球公民社會的形成

公民社會	一種「跨國界」或是「超越國界」的「全球公民社會」逐漸形成，並提供日後「公民新聞」的傳播基礎。
草根式的區域文化	全球地方化的概念，希望達到「草根訊息傳播」以及「資訊對等、平權」的目標，而此即為公民新聞概念興起的由來。

公民新聞的實踐

公民新聞（civic journalism）	或稱公共新聞（public journalism）：意指一種由「非傳統」正式傳播途徑製作（如自製新聞播報網頁），並透過「未接受專業新聞播報訓練」之非專業人士，即公民錄製、播報之新聞報導。
公視「PeoPo」	代表的是一種由「公民發聲」的精神，促進媒體傳播訊息的多元觀點。
網路新聞	網路新聞彰顯的是「串聯」的群體勢力；由下而上集結成跨區域的資訊連結網路，進而產生影響全球視聽的公民新聞勢力。
網路公民新聞	一般認為，公民運用網路等新傳播科技自行產製新聞的公民新聞，興起於二十世紀末與二十一世紀初的世紀之交。美國全國性報紙《今日美國》所開設的網站 Usatoday.com 在每一則新聞訊息的下方都設置了一個按鈕，讀者可以點擊這些按鈕把自己喜歡的訊息推薦到其他網站，如 Digg、Yahoo Buzz 等與其他網友分享。

（資料來源：https://www.douban.com/group/topic/93333329/
蔡雯／郭翠，2016.12.20：「公民新聞」的興起與傳統媒體的應對。）

097

Unit 7-5
英國廣播公司（BBC）與國際傳播

一、BBC 的成立

英國廣播公司（British Broadcasting Corporation, BBC）成立於 1922 年，是英國最大的新聞廣播機構，也是世界最大的新聞廣播機構之一，屬於政治獨立的、非牟利機構。

BBC 最早的兩個電臺是國內服務（home service）和全球服務國際頻道（world service），後來又提供軟性節目（light program）。

BBC 對國際廣播（world service）於 1932 年開辦，最初只是英語廣播，後來增設外語部。1938 年 1 月 3 日，以向中東地區播出阿拉伯語節目開始對外廣播。同年 5 月 13 日，向拉丁美洲地區播出西班牙語和葡萄牙語節目。9 月 27 日，向歐洲地區播放法語、德語和義大利語節目。1939 年 9 月，開辦對匈牙利、波蘭、捷克斯洛伐克、羅馬尼亞、南斯拉夫和希臘的廣播節目。1940 年 5 月 11 日，向南亞地區播放興都斯坦語（即現在的印地語和烏爾都語）節目。1941 年向中國播放漢語、普通話和廣東話節目，另外用 40 種語言播出。1946 年 5 月，向蘇聯播放俄語節目。

英國政府制定的對外廣播方針是：「英國廣播公司在編排節目方面應該保持獨立性，但它必須從政府那裡瞭解對象國家的情況和政府對該國的政策，以便根據國家利益編排節目。」英國廣播公司對節目內容負責，但所使用語種、節目時數由外交部決定，經費由外交部撥給，各種語言節目內容包括新聞、時事、特寫、英語教學等。該臺每天編製和播出四十八組新聞，內容不斷作滾動式修改補充，配發各類評論，以及金融市場、科技、體育等專題新聞節目。

BBC 的國際廣播主要依靠衛星訊號傳送到世界各地所建立或租用的發射臺，再用短波發送。也有不少節目由其他國家電臺，透過中波或調頻在當地轉播。發射總功率現已達 29169 千瓦，單機最大功率短波為 500 千瓦，中波為 1000 千瓦，使用頻率 262 個。國內發射臺 5 座，國外發射臺 27 座（包括部分租用與合用的發射臺），分設在亞洲、非洲、北美洲和中美洲等地。

二、BBC 的發展

1996 年在世界各地有聽眾 1.33 億人。在柏林、布魯塞爾、維也納、阿必尚、突尼斯、安卡拉、開羅、科倫坡、伊斯坦堡、新加坡、雅加達、紐約、里約熱內盧、薩爾瓦多等地，派有常駐記者。至 1996 年 12 月，每天累計播音約 108 小時，其中漢語、普通話每天播出 6 小時 30 分，廣東話 1 小時 45 分鐘。

在 2009 年 6 月英國廣播公司的報告中，國際頻道的每週聽眾高達 1 億 8800 萬人。

BBC 國際頻道為英國官方對外廣播機構，現劃歸由英國廣播公司環球服務中心（World Service Group）經辦。該集團是 BBC 新聞集團（BBC News Group）的一部分，其產品包括國際電視、廣播和新聞網站，用英語和其他語言向全球受眾提供新聞服務。

BBC 國際部（BBC World Service）的費用從 2014 年 4 月 1 日起，正式納入英國廣播公司的預算範圍內。

英國廣播公司已經承諾，將維持 BBC 國際部每年 2.45 億英鎊的預算標準。並說，它將成為國際部的一個「好管家」。

英國議會外交事務委員會在週一敦促外交大臣黑格要把好關，確保 BBC 國際部的利益不受到侵犯。

三、BBC 的國際傳播策略

近年來，BBC 國際傳播策略進行調整，主要包括下列幾個方面：一是繼續加大廣播電視；二是整合所有對外廣播電視資源進行重組，將 BBC 國際電臺、BBC WORLD、BBC 線上的業務合併，建立一個新的集編輯方針、市場營銷、受眾研究於一體；三是繼續推動海外節目落地，以大力推動數位、調頻廣播為戰略要點，繼續擴大範圍，搶進全球傳播至高點；四是加強對熱門和重點區域的投入，全力推展國際電視。

全球電視新聞臺				
名稱	觀眾	在世界設立的分部數量	記者	所有權
CNN International	2.21 億戶	32	150	美國時代華納
BBC World	1.35 億戶	42	250	英國 BBC

（資料來源：關世杰，《國際傳播學》，p. 278。）

英國廣播公司（BBC）與國際傳播

BBC 的成立

❶ 1922 年
　⑴ 英國廣播公司（British Broadcasting Corporation, BBC），成立於 1922 年，英國最大的新聞廣播機構，也是世界最大的新聞廣播機構之一，屬於政治獨立的、非牟利機構。
　⑵ BBC 最早的兩個電臺是國內服務（home service）和全球服務國際頻道（world service），後來又提供軟性節目（light program）。
❷ 1932 年：國際廣播（world service）於 1932 年開辦，最初只是英語廣播，後來增設了外語部。
❸ 1938 年：1938 年 1 月 3 日，以向中東地區播出阿拉伯語節目開始對外廣播。
❹ 對外廣播方針：瞭解對象國家的情況和政府對該國的政策，以便根據國家利益編排節目。
❺ 發射站：國內發射臺 5 座，國外發射臺 27 座（包括部分租用與合用的發射臺），分設在亞洲、非洲、北美洲和中美洲等地。

BBC 的發展

❶ 1996 年：1996 年在世界各地有聽眾 1.33 億。1996 年 12 月，每天累計播音約 108 小時，其中漢語、普通話每天播出 6 小時 30 分，廣東話 1 小時 45 分鐘。
❷ 2009 年：在 2009 年 6 月英國廣播公司的報告中，國際頻道的每週聽眾高達 1 億 8800 萬人。
❸ 2014 年：BBC 國際部（BBC World Service）的費用從 2014 年 4 月 1 日起，正式納入英國廣播公司的預算範圍之內。

BBC 的國際傳播策略

❶ 繼續加大廣播電視。
❷ 整合所有對外廣播電視資源進行重組。
❸ 繼續推動海外節目落地，搶進全球傳播至高點。
❹ 加大對熱門和重點區域的投入，全力推展國際電視。

第 **8** 章

全球國際通訊社

Unit 8-1
世界通訊社的興起

一、前言

通訊社是最爲古老的電子媒體，推動十九世紀中期以來的全球化近程，它以電的速度蒐集、傳遞新聞，生生不息，及至今日。若將報紙與電視比擬爲資訊的零售商，那麼通訊社猶如跨國資訊的批發商，負責提供各國媒體無法駐點採訪的國際新聞。通訊社堪稱大衆傳播媒體中，最早的「跨國機構」。

二、國際通訊社的發展

最早的通訊社是成立於 1835 年的哈瓦斯社，總部設於法國。隨後十多年內，法國的哈瓦斯社、普魯士（德國前身）的沃爾夫社，以及英國的路透社陸續設立。在發展初期，歐陸三大通訊社都接受政府補助，因此成爲協助歐洲殖民帝國勢力的資訊樞紐。

在歐洲殖民主義發展的高峰，這三大通訊社爲了鞏固各自的事業版圖，曾在 1870 年簽署協定，區分爲新聞蒐集的範圍，全球市場也一分爲三，這種作法被稱爲「卡特爾」。這三大通訊社藉由卡特爾，在十九世紀初壟斷全球新聞資訊的生產，但因兩次大戰，卡特爾因而破局，以致於逐漸沒落。沃爾夫社於第一次大戰後被德新社取代，並縮減規模爲國家通訊社。法國的哈瓦斯社改名爲法新社。路透社則靠著商業資訊提供來維持榮景。1930 年代，美國的美聯社和合眾國際社趁勢崛起，迅速晉升爲國際級的通訊社。在二十世紀中期後，美聯社、合眾國際社、法新社和路透社成爲國際通訊社的四大勢力。但 1980 年代後，合眾國際社經營權幾經更迭而沒落。

到了二十世紀四〇至八〇年代，原有五大國際通訊社——英國路透社（Reuters）、法國法新社（AFP）、蘇聯的塔斯社（TASS）和

102

美國的美聯社（AP）、合眾國際社 (UPI)，由於業務激烈競爭等原因，導致產生變化或瓦解，到二十一世紀成爲三大通訊社——美聯社、路透社與法新社。

三、國際通訊社繼續壟斷新聞交流

二次大戰後，聯合國希望各國通訊社能夠進行橫向的新聞交換，藉以強化相互瞭解。然而，第三世界國家發現，在國際通訊社的壟斷下，本國通訊社的功能往往被矮化：一方面因爲翻譯國際通訊社的外電新聞給國內媒體，而成爲國際通訊社的「地方」業務代理人；另一方面則不時接受國際通訊社下指導棋，以產出西方媒體口味的本國新聞。

另外，國際通訊社對新興國家的事務興趣也不高，少數的報導通常只集中在政變、戰爭或自然災害等，鮮少關注政治、經濟、社會或文化。這些報導不但加深西方世界對新興國家的負面刻板印象，也導致這些國家對西方發展主義所肇事的遠景感到失望。

四、新世界資訊與傳播秩序（NWICO）的呼聲

前述情形導致 1970 年代中期至 1980 年代中期，第三世界國家針對南、北半球間嚴重的資訊落差，提出新世界資訊與傳播秩序（NWICO）的要求，也成爲聯合國教科文組織（UNESCO）的主要議題。在推動 NWICO 的過程，第三世界國家直指美國應爲其資訊通訊的宰制地位負責，但不爲美國接受。美國並於 1985 年退出聯合國教科文組織，NWICO 的訴求，也因美國退出，抽走教科文組織的大量金援而無以爲繼。資訊交流的結構失衡，使得許多南半球國家在終結西方的政治殖民統治後，仍未走出文化殖民的陰影。

世界通訊社的興起

前言

❶ 通訊社是最為古老的電子媒體，推動了十九世紀中期以來的全球化近程。

❷ 通訊社堪稱大眾傳播媒體中，最早的「跨國機構」。

國際通訊社的發展

❶ 最早的通訊社：是成立於 1835 年的哈瓦斯社，總部設於法國。

❷ 三大通訊社：隨後十多年內，法國的哈瓦斯社、普魯士（德國前身）的沃爾夫社，以及英國的路透社陸續設立。

❸ 卡特爾：這三大通訊社為了鞏固各自的事業版圖，曾在 1870 年簽署協定，區分為新聞蒐集的範圍，全球市場也一分為三，但因兩次大戰，卡特爾因而破局，以致於逐漸沒落。

❹ 四大通訊社：在二十世紀中期後，美聯社、合眾國際社、法新社和路透社成為國際通訊社的四大勢力。但 1980 年代後，合眾國際社經營權幾經更迭而沒落。

❺ 三大通訊社：到二十一世紀成為三大通訊社——美聯社、路透社與法新社。

國際通訊社繼續壟斷新聞交流

本國通訊社被矮化的原因：

原因一 因為翻譯國際通訊社的外電新聞給國內媒體，而成為國際通訊社的「地方」業務代理人。

原因二 不時接受國際通訊社下指導棋，以產出西方媒體口味的本國新聞。

原因三 國際通訊社對新興國家的事務興趣不高。

103

新世界資訊與傳播秩序（NWICO）的呼聲

01 新世界資訊與傳播秩序（NWICO）的要求，成為聯合國教科文組織（UNESCO）的主要議題，但不為美國接受。

02 美國於 1985 年退出聯合國教科文組織，NWICO 的訴求無以為繼。

Unit 8-2
路透社

圖解國際傳播

104

一、路透社的成立

路透社（Reuters）於 1851 年創辦於英國倫敦，是世界上資格最老的通訊社之一。最初路透社只限於發商業新聞，把歐洲大陸傳來的金融消息，彙編成手抄的「路透社快訊」，向銀行、交易所、股票商出售，又在巴黎、柏林、維也納、阿姆斯特丹、雅典等商業中心建立了通訊網路和快訊銷售網，以後，路透社駐歐洲各地的記者開始報導與經濟有關的軍事、政治、外交等消息。

二、路透社的發展

路透社只是駐歐洲記者，竭盡全力獲取最新消息，用先進的通訊工具擊敗對手。在他們的努力下，路透社的新聞不僅詳細、準確、迅速，而且還有一些是其他報社記者所無法採訪到的。1865 年，路透社辦事處改為路透電報公司，同時經營電報和通訊業務。1870 年，路透社與哈瓦斯社、沃爾夫社締結了劃分採訪和發布新聞範圍的「三社四邊協定」。根據協定，路透社劃分到的地區有大英帝國、埃及、土耳其和遠東。

三、路透社的改組

1925 年，英國報聯社成為路透社的主要股東。1941 年 10 月，路透社改組，報聯社宣布與倫敦報紙發行人協會聯合共有路透社。從此，該社成為英國報業自己的合作通訊事業，並訂立各方須共同遵守的合同。合同規定，路透社不是一個營利事業機構，永遠不得為任何個人、集團或黨派所有；永遠保持其公正、自由與獨立的精神；依照契約，提供給英國、大英國協、殖民地及世界其他國家的報紙／通訊社確實可靠、不偏不倚的消息；除維護新聞界的利益外，其他各界的利益也應注意；應努力發展業務，以保持該社在任何情況下居世界通訊社的領導地位。

四、路透社的現狀

現用英、法、德、義、日等多種文字，向 150 個國家和地區播放文字新聞和經濟訊息，還提供圖片、新聞照片、影音新聞等。路透社一向注重改進新聞設備，建立以倫敦為中心的全球通訊網路。在英、美、阿根廷設立 3 個衛星地面站，在倫敦、東京、紐約設了 3 個技術中心，有 6 個衛星通訊網路和 5000 個衛星接收站。路透社的國外訂戶總數達 4.2 萬家，包括新聞媒體、公司、銀行、研究機構、代理人等。在全世界 130 個國家和地區，設置 21 萬臺訊息和新聞終端。路透社利潤可觀，1995 年總收入達 27.03 萬英鎊。

五、路透社的業務特色

路透社的業務分為兩大類：（一）向報社、電臺提供時事新聞，涉及面廣，素有「迅速、幹練」之稱；（二）向全世界各銀行、經紀人和工商企業，提供經濟新聞。這些是路透社的傳統項目，經過不斷革新、改進，現在它是世界經濟訊息的最大提供者。路透社的經濟新聞在世界享有一定的地位，並且逐漸成為路透社的主要收入來源。

六、網路時代的路透社

隨著網際網路的迅速普及與日漸顯示的巨大作用，路透社改變了幾年前對網路的保守態度。1994 年，該社建立一個只有訊息服務的公司網站。如今，路透社透過網路提供各種為網際網路設計的服務，包括為特定的讀者提供精心編排的新聞報導、中介產品和服務、空中貨運訊息服務、媒體世界。路透社宣布已經建立一個耗資 5000 萬美元的全球技術中心，用以開發與網際網路有關的產品。

路透社（Reuters）

成立
1. 路透社於 1851 年創辦於英國倫敦，是世界上資格最老的通訊社之一。
2. 路透社駐歐洲各地的記者，開始報導與經濟有關的軍事、政治、外交等消息。

發展
1. 1865 年：路透社辦事處改為路透電報公司，同時經營電報和通訊業務。
2. 1870 年：根據「三社四邊協定」，路透社劃分到的地區有大英帝國、埃及、土耳其和遠東。

改組
1941 年 10 月，路透社改組，報聯社宣布，與倫敦報紙發行人協會聯合共有路透社。

現狀
1. 現用英、法、德、義、日等多種文字，向 150 個國家和地區播放文字新聞和經濟訊息。
2. 在全世界 130 個國家和地區，設置 21 萬臺訊息和新聞終端。

傳播跨國企業集團的興起

1. 向報社、電臺提供時事新聞，涉及面廣，素有「迅速」、「幹練」之稱。
2. 向全世界各銀行、經紀人和工商企業提供經濟新聞。

網路時代的路透社

1. 1994 年，該社建立了一個只有訊息服務的公司網站。
2. 如今，路透社透過網路提供各式各樣為網際網路設計的服務。

Unit 8-3
法新社

一、法新社的前身─哈瓦斯社（**Agence Havas**）

法新社（Agence France Presse, AFP）的前身，為 1835 年成立的哈瓦斯社。

哈瓦斯社是世界上最早的通訊社，在二次大戰前是法國最有實力的通訊社。創辦人夏爾・哈瓦斯（Charles Havas）於 1832 年 8 月設立編譯事務所，專門經營翻譯外報新聞的業務，隨後逐步建立自己的新聞採訪網。1835 年 12 月於巴黎正式成立哈瓦斯社，巴黎十幾家報紙以及許多機關、公司和個人陸續成為其客戶。

哈瓦斯社的供稿原則是「迅速和優質」，為此隨著科技的進步，不斷改進傳遞新聞的方式。初期曾依靠快馬傳送，1837 年開始用信鴿，1845 年該社在國內開始用電報傳送新聞。七〇年代後期，隨著經濟危機的到來，其財政趨於惡化，於是越來越依靠政府的補助維持，新聞播出日益明顯地體現官方意向，被人視為半官方的通訊社。1940 年德軍侵占法國，哈瓦斯社隨之瓦解。

二、法新社的成立

法新社全稱為法國新聞社（法語：L'Agence France-Presse），簡稱法新社（AFP），是全球第一家通訊社，同時也是法國最大的通訊社，世界第三大通訊社，在美聯社和路透社之後。法新社總部設在巴黎，在約 110 個國家設有辦事處，它透過法語、英語、阿拉伯語、西班牙語、德語和葡萄牙語向全世界發布消息。

二次大戰後，法國政府將戰爭期間 4 家反法西斯通訊社機構合併，於 1944 年 9 月組成法國新聞社，作為官方通訊社，經費由政府發給，社長由政府任命，成為法國的官方通訊社。

1957 年 1 月，法國議會通過法案，重新確定法新社的法律地位，規定其為獨立的公共企業，這使得法新社脫離官方機構的形象。目前，法新社聘僱來自 81 個國家和地區的 1200 名記者、200 名攝影記者和 2000 名特約記者，其中 900 人左右在國外工作。覆蓋全球 165 個國家和地區的 110 個辦事處，它們分設在五個大區，包括北美、拉美、亞太、非歐及中東區。

三、法新社的發展

法新社資金來源有三個方面：政府機構訂費、報刊用戶、企業用戶。法新社的財務狀況長期不佳，所以政府機構訂費實際上是變相津貼，但是該社一直努力揚長避短，與美聯社、路透社等積極競爭。法新社當前的經費方針，是「發展與多樣化」。所謂發展，指改善原有產品，精益求精；多樣化則指推出新的新聞產品。在戰略上，重視亞、非、拉丁美洲地區。在技術上從七〇年代起，就大力更新設備。在業務上，注意提高稿件質量，力求準確迅速，重視採製獨家新聞，注意選用系列報導。該社每天傳送大約 120,000 字到 200,000 字，涉及政治、外交、經濟、社會、體育、科學、醫學、文化、人物和人們感興趣的事情，訂戶包括新的和傳統媒體、工商企業、大學、使館和公家機構。「AFX 新聞」是經濟線路 ── 法新社和英國的金融時報集團之間的一家合資企業，它用英語提供即時的經濟和金融新聞，其子司亞洲 AFX 服務亞洲市場。

九〇年代以來，又積極開拓服務領域，設立視聽部，加強圖片新聞供應，建立訊息資料庫，開發微電腦訊息諮詢服務，設有獨立的金融專線。整體而言，進入九〇年代處境有明顯進步。

法新社（Agence France Presse, AFP）

法新社的前身——哈瓦斯社（Agence Havas）

1 哈瓦斯社是世界上最早的通訊社，法新社的前身即為 1835 年成立的哈瓦斯社。哈瓦斯社在二次大戰前是法國最有實力的通訊社。

2 哈瓦斯社的供稿原則是「迅速和優質」，為隨著科技的進步，不斷改進傳遞新聞的方式。

1940 年 德軍侵占法國，哈瓦斯社隨之瓦解。

成立

1 法新社全稱法國新聞社（法語：L'Agence France-Presse），簡稱法新社（AFP），是法國最大的通訊社，世界第三大通訊社。

2 第二次大戰後，法國政府將戰爭期間 4 家反法西斯通訊社機構合併，於 1944 年 9 月組成法國新聞社，作為官方通訊社。

3 1957 年 1 月，法國議會通過法案，重新確定法新社的法律地位，規定其為獨立的公共企業，這使得法新社脫離官方機構的形象。

107

發展

資金來源	政府機構訂費、報刊用戶、企業用戶。
在技術上從七○年代起	大力更新設備。在業務上，注意提高稿件質量，力求準確迅速，重視採製獨家新聞，注意選用系列報導。
九○年代以來	積極開拓服務領域，設立視聽部，加強圖片新聞供應，建立訊息資料庫，開發微電腦訊息諮詢服務，設有獨立的金融專線。
現況	法新社僱有來自 81 個國家和地區的 1200 名記者，其中 900 人左右在國外工作，覆蓋全球 165 個國家和地區的 110 個辦事處，分設在五大區，包括北美、拉美、亞太、非歐及中東區。

Unit 8-4
美聯社

美聯社（Associated Press , AP）全名美國聯合通訊社，係美國一間新聞通訊社，1846年成立，總部設在紐約。

一、港口新聞聯合社（1848-1856）

1848 年時值墨西哥戰爭，爲了及時、經濟地進行戰地報導，《太陽報》、《先驅報》等紐約 6 家大報，組成一個聯合探訪部。戰爭結束後，6 家報紙在聯合探訪部的基礎上，合股組成了「港口新聞聯合社」。1851 年，剛成立的《紐約時報》加入。

二、紐約新聞聯合社（1850-1882）

1856 年，港口新聞聯合社改組爲紐約港口新聞社，發展相當迅速，業務很快就擴展到國內其他地方報社，參加成員不斷增多。對外則同哈瓦斯、路透、沃爾夫三大通訊社建立聯繫，交換新聞。該社向內地成員報社供應新聞時，採用集體簽約的辦法，並減輕電報費用，促使他們聯合起來，組成西部、南部等地區性聯合新聞社，作爲紐約總部的附屬機構，但他們之間仍存在一些矛盾。1882 年，有些成員退出該社，致使總部機構四分五裂，無法正常開展業務。

三、美國聯合通訊社（1892-）

1892 年，位於芝加哥的西部聯合新聞社宣布成立獨立公司，取名爲美國聯合通訊社（美聯社），推選梅爾維爾．斯通（M. E. Stone）爲總經理。到 1895 年，成員和訂戶達 700 家，東部和紐約地區的報紙陸續加入。1900 年，美聯社改組，將總部遷到紐約，與歐洲各大通訊社簽立合同，交換電訊，自此基礎日益鞏固。1902 年，美聯社開始在歐洲設立若干分社。1920 年，若干中南美洲報紙加入美聯社。但是，由於與歐洲通訊社有合同規定，美聯社的海外發展受到限制。1934 年，美聯社宣布一切合同限制廢除，開始向其他國家報紙提供服務。現在美聯社是由各成員單位聯合組成的合作性企業，社務由董事會主持，任命社長兼總經理，領導日常工作，經費由社員以股款形式分擔。1994 年，美聯社增設電視新聞分社和廣告傳輸網，工作中心在倫敦，透過亞洲、拉美、北美和全球服務四條專線，向全世界電視訂戶提供聲音影像新聞，用 6 種文字發稿。還一起和道．瓊斯公司（Dow Jones & Company）合作，創辦美聯．道瓊斯新聞社，向國外新聞單位和訂戶提供財經消息。1998 年，美聯社購買世界電視新聞社，與美聯電視新聞部合作並成立美聯電視新聞社。

四、今日美聯社

美聯社說，它的使命是向全球所有地區提供事實性的新聞報導，供全世界的媒體採用。「帶有美聯社標誌的新聞是可以信賴的、準確、不偏不倚和消息靈通的」。美聯社服務於 1700 多家日報、週刊、非英文和大學報紙；5000 家美國電臺和電視臺，以及 8500 家位於 121 個國家的報紙、電臺和電視臺訂戶。聘僱 3500 位雇員，在世界各地的 243 個分社工作，其中包括駐國外的 500 位工作人員和駐華盛頓哥倫比亞特區的 150 位工作人員。目前，美聯社每天向其全世界訂戶發送 2000 萬以上的文字和大約 1000 萬幅照片。它每天爲 10 億以上的人，提供新聞、照片、圖片、音訊和視頻服務。

美聯社 （Associated Press , AP）

港口新聞聯合社 （1848-1856）

1848 年 美國《太陽報》、《先驅報》等紐約 6 家大報，組成一個聯合採訪部。戰爭結束後，6 家報紙合股組成「港口新聞聯合社」。

紐約新聞聯合社 （1850-1882）

1856 年 港口新聞聯合社改組為紐約港口新聞社。

1882 年 有些成員退出該社，無法正常開展業務。

美國聯合通訊社 （1892-）

1892 年 位於芝加哥的西部聯合新聞社宣布成立獨立公司，取名為美國聯合通訊社（美聯社）。

1902 年 美聯社開始在歐洲設立若干分社。

1994 年 美聯社用 6 種文字發稿。

1998 年 美聯社購買了世界電視新聞社。

今日美聯社

❶ 美聯社服務於 8500 家，位於 121 個國家的報紙、電臺和電視臺訂戶。

❷ 它僱有 3500 位雇員，在世界各地的 243 個分社工作。

❸ 目前，美聯社每天為 10 億以上的人，提供新聞、圖片、音訊和視頻服務。

世界三大通訊社

	美聯社	路透社	法新社
世界範圍內的分支機構	237	183	140
覆蓋的國家	112	157	165
使用的語言種類	6	23	6
僱用記者數	3421	2072	1200
新聞輸出量（每天）	200 萬	300 萬	200 萬

（資料來源：董關鵬，《國際傳播：延續與變革》，p. 187。）

Unit 8-5
二十一世紀世界通訊社的演變

一、二十世紀五○～六○年代

二十世紀五○年代以來，美國的美聯社、合眾國際社，英國的路透社，法國的法新社和蘇聯的塔斯社，都發展成國際性通訊社。它們廣泛地在許多國家和地區採訪新聞，向各國的報紙、通訊社、廣播電臺、電視臺等新聞訂戶供稿。此後，世界上又出現了4個新的國際性通訊社，即從五○年代後期開始發展國際新聞業務的中國新華通訊社、在拉丁美洲地區有大量訂戶的西班牙埃菲社、聯邦德國的德意志新聞社、義大利的安莎社。

國際新聞市場上競爭激烈，西方的四大國際性通訊社處於壟斷地位。二十世紀六○年代中期以來，這種情況受到了第三世界國家的挑戰。

二、二十世紀七○～八○年代

到了二十世紀七○年代，一百多個國家成立了國內通訊社。後殖民地國家獨立後的興起，很快就讓位給發展中國家與已開發國家之間的衝突。事實是越來越明顯，政治上的獨立，不代表經濟上的自主。爭論的一大領域便是假設的新聞流動不平衡，已開發國家控制著發展中國家的全球媒體形象。隨著北美、西歐利益集團所控制的國際傳媒體系的出現，這一問題顯得更為迫切。

通訊社發展到二十世紀八○年代早期，這是後全球資訊傳播新秩序爭論時期，全球化已經開始，新自由主義經濟下傳媒解除管制、再管制，併購及融合，實施數位化、商業化以及「競爭白熱化」。併購加速了合眾國際社（曾一度為沙烏地阿拉伯財團所控制，後又被《華盛頓時報》收購）、世界新聞電視臺（後為美聯社電視部收購）的衰亡。

三、建立世界新聞新秩序的鬥爭

蘇聯解體使塔斯社瀕臨絕境（塔斯社被改組為俄通社──塔斯社，成為俄羅斯的國內通訊社，其全球通訊社地位不保），只能轉向商業化運作。同時，舊的東歐國內通訊社也一蹶不振，甚至關門倒閉。這些國內通訊社或改換門庭，或重組成立新公司，尋找新的財源，以紓解國家補貼減少或得不到國家補助之困。例如：波羅的海國家的2家國內通訊社在倒閉後，被一家由芬蘭傳媒公司所擁有的地區通訊社取代，該公司業務遍及三大波羅的海國家。

亞洲、非洲、拉丁美洲廣大發展中國家，為了反對西方通訊社在國際新聞傳播中的壟斷和不公正的報導，展開爭取建立世界新聞新秩序的鬥爭。他們在致力於創建、發展本國通訊社的同時，加強各國通訊社間的合作和交換新聞，並合作建立地區性、國際性的通訊社組織。1961年成立的亞洲──太平洋通訊社組織，建立新聞交換網，於1982年1月1日開始工作。由不結盟國家建立的不結盟國家通訊社聯盟，於1975年1月成立並發稿。根據加勒比共同體政府首腦會議決定，加勒比通訊社於1976年1月7日在橋鎮（Bridgetown）正式成立並開始工作。阿拉伯海灣地區巴林等6國共同創辦的海灣通訊社，於1978年4月1日成立並發稿。根據非洲統一組織首腦會議決定成立的泛非通訊社，於1983年4月在達喀爾開始發稿。一個新的世界性新聞格局正在形成中。

1980年代後，由於各國的政策面臨「去管制化」的風潮，使得更多的商營媒體可直接與境外媒體合作，國家通訊社的重要性相對降低。此外，衛星與有線電視帶來更多境外頻道，國際新聞的來源因此不再處於國家資訊過濾的保護傘下。但是，即使衛星新聞與新聞網站的出現，挑戰了通訊社在國際新聞供應上的角色，但國際通訊社仍具有左右國際輿情和設定議題的能力。

二十一世紀世界通訊社的演變

二十世紀五○～六○年代

二十世紀五○年代以來	美國的美聯社、合眾國際社，英國的路透社，法國的法新社和蘇聯的塔斯社，都發展成國際性通訊社。
二十世紀五○年代後期	世界上又出現了四個新的國際性通訊社，即中國的新華通訊社、西班牙的埃菲社、聯邦德國的德意志新聞社、義大利的安莎社。
二十世紀六○年代中期以來	西方的四大國際性通訊社，受到第三世界國家的挑戰。

二十世紀七○～八○年代

二十世紀七○年代	100 多個國家成立國內通訊社。
二十世紀八○年代早期	這是後全球資訊傳播新秩序爭論時期，併購加速了合眾國際社、世界新聞電視臺的衰亡。

建立世界新聞新秩序的鬥爭

二十世紀五○年代以來	1961 年成立的亞洲——太平洋通訊社組織，建立了新聞交換網，於 1982 年 1 月 1 日開始工作。
不結盟國家通訊社聯盟	由不結盟國家建立的不結盟國家通訊社聯盟，於 1975 年 1 月成立並發稿。
海灣通訊社	阿拉伯海灣地區巴林等 6 國共同創辦的海灣通訊社，於 1978 年 4 月 1 日成立並發稿。
1980 年代後	由於各國電信政策面臨「去管制化」的風潮，使得更多的商營媒體可直接與境外媒體合作，國家通訊社的重要性相對降低。

第 **9** 章

跨國影視資源流通的主要形式

章節體系架構 ▼

Unit 9-1
電影產製體系的特性與跨國合製的種類

跨國影視資源流通主要以下列三種形式進行：資金（跨國合製）、創意與勞務（離岸製作）。

一、電影產業的特性

電影產業完全依賴創意及個別性，在產製過程中必須考量其特有的風險和不確定性。

（一）衝突性

創意的行為來自藝術工作者，賦予創意本身特有的藝術價值。就電影來說，一部影片必須要有導演等作為特殊性的號召，才會有獲利的機會，導演的藝術創作便是資本累積（accumulation）的來源。

（二）配合性

藝術家在資本主義勞動過程中的相對自主性或創意職業，無形中帶給資本家某些程度的組織問題，例如：受僱勞動力的不確定性。電影作為一項文化商品必須依循一定程度的產製原則，除了符合藝術創作外，還要配合來自電影產業本身的諸多商品化要求，諸如資金規劃、拍攝進度要求、宣傳映演策劃，乃至於票房考量等，到處可見藝術家和資本家間交互使力的痕跡。

（三）風險性

由於消費者的需求反覆無常、難以捉摸，所以電影本身是一項十分冒險的事業，尤其電影產品在市面上的曝光時間長度和頻率越來越高，都會降低觀眾對電影的新鮮感和消費興趣，這是電影商品化面臨最大的風險。

（四）依賴性

由於電影產業屬於「半私有財產」（quasi-private goods），因為電影在技術上是無法供個人或小眾消費使用的，必須在半私人場所（如戲院）連續放映或展示以便獲利。這種屬於半私有財產中的製作人—展示者的關係，乃以製作業／發行業／映演業的架構存在。這種現象便說明電影產品的推廣過程大量依賴其他機構

的配合和推廣，也順帶提高了風險（如電影評論有時有益於電影宣傳，有時卻有反效果，這也讓片商對影評人士又愛又恨）。

基於上述有關電影作品的產製對文化實體，從本質上的不同到運作上的結合（或收編），電影產業及其商品化過程，產生了一系列具有矛盾內涵的特性。也因為電影產業涉及製作／發行／映演三部門鼎立的產業結構，無形添增電影商品的不確定性和風險，故有跨國合製的必要性。

二、跨國合製的種類

根據米勒（Miller et al., 2001）等人的研究，現行的跨國合製分為條約合製與股份合製兩種。

（一）條約合製

指經過參與國政府某種形式的認可，並獲得政府津貼或稅賦減免等優惠的計畫。例如：歐洲聯盟於 1989 年創立的「歐影」，即是其中的代表；它是一個在歐洲議會下，整合歐洲各國資源，促進跨國電影合製的官方機構。

（二）股份合製

指私人企業間的合資或合製行為，較不涉及國家政策的引導。投資者可藉由利潤分紅或取得當地發行權的方式，來參與影視產品的製作。股份合製在好萊塢早已行之有年，好萊塢製片藉此試圖使影視產品的內容多元化，增加在地的關聯性，因而得以繞過風險高的創意部分，將資源集中在行銷與發行上。

國際合製在實務操作上有多種方式，有單純的多國集資、合組製作團隊，吸引外國創作團隊前來本國攝製、聯合發行，或綜合運用上述方式等。一般泛指來自兩國（含）以上的電影機構間，以合作方式進行電影製作而言。例如：加拿大在 1997 年便已簽署超過四十份國際合製條約，而在 2006 年底達五十三份。只要是官方許可的合製案例，都享有國家經費補助與其他減稅優惠。

HBO 在全球的合作／合資電視臺

SET 拉丁美洲	
	HBO Latino
HBO 亞洲	
	HBO 印度
HBO 巴西	
	HBO Ole
HBO 捷克	
	HBO 波蘭
HBO 匈牙利	
	A*E Mundo
HBO 羅馬尼亞	
	WBTV 華納電視拉丁美洲
拉丁美洲歷史頻道	

家庭票房頻道（HBO）

（資料來源：陳娟等譯，《比較媒介體制》，p. 69。）

115

電影產業體系的特性與跨國合製種類

電影產業的特性

衝突性 創意的行為來自藝術工作者，賦予創意本身特有的藝術價值。

配合性 電影作為一項文化商品，還要配合來自電影產業本身的諸多商品化要求。

風險性 電影本身是一項十分冒險的事業，這是電影商品化面臨最大的風險。

依賴性 電影產品的推廣過程，大量依賴其他機構的配合和推廣。

跨國合製的種類

條約合製 是指經過參與國政府某種形式的認可，並獲得政府津貼或稅賦減免等優惠的計畫。

股份合製 是私人企業間的合資或合製行為，較不涉及國家政策的引導。

實務操作 有單純的多國集資、合組製作團隊，吸引外國創作團隊前來本國攝製、聯合發行，或綜合運用上述方式等。

Unit 9-2
好萊塢電影產業跨國合製

一、好萊塢電影產業的生產體制

以美國為最初發展基地的好萊塢電影產業，在本身生產體制的規模化建置下，展現高度的商業競爭潛力。然而在創意重製開始出現貧乏，或是美國市場已經不能滿足該產業的經營規模等影響下，好萊塢開始將其標的放在全球的格局，不管是流通發行管道的無遠弗屆，還是區域人力的生產整合，好萊塢某些方面不再只是來自美國的電影產業，而是全球電影產業的分工頂端。換言之，這便是新國際的文化分工，也正說明現今國際電影產業為何掀起跨國合製風潮的原因之一。

二、國際合製的定義

近年來，集結跨國資金，針對跨國或全球市場推出的電影與電視節目，成為各國影視產業走出國境的重要手段。印度傳播學者彭達庫（Pendaku, 1990）曾為「國際合製」提出較為寬鬆的定義：「一個電影或電視節目製作者所採用的重要機制，從世界各地整合資金或勞工，並藉此掌握全球市場。」

例如：李安的《臥虎藏龍》集結臺、港、中、美的資金籌拍，美國哥倫比亞公司僅出資取得亞洲的發行權。

三、國際合製目的

基本上，合製是一種藉跨國集資或勞務分擔，來創造生產消費的手段。國際合製（International co-production）在經濟上的目的，不外乎是擴大資金與市場規模、降低風險、優勢互補、創造就業機會、爭取政策優惠等，避免補助單位擴大財政負擔和風險，並給予合製各方謀求一定程度市場回收的誘因和動機。

四、國際合製的缺點

然而，合製畢竟不是單純的成本分擔或文化加總，而是明顯的符號介入（symbolic intervention）過程。由於大部分的合製計畫都是基於經濟考量，因此創作上也就傾向在跨區市場具備最大獲利潛能的主題或類型，這使得合製產品極可能與在地文化及社會脈絡產生相對疏離。此外，由於顧及國際市場，使得合製往往偏好國際知名的創作者或明星，結果僅強化既有的創作生態，無助於發掘及創新的文化創意。

例如：J. McMurria（2001）在以合資趨勢解釋新國際文化勞動分工（New International Division of Cultural Labor, NICL）的局勢時曾提到，跨國區域整合為了對好萊塢帶來的大量商品做出競爭，便開始採取合資合製的方式，企圖製作出能與好萊塢一較長短的商品，結果或許真的在票房上有所斬獲，不過其製作方式、內容風格，都有著另類的「好萊塢」影子；類型電影的出現、製作規模也分割化外包的製片製作，甚至影響到國際集團的整合併購。

五、國際合製的優點

雖然盛行已久的跨國合製策略，仍受到好萊塢牽制，但國際合製仍不失為一個適應全球化條件的積極文化策略。若在適當的國家政策引導下，以具有文化與社會現實交流基礎的區域國家為合作對象，例如：已有前例的北歐、拉丁美洲，進行資金、人才與市場的聯盟，應可創造有別於好萊塢主導的內容與產業型態，實際達到積極文化交流與經濟發展的目的。

好萊塢電影產業跨國合製

好萊塢電影產業的生產體制

1 好萊塢就某些方面而言,不再只是來自美國的電影產業,而是全球電影產業的分工頂端。

2 這是新國際的文化分工,也正說明現今國際電影產業為何掀起跨國合製風潮的原因之一。

國際合製的定義

定義 一個電影或電視節目製作者所採用的重要機制,從世界各地彙集資金或勞工,並藉此掌握全球市場。

目的 擴大資金與市場規模、降低風險、優勢互補、創造就業機會、爭取政策優惠等。

缺點 僅強化既有的創作生態,無助於發掘及創新的文化創意。

優點 1. 可適應全球化條件的積極文化策略。2. 可創造有別於好萊塢主導的內容與產業型態,實際達到積極文化交流與經濟發展的目的。

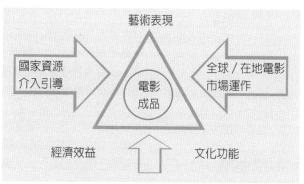

國際合製電影的動態關係圖(魏玓,2006:155)

Unit 9-3
影視產業的創意流通

　　影視文化創意產業以其強烈的藝術感染力、突出的產業推動力及巨大的文化傳播力，在政治、經濟和社會發展中扮演著不可或缺、不可替代的獨特角色，成為提升國家軟實力的重要組成部分。因此，世界各國對影視創意產業的發展都給予高度的重視，英、美、澳等國家從上個世紀八〇、九〇年代，就發展一系列影視等文化創意產業的戰略與政策。

一、影視文化的創意

　　早期有關影視文化的創意，同樣被普遍認為是導演和創作者的個人特質在產生決定性作用。一部影片或電視劇的創意往往源於劇本創作者和導演的個人稟賦和才華，這種看法在二十世紀六〇年代前一直居於主導地位，也就是影視文化歷史上所稱的作者論。

　　由於影視從一開始就帶有高度組織化和專業化的產業特性，因此在美國等實施自由資本主義的國家便奉行不渝。特別是從上個世紀八〇年代以來，這些公司專業主義在全球範圍內廣為實施，公司經濟成為當代世界經濟的主要特徵，比如，美國時代華納、迪士尼等大型影視文化跨國公司在國內外和不同行業間整合資源，完善其產業價值鏈。可見，影視文化所生存的產業環境是專業分工更為錯綜複雜、資本流動更為全球化的公司經濟。有鑑於此，除了資金的流通之外，創意也是影視產業中重要的資本流通形式。舉凡創作人才、文本敘事或特定產製類型，都在跨區域流通的過程中，為不同地區文化產製帶來不同刺激。而隨著跨國傳媒的多元化，許多創意的流通，往往不依循正常的交易管道進行，例如：節目抄襲。

二、好萊塢電影工業徵召各國創意人才

　　好萊塢電影工業早在 1950 年代，便徵召各國創意人才（如導演、編劇或演員）進入片廠為其效力。然而，創意的跨國流通，並不僅止於好萊塢的跨國徵召，一些國家的影視內容也會藉由複製或抄襲，融合歐美影視類型與本土題材，發展出特有的文本敘事。

　　例如：1960 年代巴西軍政府與美國關係親近，積極地複製美式商業電視制度，並發展出融合美國通俗肥皂劇與巴西社會文化特色的電視連續劇（telenovela），廣受巴西與其他拉丁美洲國家的歡迎。

　　1980 年代以來，有線電視頻道增加，對電視節目的需求大增，因此許多國家也把創意的模仿，作為快速刺激節目產量的手段。例如：在 1990 年代，臺灣尚未正式開放進口日本電視節目前，日本綜藝節目的類型、搞笑短劇（如「志村大爆笑」）的橋段，早已隨著錄影帶的進口，被臺灣的綜藝節目大量抄襲。

　　再如：美國影集「醜女貝蒂」（UglyBetty），這個故事並不是原創，而是改編自一部哥倫比亞電視劇「我叫貝蒂，我很醜。——Yo soy Betty, la fea（1999-2001）」，故事就從一名來自紐約皇后區的墨西哥裔女主角——Betty Suarez【由美國女演員艾美莉卡‧弗瑞娜（America Ferrera） 領銜主演】的世界開始。後來在墨西哥成為很受歡迎的電影影集，墨西哥女星 Salma Hayek 覺得這齣戲在美國應該會有市場，所以就把它改編為「美國紐約版」，帶進美國影劇市場，還身兼製作人並客串演員。這部電視連續劇在 2007 年艾美獎上，獲得包括最佳喜劇類電視系列劇、喜劇類最佳女主角等三項獎項。

　　2008 年 1 月 22 日湖南衛視公布，北京響巢傳媒公司已購得該劇改編權，並合作改編為自製劇「醜女無敵」，共製作五季有 400 集節目。第一季 40 集於同年 4 月上旬於湖南會展中心開機拍攝，同年 9 月分於湖南衛視播出。在第二季開始引進外國電視劇劇本邊拍邊寫的模式，並透過網絡徵求觀眾意見及修改劇本。

影視產業的創意流通

影視文化的創意

二十世紀六〇年代	影視文化歷史上所稱的作者論。
二十世紀八〇年代	公司經濟成為當代世界經濟的主要特徵。
現狀	隨著跨國傳媒的多元化，許多創意的流通，往往不循正常的交易管道進行，例如：節目抄襲。

好萊塢電影工業徵召各國創意人才

1950 年代

好萊塢電影工業開始徵召各國創意人才（如導演、編劇或演員）進入片廠為其效力。

1960 年代

巴西發展出融合美國通俗肥皂劇與巴西社會文化特色的電視連續劇（telenovela），廣受巴西與其他拉丁美洲國家的歡迎。

1980-1990 年代

臺灣的綜藝節目大量抄襲日本電視綜藝節目，例如：「志村大爆笑」的橋段。

2008 年 1 月 22 日

湖南衛視公布，北京響巢傳媒公司已購得「醜女貝蒂」（Ugly Betty）戲劇改編權，並合作改編為自製劇「醜女無敵」。

Unit 9-4
影視產業的離岸製作

一、好萊塢傳統工業體系的垂直整合

在資金跨國化的過程中，影視文化產品的生產過程開始脫離本國原有的工業體系，而呈現高度分散的狀態。

好萊塢傳統工業體系的垂直整合是以片廠為中心，因此不論是「線上」的創意執行，如製片、導演、編劇與演員，或是「線下」的勞務，如化妝師、木匠、服裝、電工或布景設計師等，皆集中在片廠體系內，不易有太大的波動，且受到工會的保障。

二、好萊塢影視產業的離岸製作

不過，在好萊塢全球化的過程中，近幾年為了撙節成本，出現將線下勞務往勞動成本相對低廉、勞動法規寬鬆、工會不甚強勢的地區，這種現象即是「離岸製作」。

根據洛杉磯郡經濟發展局（LAEDC）引自「好萊塢報導」的數據顯示，從 2003 年 10 月便開始記錄的一項非正式調查指出，好萊塢大製片廠的大型攝影外景地點，依然傾向於離岸製作，而不是到加利福尼亞或美國其他州拍攝。在許多案例中，做成這些決定是出於故事情節的考慮，但財務收益也是這些決策的重要組成部分。

例如：負責出品電視影集「X 檔案」的福斯廣播公司，便選擇在加拿大的英屬哥倫比亞製作該影集。而電影「駭客任務」則遠渡重洋到澳洲拍攝，其製作團隊是標準的雜牌軍，結合好萊塢的製作人、香港的武術指導、美國矽谷的特效工程師，以及澳洲當地的線下工作人員。

事實上，美國或澳洲也運用博覽會或考察團的方式，向對岸中國大陸影視界招手，提出包括「離岸製作」等合作方案。例如：2014年 3 月 5 日，在美國洛杉磯舉辦，為期兩天的「美中電影電視產業博覽會」。該屆博覽會的內容，包括影視產業鏈展銷會、電視節目和劇集交易會、影視研討會等聯合開發及製作項目。中方的參展方主要包括地方政府、各大電視臺、影視公司和技術設備生產商。透過本屆博覽會，地方政府可以更全面的向美國合作夥伴展示當地的旅遊資源，來吸引好萊塢影視作品在當地進行拍攝；而各大電視臺和影視公司則以銷售節目、影視作品交易、採購影視設備和承接好萊塢離岸生產為主要目的。

三、影視產業離岸製作引發的問題

澳洲貿易投資委員會（澳洲駐華使領館商務處）則邀請中國大陸影視界，參加 2017 年 11 月 13-24 日的「赴澳洲影視製作交流考察團」。本次交流考察團主要目的，是考察澳洲優秀的影視製作公司、影視基地、取景地等，以便瞭解澳洲影視製作現況，並協助中方企業在此一領域找到更廣泛的合作與投資機會。

值得注意的是，米勒等人曾以「文化勞動的新國際分工」一文，形容影視產業的勞動市場逐漸跨國化的現象。這現象突顯弱勢的勞動階層被剝削的問題。

例如：離岸製作導致好萊塢的製片量下跌，很多線下的勞工頓時因為製片外移而失去不少工作機會，甚至面臨失業的困境。同時，各國政府為了吸引好萊塢製片至當地取景或拍攝，紛紛下修勞動條件以迎合外資，而外資的流動又具有高度不穩定性，是值得關注的議題。

影視產業的離岸製作

好萊塢傳統工業體系的垂直整合

1 在資金跨國化的過程中，影視文化產品的生產過程開始脫離本國原有的工業體系。

2 好萊塢傳統工業體系的垂直整合是以片廠為中心，且受到工會的保障。

好萊塢影視產業的離岸製作

 在好萊塢全球化的過程中，近幾年為了撙節成本，出現將線下勞務往勞動成本相對低廉、勞動法規寬鬆、工會不甚強勢地區的現象，這種現象即是「離岸製作」。

國際合製帶來的問題

　　國際合製帶來的問題還不只在經濟方面，其文化意涵的重要性卻常被忽略。在這個議題上，歐洲內部主要存在著兩種看法：第一種認為，日益增加的歐洲跨國合製活動將逐漸形成獨特「歐式美學」（European aesthetics），或至少是帶有「歐洲特色」（European specificity）的影視工業。另有學者認為，在越來越形分歧的歐洲各國市場狀態下，國際合製能夠綜合各國不同文化特徵並產生各種新的混雜形式（hybrid forms），增加整體影視產品的多樣性。第二種看法較為負面，認為這種國際化的製片過程，將製造出「歐洲四不像」現象（Euro-puddings）。這兩種看似相互對立的論點基本上皆部分承襲自文化全球化論點，該論點已被批評有過度觀或簡化的危險。

　　（資料來源：http://theater.nccu.edu.tw/word/7394292013.pd 魏玓，2006：136）

第 **10** 章

全球廣告服務產業

● 章節體系架構 ▼

Unit 10-1
國際廣告發展簡史

依據各個歷史時期的廣告技術發展水準，可以把廣告的發展分為五個時期。

一、原始廣告時期

這一時期的廣告只能是手工抄寫，數量有限，傳播範圍也有限。

歷史研究證明，現存最早的廣告是在埃及尼羅河畔的古城底比斯發現的，一張寫在羊皮紙上，內容是懸賞一枚金幣緝拿一名叫謝姆的逃奴的廣告，是西元前 3000 多年的遺物，現存英國博物館。在古希臘、古羅馬時期，一些沿海城市的商業比較發達，廣告已有叫賣、陳列、音響、文圖、詩歌和商店招牌等多種。在內容上，有推銷商品的經濟廣告、文藝演出、尋人啟示等，還有用於競選的政治廣告。

二、早期印刷廣告時期

1450-1850 年的印刷廣告時期。這一時期由於報紙、雜誌尚未成為大眾化工具，因此，廣告的範圍有限。

1450 年，德國人谷登堡（Johannes Gensfleisch zur Laden zum Gutenberg）是第一位發明活字印刷術的歐洲人，從此，西方步入印刷廣告時代。

西方的第一份印刷報紙，是 1609 年在法國斯特拉斯堡（Strasbourg）發刊的。1622 年，第一份英文報紙在倫敦發行，這就是《每週新聞》。在這一年的報紙裡，載有一份書籍廣告。

在發行報紙的同時，雜誌也陸續出現。世界上最早的雜誌，是創刊於 1731 年的英國雜誌《紳士雜誌》。

1706 年德國人阿洛伊斯·重菲爾德發明石印，開創印製五彩繽紛的張貼廣告的歷史。

三、報紙、雜誌媒體大眾化時期

1850-1911 年的媒體大眾化時期。這一時期報紙、雜誌大量發行，媒體大眾化，並開始出現專業性廣告公司。

十九世紀後半葉，由於西方資本主義國家相繼走上帝國主義道路，尤其在發生現代工業革命之後，資本主義經濟逐漸走向國家壟斷。為了滿足其工業機器的原材料供應，開闢其工業品的海外市場，西方列強相繼在海外大規模開闢殖民地，發動對其他弱小民族的侵略戰爭。帝國主義國家的這種殖民化政策，確實為其經濟的發展提供相當大的推動力；同時，也促進國內人民的流動遷移，訊息傳播媒體得以加速大眾化。

四、廣告行業走向成熟的時期

從 1911 年到十九世紀七○年代廣告行業化時期。廣告作為一個行業，由於電信技術的發行和發展，而得以走向成熟。

十九世紀末和二十世紀初，是世界經濟空前活躍的時期。資本主義從自由競爭走向壟斷，使海外市場的開闢成為現實。這一方面刺激當時經濟的發展；另一方面也刺激對新的科學技術的需要。這種需要大大刺激科學技術的發展，新發明、新創造不斷湧現，使資本主義經濟走向現代化。

廣告業在這一時期的重大進展之一，是廣播、電視、電影、錄影、衛星通訊、電腦等電信設備的發明創造，使廣告進入了現代化的電子技術時代。

五、現代訊息產業時期

十九世紀八○年代，訊息革命後發生的訊息廣告產業時期。這一時期，廣告業已不再單純是一種商業宣傳工具，而是發展成為一門綜合性的訊息產業，廣告活動走向整體化。

進入二十世紀八○年代以後，現代工商業迎來了訊息革命的新時期。現代產業的訊息化強力推進了商品市場的全球統一化進程，廣告行業也相應發生了一場深刻的革命。在這場訊息革命中，廣告活動遍布全球。許多廣告公司由簡單的廣告製作和代理，發展成為一個綜合性的訊息服務機構，廣告技術也由電子技術所代替。

國際廣告發展簡史

原始廣告時期

年代	現存最早的廣告，是西元前 3000 年前一張寫在羊皮紙上的緝拿逃奴的廣告。	特色	這一時期的廣告只能是手工抄寫，數量有限，傳播範圍也有限。

早期印刷廣告時期

年代	1450-1850 年的印刷廣告時期。	特色	這一時期由於報紙、雜誌尚未成為大眾化工具，因此廣告的範圍有限。

報紙、雜誌媒體大眾化時期

年代	1850-1911 年的媒體大眾化時期。	特色	這一時期報紙、雜誌大量發行，媒體大眾化，並開始出現專業性廣告公司。

廣告行業走向成熟時期

年代	從 1911 年到十九世紀七○年代，廣告行業成熟化時期。	特色	廣告作為一個行業，由於電信技術的發行和發展，而得以走向成熟。

現代訊息產業時期

年代	十九世紀八○年代訊息革命後，發生的訊息廣告產業時期。	特色	這一時期，廣告業已不再單純是一種商業宣傳工具，已經發展成為一門綜合性的訊息產業，廣告活動走向整體化。

Unit 10-2
全球六大廣告集團

圖解國際傳播

126

在全球廣告市場上，最著名的有六大集團：宏盟（Omnicom）、WPP、IPG 集團（Interpublic Group）、陽獅（Publicis）、電通（Dentsu）以及哈瓦斯（Havas）。茲分述如下：

一、第一名：宏盟集團（Omnicom Group）

1986 年，BBDO、DDB 和尼德漢姆・哈勃三家跨國廣告公司合併，建立了宏盟集團，集團營業額達 50 億美元。

宏盟集團目前是全球第一大廣告傳播集團，旗下有宏盟媒體集團、BBDO（天聯）、DDB（恆美）、TBWA（邁騰）等，在營銷和企業傳播的整合營銷集團中，領先全球。

2015 年，整個宏盟集團營收情況令人驚訝，其營業收入、營業利潤、淨利潤均出現下滑現象。從 2016 年上半年發布的財報來看，宏盟業績開始止跌回暖，報告期內集團總營收為 73.84 億美元，比去年同期增長 1.5%，集團「內生增長率」（endogenous growth）為 3.6%。

二、第二名：WPP 集團

WPP 集團旗下有奧美、智威湯遜、群邑、揚羅必凱等六十多家子公司，是全球最大的廣告傳播集團，主要服務於本地、跨國及環球客戶，提供廣告、媒體投資管理、訊息顧問、公共事務及公共關係、建立品牌及企業形象、醫療及製藥專業傳播服務。

綜觀 2016 年，WPP 集團可謂是大起大落。2016 年上半年，英國閃電般「脫歐」對 WPP 集團影響頗深。WPP 營收收入以固定匯率計，增長 11.9%，錄得 65.36 億英鎊，比去年同期增長 4.3%；但淨利潤以英鎊計大跌 53.1%，為 2.82 億英鎊。

三、第三名：IPG 集團

IPG 集團（Interpublic Group）是全球商業傳播的領導者，是美國第二大、世界第三大廣告與傳播集團。業務範圍包括廣告、直效行銷、市場研究、公關、健康諮詢、會議與活動、媒體專業服務、體育行銷、促銷、企業形象策略等。

2016 年集團營收情況並不樂觀，淨利潤甚至轉盈為虧，集團整體營收為 97.33 億歐元，比去年同期增長 1.37%，「內生增長率」為 0.7%；匯率變動對收入貢獻 2.6%，但受併購資產影響造成收入下降 1.9%。

四、第四名：陽獅（Publicis）

陽獅集團（法語：Publicis Groupe），是法國最大及世界第四大的廣告與傳播集團，創建於 1926 年，總部位於法國巴黎，旗下擁有三個全球運作的廣告公司（McCann-Erikson 麥肯環球廣告、Lowe&Partners 靈獅廣告、FCB 博達大橋廣告）和優勢麥肯、Initiative 媒體以及公關公司萬博宣偉（Weber Shandwick）。

進入二十一世紀，陽獅集團以併購國際大型廣告公司和傳播集團而聞名。例如：2003 年完全收購 Zenith Optimedia，現已成為世界排名第四的跨國廣告集團。

五、第五名：電通（Dentsu）

電通（Dentsu）成立於 1901 年，總部位於日本東京。

2016 年，電通集團繼續收購、併購，全面拓展業務範圍。整個 2016 年，電通整年共簽訂四十五宗交易。數位實力仍然是電通所看重的業務能力，其 2016 年所簽訂的過半交易都屬於數位服務範疇。電通於 2016 年 8 月斥資 16 億美元收購了美國最大獨立代理商之一美庫爾，成為電通史上第二大收購案。

2016 年，電通業績狀態良好，數位業務收入首次超過傳統業務收入，可見電通集團在數位領域併購、收購方面的影響巨大。日本本土業務仍不容忽視，其營業利潤率在六大廣告集團中常名列前茅。

六、第六名：哈瓦斯（Havas）

哈瓦斯是全球六大廣告和傳媒集團之一，總部位於法國巴黎，業務遍布全球 77 個國家，有 14400 多名僱員。在陽獅收購 BCom3 廣告集團之前，哈瓦斯（Havas）曾是全球前五名、法國最大的廣告與傳播集團。

2016 年漢威士集團得到良好發展，不斷斬獲新業務，集團共獲得 22.89 億歐元的新業務量。

全球六大廣告集團

宏盟集團（Omnicom Group）

| 成立 | BBDO、DDB 和尼德漢姆‧哈勃三家跨國廣告公司實行合併，建立宏盟集團，集團營業額達 50 億美元。 |
| 現況 | 從 2016 年上半年發布的財報觀察，集團總營收為 73.84 億美元，比去年同期增長 1.5%，集團「內生增長率」為 3.6%。 |

WPP 集團

| 成立 | WPP 集團旗下有奧美、智威湯遜、群邑、揚羅必凱等 60 多個子公司，是全球最大的廣告傳播集團。 |
| 現況 | 2016 年上半年，WPP 淨利潤以英鎊計大跌 53.1%，為 2.82 億英鎊。 |

IPG 集團（Interpublic Group）

| 成立 | IPG 集團是全球商業傳播的領導者，是美國第二大、世界第三大廣告與傳播集團。 |
| 現況 | 2016 年集團營收情況並不樂觀，淨利潤甚至轉盈為虧。 |

陽獅（Publicis）

| 成立 | 陽獅集團（法語：Publicis Groupe）創建於 1926 年，總部位於法國巴黎，是法國最大及世界第四大的廣告與傳播集團。 |
| 現況 | 2016 年上半年營業利潤比去年同期 2.24 億美元上漲 9.9%；淨利潤則猛漲 36.2%，獲得 1.63 億美元。 |

電通（Dentsu）

| 成立 | 電通（Dentsu）成立於 1901 年，總部位於日本東京。 |
| 現況 | 2016 年電通集團業績狀態良好，數位業務收入首次超過傳統業務收入。 |

哈瓦斯（Havas）

| 成立 | Havas 總部位於法國巴黎，業務遍布全球 77 個國家。 |
| 現況 | 2016 年漢威士集團得到良好發展，集團共獲得 22.89 億歐元的新業務量。 |

Unit **10-3**
現代廣告形式

圖解國際傳播

128

　　由於先進技術和媒體的出現，現代廣告在繼承古代廣告形式的基礎上有了長足的發展。先進的媒體、精湛的製作技術，創造許多高效率的廣告形式，其傳播範圍、速度、對象和傳播方式，都遠比古代的廣告要廣泛、迅速和高超許多。

一、報紙廣告

　　報紙廣告是現代廣告的重要形式，其出現是近代的事情，比報紙的出現要晚。例如：唐初的官報《邸報》、宋朝的《邸報》到清朝時《邸報》（後更名為《京報》），既不對外發行，也不准刊登廣告。

　　在我國出現報紙廣告是在鴉片戰爭後，報紙廣告開始在上海等地大量湧現。外國人開始在中國辦報，從南方拓展到北方。在半個多世紀中，先後創辦了三百餘份報紙，當時這些報紙主要刊登船期廣告和市場行情、貨物廣告，其目的都是為了推銷舶來商品和勞務服務，溝通中外商業行情。

　　十九世紀末，中國開始出現民辦的報紙，用來刊登國貨廣告和外商展開「商戰」，包括漢口的《昭文新報》、香港的《循環日報》、上海的《匯報》。

二、雜誌廣告

　　最早的雜誌廣告出現於何時，由於史料缺乏，目前尚難肯定。1710 年英國《觀察家》雜誌曾經刊登茶葉、咖啡、巧克力的廣告和拍賣物品、房產、書刊及成藥的廣告，相信雜誌廣告的出現肯定在這之前。美國的雜誌多出版於十八世紀初葉，這些早年出版的雜誌只是一些小冊子，多數不刊登廣告。直到十九世紀中葉美國經濟開始走向繁榮，雜誌廣告才逐步發展。第一家中文雜誌是 1815 年 8 月在馬來西亞麻六甲創辦的《察世俗每月統計傳》。而第一本在中國出版的中文雜誌，則是於1833 年在廣州創辦的《東西洋考每月統計傳》月刊，內有社會新聞、宗教、政治、科學和商業動態等，這些雜誌均刊登中文廣告。「五四運動」前後，各種刊物紛紛面世，也大多刊登廣告，作為解決經費來源和改善員工生活的措施。

三、廣播廣告

　　廣播廣告主要指無線電臺和有線電臺的商業廣告。1844 年美國工程師塞繆爾·莫爾斯發明電報，次年即用來傳遞新聞。1906 年世界上第一座廣播電臺在美國設立，開始播音。

　　1922 年美國創建第一座商業無線電臺，正式開展商業廣告播放。1924 年美國人埃爾創建第一無線電聯播網，開展最大規模商業廣告活動。到 1928 年時，透過無線電廣播廣告的費用已達到 1050 萬美元。我國於 1922 年開始創辦電臺，但電臺正式展開廣告活動則是從 1927 年開始。

四、電視廣告

　　電視廣告是廣告的後起之秀，它兼具報紙、廣播和電影的視聽功能。世界上最早的電視臺於 1929 年在英國試播，1936 年正式開播。美國在 1941 年才開始播放商業廣告。電視的大規模商業化發生在第二次世界大戰後，電視廣告在西方已成為舉足輕重的廣告形式。我國於 1958 年設立第一座電視臺，1973 年開始試播彩色電視，而在 1979 年 12 月才開始播放商品廣告。

五、數位廣告

　　所謂數位廣告，就是在 FB、YAHOO或者是 Google 下關鍵字與聯播網。

　　根據臺北市數位行銷經營協會（DMA）發布的由協會統計推估的《2016 年全年度廣告量報告》，數位媒體強勢成長 33.7%，社群廣告力道強，其中以美妝、遊戲、生活消費品投放最多，金融產業成長大。

　　另外，根據市場研究公司 eMarketer 報告，2017 年 Google 的廣告營收達 726.9 億美元，FB 靠廣告業務應可挹注營收 337.6億美元。而這兩大巨頭的廣告營收加起來，占全球數位廣告支出的 46.4%。

現代廣告形式

報紙廣告

出現 我國出現報紙廣告是在鴉片戰爭後，報紙廣告開始在上海等地大量湧現。

民辦報紙 十九世紀末，中國開始出現民辦的報紙，用來刊登國貨廣告和外商展開「商戰」。

雜誌廣告

1710 年 英國《觀察家》雜誌曾經刊登茶葉、咖啡、巧克力的廣告。

1815 年 第一家中文雜誌是 1815 年 8 月在馬來西亞麻六甲創辦的《察世俗每月統計傳》，其中便刊登中文廣告。。

五四運動 「五四」運動前後，各種刊物紛紛面世，也大多刊登廣告。

廣播廣告

1906 年 世界上第一座廣播電臺在美國建立，開始播音。

1922 年 美國創建了第一座商業無線電臺，正式開展商業廣告播放。

1928 年 美國透過無線電廣播廣告的費用，已達到 1050 萬美元。

電視廣告

1929 年 世界上最早的電視臺於 1929 年在英國試播，1936 年正式設立開播。

1941 年 美國在 1941 年才開始播放商業廣告。

1979 年 我國於 1958 年設立第一座電視臺，而在 1979 年 12 月才開始播放商品廣告。

數位廣告

2016 年 數位媒體強勢成長 33.7%。

2017 年 Google 的廣告營收達 726.9 億美元，Facebook 靠廣告業務應可挹注營收 337.6 億美元。

2017 年全球各媒體廣告營收比例

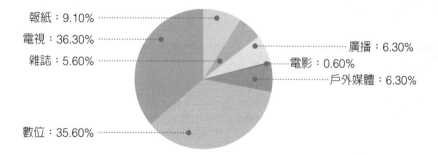

報紙：9.10%
電視：36.30%
雜誌：5.60%
數位：35.60%
廣播：6.30%
電影：0.60%
戶外媒體：6.30%

【資料來源：電通安吉斯集團（Dentsu Agis Network）彙整 / 動畫雜誌、網路：https://www.brain.com.tw】

129

Unit 10-4
二十一世紀全球廣告發展趨勢

我們可以預見，高科技發展使世界廣告業已經發生和正在發生巨大的變化，全球廣告將朝著電子化、現代化、藝術化、空間化的方向發展。

一、廣告國際化是必然趨勢

當今國際經濟區域性集團和行業性集團的出現，促使廣告公司必然向集團化的方向發展，這成為未來廣告業發展的一種趨勢。

廣告國際化在組織上的發展，還帶來一些廣告業的變化趨勢，國際營銷中的產品廣告，必然帶來廣告內容的國際化，如廣告語言全球一體化、「一對一」廣告代理制度的衰弱，以及對廣告經營管理人才的需求等。

二、廣告產業經營的整合與分化

(一) 經營範圍不斷擴大

大型廣告公司的業務範圍擴大，比如以「卓越訊息溝通」為準則的日本電通公司，其經營領域遠遠超出一般廣告公司的範圍，涉足的領域包括體育產業、文化產業、電影、公關、建築空間開發、知識產權、博覽會、大型活動等，他們認為只有這樣才能滿足客戶與消費者溝通的需求。

(二) 廣告公司集團化

為適應經濟全球化的發展趨勢，廣告代理商必須向跨國公司客戶提供更具全球影響力的促銷活動，這進一步加快當前世界廣告業的集中發展趨勢。全球廣告業掀起兼併、收購與聯合熱潮，造就許多大型的廣告集團。

(三) 廣告業的專業化分工

在大型廣告公司不斷整合、組建廣告集團的同時，廣告業的社會分工越來越細，這為那些小廣告公司提供生存空間，透過從事專業化的工作，諸如廣告調查、創意、諮詢以及廣告設計等工作，成為大型廣告公司的重要夥伴。

三、媒體的發展變動及新媒體的產生與壯大

二十世紀九〇年代末及二十一世紀初，國際媒體業正發生以下變化，值得廣告業注意。

(一) 媒體企業集團的擴張

媒體企業集團不斷發展擴張，其在廣告市場中的議價能力增強，必然要求有與其實力相當的廣告代理商或媒體購買公司，促使廣告經營的集中化。媒體交易方式將趨向於從媒體的角度，來進行媒體代理作業；另一方面，大型廣告主也會直接介入媒體的購買。

(二) 泛媒體的發展

泛媒體是只有同一編輯內容或節目內容，但是覆蓋了幾個國家和地區的媒體。泛媒體隨著經濟全球化、跨國企業的發展，以及媒體集團的擴張，泛媒體會越來越受到重視。

(三) 四大媒體的式微與新媒體的產生

由於媒體競爭日益激烈以及新技術的發展與進步，四大媒體所占的份額都呈現下降趨勢。相反的，各種新的媒體不斷產生，大到全新媒體形式的出現，如網際網路、數位電視等；小到對現有能夠作為訊息載體的小型媒體的開發，如會展行銷、電話廣告等。媒體的世界呈現五彩繽紛、花樣繁多的局面。

(四) 二十一世紀的主流媒體——網際網路

未來，網際網路將是人類溝通活動的主要媒體，並深刻影響人們的消費生活。因此，其作為二十一世紀的主流廣告媒體的姿態也越來越明朗。

(五) 數位互動媒體

現今我們正親身參與一場新型媒體革命，不可思議的通訊技術成果引發這場革命。當然，在此所指的新聞媒體就是數位互動媒體（digital interactive media），包括網際網路這個有史以來發展最快的媒體。

二十一世紀全球廣告發展趨勢

廣告國際化是
必然趨勢

廣告語言全球一體化。

「一對一」廣告代理制度的衰弱。

對廣告經營管理人才的需求。

廣告產業經營的整合與分化

| 經營範圍不斷擴大 | 包括體育產業、文化產業、電影、公關、建築空間開發、知識產權、博覽會、大型活動等。 |

| 廣告公司集團化 | 廣告代理商必須向跨國公司客戶，提供更具全球影響力的促銷活動。 |

| 廣告業的專業化分工 | 從事專業化的工作，如廣告調查、創意、諮詢及廣告設計等工作。 |

媒體的發展變動及新媒體的產生與壯大

01
媒體企業
集團的擴張

02
泛媒體的
發展

03
四大媒體的
式微與新媒
體的產生

04
二十一世紀
的主流媒體
為網際網路

05
數位互動
媒體

Unit 10-5
國際網際網路廣告的特點

132

一、國際網際網路的廣告效果優勢
(一) 一年 365 天，一天 24 小時的傳遞廣告。
(二) 向世界任何一個地方傳遞廣告，費用都一樣。
(三) 特殊的、有吸引力的廣告訴求對象。

二、網際網路廣告的消費者類型
(一) 國際網際網路可以為企業提供明確的廣告對象：這為特定類型的企業和產品，提供了針對性很強的特定廣告對象。
(二) 可對顧客進行一對一的直接市場營銷：網路的互動性特點，可能比電視第一次同時呈現圖像、聲音、文字的意義還要重大。
(三) 在廣告表現方面的特點：國際網際網路廣告可以對產品進行詳盡的說明，並透過多媒體技術進行聲音、影像俱全的演示。

三、網際網路的廣告形式
(一) 按鈕廣告（button AD）：按鈕廣告是目前網路廣告的主要形式。按鈕廣告一般只有鈕扣大小，可以靈活的放在網頁上的任何地方。
(二) 標題廣告（banner AD）：標題廣告實際上是放大的按鈕廣告。
(三) 動畫與卡通廣告：這類廣告是以 PRJ 文件形式存儲的廣告，它的特徵是所有活動的畫面。因此，它比一般的標題廣告注目率要高。
(四) 說明性廣告：廣告能對產品進行詳細的說明和展示，對商品的說明性可能超過目前所有傳統媒體。
(五) 聊天室廣告（chat AD）：聊天室廣告有兩種主要形式：一是企業贊助某個聊天室，並以企業的名字為聊天室命名；二是聊天內容可由企業控制，一般與企業或企業的產品或企業所在的行業相關。
(六) 情景廣告：情景廣告和肥皂劇中的廣告相類似，它是在瀏覽的網頁中插入企業廣告。

四、網際網路廣告表現形式
國際網際網路的廣告表現形式，將隨著網路技術的發展而越來越豐富。
(一) 容易對廣告內容隨時進行費用很低的更新和補充：更改網頁上廣告內容，比傳統媒體無論在時間上或費用上，均處低得多。
(二) 顧客對有興趣的廣告可以立即保存、列印，甚至立刻實現購買：廣告所引起的購買衝動有可能立刻實現。
(三) 國際網際網路廣告對於企業樹立形象，獲得消費者好感等具重要作用：目前在電視上進行廣告的企業，一般都被認為比較可靠、有實力。
(四) 國際網際網路所創造的市場機會與其他媒體不同：由於國際網際網路廣告對象、傳播方式和表現方式等具特殊性，它可能產生傳統媒體所不具有的市場機會。
(五) 有利於進行顧客研究：在網站和網頁上可準確記錄顧客數量和點擊次數，記錄顧客基本情況，追蹤顧客進入網站後對不同網頁的瀏覽特點，對於結合各網頁本身的內容和風格，並進行顧客研究是很重要的。
(六) 企業進行國際網際網路廣告越來越簡便：目前已出現大量的網路廣告代理商，競爭局面已形成，這對於進一步提高廣告服務質量是有益的。
(七) 網路行銷
1. 社群網站：投放廣告於知名社群或搜尋網站，可加強曝光機會，並大量導引使用者前往宣傳網站，增加瀏覽人數。
2. 口碑行銷：運用社群行銷，如臉書（Facebook）粉絲團、手機 APP 廣告等，創造話題，並延續其影響力。
3. 分眾世界：依照不同網站類別，可針對目標族群靈活運用，搭配議題內容，更能有效與網友溝通。

國際網際網路廣告的特點

國際網際網路的廣告效果優勢

1

一年365天，
一天24小時
的傳遞廣告。

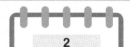

2

向世界任何一個
地方傳遞廣告，
費用都一樣。

3

特殊的、有吸
引力的廣告訴
求對象。

網際網路廣告的消費者類型

1 國際網際網路可以為企業提供明確的廣告對象。

2 可以對顧客進行一對一的直接市場營銷。

3 在廣告表現方面的特點。

網際網路的廣告形式

01 按鈕廣告（button AD）

02 標題廣告（banner AD）

03 動畫與卡通廣告

04 說明性廣告

05 聊天室廣告（chat AD）

06 情境廣告

網際網路廣告表現形式

❶ 容易對廣告的內容隨時進行費用很低的更新和補充。
❷ 顧客對有興趣的廣告可以立即保存、列印，甚至立刻實現購買。
❸ 國際網際網路廣告對於企業樹立形象，獲得消費者好感等具有重要作用。
❹ 國際網際網路所創造的市場機會與其他媒體不同。
❺ 有利於進行顧客研究。
❻ 企業進行國際網際網路廣告越來越簡便。
❼ 網路行銷
　⑴ 社群網站。
　⑵ 口碑行銷。
　⑶ 分眾世界。

Unit 10-6
國際廣告的基本意涵與特徵

一、國際廣告的定義

所謂國際廣告是指廣告主透過國際性媒體、廣告代理商和國際營銷管道，對進口國家或地區的特定消費者所進行有關商品、勞務活動的訊息傳播。

二、國際廣告與國內廣告有所不同

(一) 從廣告內容來看，國際廣告在廣告宣傳重點上，更加注重宣傳企業形象和產品形象，而國內廣告則直接宣傳產品功能者較為普遍。

(二) 從廣告對象來看，國際廣告主要以工商業者為對象，而國內廣告一般以消費者為主要對象。

三、國際廣告的特徵

(一) 國際廣告必須尊重進口國的風俗習慣：國際廣告所面臨的最大問題，是各國的文化傳統差異、生活習俗不同。風俗習慣是一個民族、一個國家在較長的歷史時期內形成的，一時不易改變的行為、傾向或社會風尚。不同的國家或地區，有不同的風俗習慣、文化傳統，從而形成各國不同的觀念、感情和習俗，這造成了對廣告表現的不同要求。

(二) 國際廣告必須尊重各國的宗教信仰：宗教信仰是一種強大的意識形態，它不但影響人們的思想、行為，而且影響消費習慣和觀念。例如：佛教盛行的印度，視牛為神聖之物，不能輕易動之。許多國家的宗教教義中教人刻苦勤儉，因此類似洗衣機等節省勞力的商品，均被視為奢侈品而不使用。

(三) 國際廣告必須尊重各國的廣告法規：國際廣告必須尊重對象國的獨立主權和政治制度，受其政策法規限制。例如：美國法律允許做比較廣告，但禁止香菸和烈酒做電視廣告。而世界大部分地區嚴禁使用比較廣告，否則將被指控。

(四) 國際廣告必須考慮進口國的經濟環境：出口生產企業或經營企業在開發國際市場時，其目標市場所在國經濟環境因素，將會影響該國對產品的需求量及廣告所發揮的作用。所以，目標市場國的經濟環境資料，可以為廣告活動的市場調查和研究工作提供幫助。因此，國際廣告必須考慮進口國的經濟環境。

(五) 國際廣告要注意各國的自然環境和人民收入水準：每個國家均有各自不同的自然地理環境。這些自然環境的差異，對人們的消費會產生重大影響。熱帶與寒帶國家的消費結構，是完全不同的。

一個國家消費者收入水準的高低，直接影響其國民購買力水準，更重要的是影響消費結構和購買行為。這種區別不僅表現在購買商品的檔次上，而且反映完全不同的需要。

(六) 國際廣告要注意語言文字的特點及國民的文化教育水準：語言文字是展開國際廣告活動最主要的訊息傳播阻礙。世界各國語言種類十分繁複，例如：僅面積不大的西歐地區就有十餘種語言，要想在此地做全面廣告至少需精通這些國家的語言文字。

文化水準不同的人，對廣告表現的認識和理解是截然不同的。在一個識字率低的國家內，使用印刷媒體做廣告顯然是很困難的。

(七) 國際廣告必須適應各國文化環境：不同國家和地區的文化類別不同，其文化內涵也不同。在國際營銷和國際廣告活動中，往往會因為有關人員的文化背景不同，而產生溝通上的困難。因此，國際廣告必須適應對象國的文化環境。

國際廣告的基本意涵與特徵

國際廣告的定義

指廣告主透過國際性媒體、廣告代理商和國際營銷管道，對進口國家或地區的特定消費者所進行有關商品、勞務訊息的傳播活動。

國際廣告的特徵

從廣告內容來看

國際廣告在廣告宣傳重點上，更加注重宣傳企業形象和產品形象。

從廣告對象來看

國際廣告主要以工商業者為對象。

國際廣告的特徵

1. 國際廣告必須尊重進口國的風俗習慣。
2. 國際廣告必須尊重各國的宗教信仰。
3. 國際廣告必須尊重各國的廣告法規。
4. 國際廣告必須考慮進口國的經濟環境。
5. 國際廣告要注意各國的自然環境和人民收入水準。
6. 國際廣告要注意語言文字的特點及國民的文化教育水準。
7. 國際廣告必須適應各國文化環境。

第 **11** 章

網際網路與國際宣傳

 章節體系架構 ▼

Unit 11-1
網際網路的發展

一、網際網路的起源

網際網路的發展始於「冷戰」時期。在二十世紀六○年代末期，由於美國與蘇聯之間的全球爭霸，為了預防核戰對本國通訊系統的影響，美國開始研究如何防止核彈的打擊，這是網際網路研究的一個基本理念。當時是美國國防部的一項計畫。美國國防部為了讓資料可以在不同的軍事基地電腦設備間流通，於是進行了一項先進研究計畫署網路（Advanced Research Project Agency Network, ARPANET）計畫，並發展出一套分封交換（packet switching）的電腦網路系統。

到了 1983 年 ARPANET 被一分為二，一部分開放給學術單位使用，名稱係用 1975 年所更名的 DARPANET（The Defense ARPANET）；另一部分則專供軍事國防部使用，名稱也更改為 MILNET（Military Network）。前者非軍事用的 DARPANET，即成為網際網路（Internet）的起源。

二、網際網路的發展

網際網路在剛開始發展的時候是美國軍方的一個系統，然後演進並逐步擴大它的應用範圍。起初是美國的四所大學進行網際網路互聯互通，然後擴展到 13 點，即 13 座伺服器。在此之前，網際網路儘管應用於教育和科技研究部門，但它的快捷性和便利性，使得越來越多的部門，包括許多政府部門都開始使用。二十世紀九○年代，在商業部門開始參與網際網路後，網際網路商業化的趨勢不可避免，並迅速成為引領世界資訊與傳播發展的動機。

自從網路的基礎建設開放給民間之後，跨國電信與傳播集團便紛紛搶進，長途電話業者將網路的基礎建設列為重點經營項目。電子商務的開始蓬勃發展，Internet 於 1992 年首先在美國商業化，之後有美國線上（AOL）、網景（Netscape）的出現，再來是雅虎（YAHOO!）、Commerce One 等網路公司陸續接棒，並在美

國那斯達克（NASDAQ）掛牌。其後幾年，一直到 2000 年止，發展神速，究其原因可歸功於下列四個主要因素：電話線成本降低、個人電腦的普及、開放標準的普及，以及線上服務的發展。這股商業勢力在短期內挹注大量資金，使得網際網路快速達到市場化推廣的門檻。

在 Internet 的功能中，以 WWW 的運用最為廣泛，而 WWW 的誕生則提供了結合文字、影音、圖形與影像的多媒體表現內容，其間提供 WWW 服務的 browser，尤其 Netscape 的 Navigator browser，功能強大，深受使用者喜愛，故大量湧入 Internet，激發起商業應用的浪潮，更促使 WWW 大為風行，並讓全球企業為網際網路所能帶來的商機為之瘋狂！

然而，好景不長，2000 年卻是 Internet 經營環境惡化的一年。根據專門從事網路研究，並提供網路公司收購及出售諮詢服務的 Webmergers.com 公布的報告指出，2000 年全年及 2001 年 1 月分，美國網路公司倒閉的數目高達 340 家，並且有 2 萬 7000 人遭到裁員。其中包括雅虎與奇摩的合併，此一現象說明網路產業的現實面。

三、網際網路的應用資源

Internet 除了 WWW 之外，還有許多應用的資源，例如：電子郵件（Email）、檔案搜尋（Archie）、電子布告欄（bulletin board system, BBS）、遠端登入（Telnet）、檔案傳輸（file transfer protocol, FTP）、網路交談（IRC）、網路討論群（Usenet Newsgroups）及地鼠查詢系統（Gopher）等。當人們提到 Internet 時，它可以代表一種技術、一個大網路、一類族群，甚至可以視作一種媒體等，故可視為網際網路社會（Internet society），也是虛擬社會（virtual society）。在真實世界裡所有的一切現象，在 Internet 上也會發生。因此，它是一個多采多姿而變化莫測的世界！

網際網路

| 起源 | ① 網際網路的發展始於「冷戰」時期，亦即在二十世紀六〇年代末期，開始進行 ARPANET 計畫。
② 到了 1983 年 ARPANET 被一分為二，其中的 DARPANET 即成為網際網路（Internet）的起源。 |

發展

二十世紀九〇年代	在商業部門開始參與網際網路後，迅速成為引領世界資訊與傳播發展的動機。
1992 年	Internet 於 1992 年首先在美國商業化，之後有美國線上（AOL）、網景（Netscape）的出現。
四個主要因素	電話線成本降低、個人電腦的普及、開放標準的普及，以及線上服務的發展。
WWW 的誕生	在 Internet 的功能中，以 WWW 的運用最為廣泛。

應用資源

例如：電子郵件（Email）、檔案搜尋（Archie）、電子布告欄（bulletin board system, BBS）、遠端登入（Telnet）、檔案傳輸（file transfer protocol, FTP）、網路交談（IRC）、網路討論群（usenet newsgroups）及地鼠查詢系統（Gopher）等。
新媒體（new media）有：谷歌（Google）、臉書（facebook）、LINE、YouTube、Instagram⋯⋯。

Unit 11-2
網際網路與國際傳播

網際網路完全打破傳統的傳播方式，它的特性可以下列幾點說明：

一、網際網路的傳播特質

(一)易於製作：傳統媒體對一般大眾來說，製作與傳播管道多屬於欣賞階級，而在網際網路的全球資訊網上，不僅可以欣賞別人的作品，更可製作屬於自己的首頁（homepage）供全世界欣賞。

(二)去中心化：就現有的網路媒體來看，去中心化的特質讓網路產生自由言論的空間，也產生言論混亂的空間，透過搜尋引擎，每個人都是自己的媒體守門人。

(三)公私難分：所謂「公私難分」，最好的例子便是近年盛行的 blog 行為，明明是私人的日誌，為何要攤開在臺面上讓大家看呢？網際網路擁有公開的媒體，共通的制度，讓上網的人口不論有錢沒錢、個人或團體、公司或政府，都可以透過這裡交換訊息。

(四)快速流動：快速流動則是網路傳播之於其他媒體的優勢，也是一項隱憂。在流量龐大的網路訊息中，閱聽人不一定能掌握到正確且重要的訊息，在網際網路上，每一秒都可以看到新聞。因為快速流動的網際網路，會成功透過 Email「傳銷」與「行銷」，也有以訛傳訛網路謠言的快速散布。

(五)共同參與：共同參與這一部分，網際網路上的社群發展的確是一個奇蹟。例如：類似社會議題、環境議題的討論，由於網際網路即時且無身分限制的特性，讓更多聲音得以出來。但可能要考量的是，數位落差在此便可能影響到參與度，而透過網路媒體的討論者「網路素養」不一，也可能引發問題。

(六)虛擬真實：最後是虛擬真實這個部分，因為網際網路既真實又虛幻，利用網路交談以及所交涉的對象，其實大多聚焦在文字而不是真正的人。因此在虛擬社群上，往往有人因為文字上的誤解而爭論不休，也出現短暫的「網路戀情」等社會問題。

二、國際網路傳播的特質

(一)匿名性：網路當中所創造的「匿名性」特質，將使人與人間的交談，更具有「隱密性」及「安全感」，此有助提高人們交談意願。

(二)自主性：人們在網際網路上的發言，絕大多數皆為「自主」言論（而不同於新聞媒體可能是被設計好的言論），因此更能夠有效刺激公眾對於特定議題的反省及辯論。

(三)迅捷性：表現在國際網路的傳播速度、傳播廣度以及回應性等面向上。

(四)串聯性：國際網路具有高度的「串聯」特質，透過社群網站的號召，特定政治理念將較以往更容易引發人們的共鳴，並起而響應。

三、網路傳播對於國際傳播的影響

網際網路的興起，為二十世紀後期最重要的傳播現象。根據 2018 年 12 月 31 日《經濟學人》報導，2019 年全球網路使用者將突破 39 億，超過全球一半人口，但公民團體在持續推動網路普及化時，也觀察到越來越多人，投入網路與社群媒體後，真假資訊流竄形成的「假新聞」問題越來越嚴峻，2019 年將持續成為網路治理焦點（風傳媒 2018.12.31 陳鈺臻）。

然而，部分學者針對網際網路的使用，仍然抱持著一定的保留態度。如學者 Sunstein 即指出，網路世界容易出現一種「群體極化」（group polarization）的現象，並容易造成網路群眾的激化與對立。亦有學者指出，網路的匿名性原則，將可能會鼓勵網民做出「不負責任」的發言，反而不利於民主發展。

網際網路與國際傳播

網際網路的傳播特質

易於製作 　可以製作屬於自己的首頁（homepage）供全世界欣賞。

去中心化 　讓網路產生自由言論的空間，也產生言論混亂的空間。

公私難分 　blog 行為，明明是私人的日誌，為何要攤開在臺面上讓大家看呢？

快速流動 　常有成功透過 Email「傳銷」與「行銷」，也有以訛傳訛網路謠言的快速散布。

共同參與 　類似社會議題、環境議題的討論。

虛擬真實 　在虛擬社群上，往往有人因為文字上的誤解而爭論不休。

國際網路傳播的特質

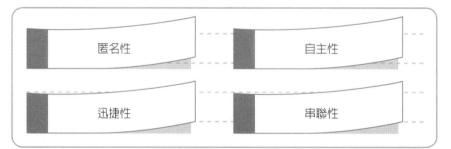

匿名性　　　　自主性

迅捷性　　　　串聯性

網際網路傳播對於國際傳播的影響

1 　網際網路的興起，為二十世紀後期最重要的傳播現象。

2 　網路世界容易造成網路群眾的激化與對立。

Unit 11-3
數位匯流與三網融合

一、媒體「匯流」

網際網路爲全球的傳播環境帶來革命性的改變——打破許多傳統媒體，包括電信、傳播和資訊等藩籬，使得這些媒體能共享一條傳輸通路，並提供單向、雙向或多向的資訊服務，此即所謂的「匯流」。換句話說，數位技術破除了原本屬於印刷、電波、電子媒體之間的壁壘，文字、圖像、影像、語音、音樂都可以轉換成數位形式，從而使內容的生產和交換得以在各共同的平臺上進行。數位技術低成本和通用性，使得內容生產領域具有規模化生產的可能。數位技術簡化了生產程序，也降低內容生產成本，使內容生產具有更高的效率，讓大規模的內容生產成爲可能，同時出現規模化內容的消費需求。因此，在專業化分工可帶來大規模效益的作用機制下，內容生產環節從產業鏈上剝離出來，從而產生內容融合。

二、「三 C 融合」概念

網際融合主要包括廣電和電信、有線和無線、移動和固定所構成的橫向融合，以及網路、終端和內容之間的縱向融合。歐美、亞太各國在二十世紀九〇年代末，就開始在政策和操作上，展開推進「三網融合」的研究和實踐。本世紀初，隨著技術的突破，網際融合正從單一形態邁向多元形態，從資源壟斷邁向資源共享，從自成體系邁向開放體系方面轉變。

美國作爲網路科技的宗主國，首先在產業管制上鬆綁。1996 年頒定的《電信法案》，是自 1934 年的《聯邦傳播法》以來，規模最大的傳播與通訊事業法令解禁。該法廢除了對於廣播、電話、有線電視與其他通訊事業的管制，使得原本分屬不同領域的業者可跨業提供服務。例如：有線電視系統業者提供電話服務、長途電話公司轉型爲全方位服務網路，這就是所謂「三 C 融合」概念，主要體現在硬體的產品端，包括電信（communication）、電腦（computer）和消費電子產品（consumer electronic）的三合一。

《電信法案》除了造成美國傳播、通訊與電腦產業的重整，更迅速影響許多國家紛紛跟進，希望藉由廢除或調整產業管制架構、建立先進的傳播網絡，來維持競爭優勢。1997 年，72 個世界貿易組織（WTO）會員簽署了一項基礎電信事業協定，確立各國電信事業發展，應本於市場競爭原則，允許外國公司投資。世界銀行與國際貨幣基金也推波助瀾，每當發展中國家尋求經貿援助時，世界銀行總是堅持該國的電信必須私有化，結果是大開外商公司進入國內市場的方便之門。

三、三網融合後的通訊社

三網融合後的網路將是一個覆蓋全球、功能強大、業務齊全的訊息服務網路，是全球一體化的綜合、寬頻、多媒體通訊網。這一體系具有高度統一性和平滑連接性，可以爲全球任何地點、採用任何終端的用戶，提供綜合語音、數據、圖像、音訊和視訊等高質量的內容服務。網路融合不僅代表著更廣泛、更高速、更簡便的網路方向，也意味著更豐富、更高效的內容和更體貼的服務。

作爲世界四大通訊社之一的美聯社和路透社，長期以來也十分注重媒體融合的趨勢，不斷利用其本身強大的報導網絡和報導實力，開拓新的業務領域。2006 年美聯社和微軟 MSN 合作，建立在線視頻網（AP Online Video Network），僅僅一年多之後，就有大約 1100 家報紙和 450 家電臺、電視臺使用美聯社提供的免費網絡視頻內容。該年，美聯社還與網絡搜尋公司 Google 簽署協議，允許 Google 新聞搜尋服務採用美聯社的新聞內容。2007 年，美聯社在全球範圍內整合其發稿系統，將新聞、圖片、電視和多媒體功能融合爲一體，美聯社記者成爲「全能記者」，其報導形式涵蓋從文字到多媒體的多種形式。

早在 2005 年，美聯社就推出 Photo Caption 和 Real Audio 服務，爲用戶提供圖片和音頻服務。爲迎合年輕觀眾的閱讀和生活方式，美聯社還推出新聞博客「縱橫」，作爲事件第一時間的見證人，美聯社遍布全球的記者們又成爲全方位的「博客寫手」。

2005 年 4 月，路透社與《印度時報》聯合創辦新電視新聞頻道。同時，該社首席運營官湯姆・格魯瑟表示，爲同 CNN 和 FOX 競爭，路透社將憑藉自己財經報導方面的實力和全球多媒體播放網絡，建立在線視頻廣播網－路透電視，並與社交媒體 Digg 和 Facebook 合作，方便用戶分享和轉載。未來通訊社的業務可以是多方面的，看似與新聞毫不相關的領域都有可能孕育巨大的市場，比如美聯社和路透社都曾涉及遊戲領域。

數位匯流與三網融合

媒體「匯流」

❶ 網際網路為全球的傳播環境帶來革命性的改變──打破許多傳統媒體，包括電信、傳播和資訊等藩籬。

❷ 數位技術低成本和通用性，使得內容生產領域具有規模化生產的可能。

「3C 融合」概念

❶ 網路融合主要包括廣電和電信、有線和無線、移動和固定所構成的橫向融合，以及網路、終端和內容之間的縱向融合。從自成體系邁向開放體系方面轉變。

❷ 美國作為網路科技的宗主國，首先在產業管制上鬆綁。1996 年頒定《電信法案》與通訊事業法令解禁。

❸ 「3C 融合」概念，主要體現在硬體的產品端，包括電信（communication）、電腦（computer）和消費電子產品（consumer electronic）的三合一。

三網融合後的通訊社

媒體融合	作為世界四大通訊社之一的美聯社和路透社，長期以來十分注重媒體融合的趨勢，不斷利用其本身強大的報導網絡和報導實力，開拓新的業務領域。
2005 年	美聯社推出 Photo Caption 和 Real Audio 服務，為用戶提供圖片和音頻服務。
2006 年	美聯社和微軟 MSN 合作，建立在線視頻網（AP Online Video Network）。
2007 年	美聯社記者成為「全能記者」，其報導形式涵蓋從文字到多媒體的多種形式。

數位匯流服務種類

5. 互動電視
- 即時投票
- SMS-to-TV
- 遠程控制的個人網路錄影
- TV-mail

2.Data

3.Video

6. 視頻通訊
- TV 視頻電話
- 電影和圖片共享
- 視頻會議

1.Voice

7. 三網融合
- 一起看電視（Amigo TV）
- 多媒體網路遊戲
- 在 TV 上顯示未接電話

4.VOIP（網路電話）
- PC 電話
- TV 電話
- 額外線（第二線）〔additional lines（teenline）〕

（資料來源：數位匯流服務介紹，Plate. csie. ncku. edu.tw/2013spring-Digital/Chap1. pdf.cn/）

143

Unit 11-4
全球資訊高速公路

144

國際傳播的主體不是一成不變的，而是一個動態發展的過程。隨著訊息傳播技術由低階向高階發展，世界各國莫不積極採用尖端科技工具做好對外宣傳，而美國在二十世紀七〇年代中期，便開始使用網路建設。

一、美國國家資訊基礎建設（NII）

1991 年，美國參議員戈爾（Albert A. Gore）向美國國會提交「高性能電腦網路法案」的提案，獲得國會的批准。戈爾在提案中開創性地提出「資訊高速公路」的構想，使得網路引起政府的高度重視。1993 年，美國總統柯林頓正式實施「國家資訊基礎建設（NII）」，明確提出在推行資訊高速公路建設方面應遵循的原則和目標。

國家資訊基礎建設（National Information Infrastructure, NII）是九〇年代最大的課題，國家資訊基礎建設的具體組成分為三大部分：網路實體的建設，即是「資訊高速公路」的建構、資料庫的建立、應用軟體的研發及推廣，如何善用資訊科技已是世界各國邁向二十一世紀的發展關鍵。因此，近幾年來各先進國家紛紛提出各項資訊基礎建設政策，希望藉此提升國力與競爭力。

1994 年下半年，美國副總統戈爾發表題為＜全球訊息系統將促進發展＞一文，進一步提出把各國的資訊基礎設施網連接起來，以構成全球資訊高速公路。美國政府隨之把戈爾方案提出的構想和原則，提交給包括在印尼舉行的亞太經濟合作組織會議在內的一系列國際會議討論。

1997 年柯林頓政府發表「全球電子商務綱要」文件，將網際網路及其對商務活動的影響和二百年前的工業革命相提並論，說明美國政府對資訊化建設重視的程度。1999 年，美國開始實施「下一代 Internet（NGI）計畫」。

二、日本、新加坡等國家的跟進

以美國的資訊高速公路到各國後，又到全球資訊高速公路構想與實施，只經歷了短短一年時間。由於各國政府、有關國際組織的極力推進，各大企業的積極響應以及新聞媒體的大量宣傳，這一波稱為「第二次資訊革命」的浪潮，正以不可抗拒之勢席捲全球。

日本於 1994 年成立先進資訊及遠程通訊促進社總部（The Advanced Information and Telecommunications Society Promotion Headquarters），由首相擔任主席，宣布大量投資在電訊高速公路上，在 2010 年透過寬頻網路串聯至所有的家庭、工商、產業和學校。然而現時日本網際網路使用率相對美國而言，是屬於低水準，郵電省指出最主要原因為語言問題，原因是日本本土日文網頁不多，其次原因為網際網路供應商收費貴與日文的資訊內容少。

1995 年於布魯塞爾，七大工業國（G7）舉行一次有關資訊社會的會議。會議確立資訊的地位，認為是改善人類生活和工作素質，充實文化發展的重要手段，會議鼓勵私人投資，開放全球市場進行自由競爭、制定技術標準及確保每個人均享有資訊社會帶來的好處。

在東南亞，新加坡計畫在下一世紀初將家庭與學校連上網路，提出所謂的「智慧島的遠景」（Vision of an Intelligent Island）及「資訊科技 2000 年」（IT 2000）計畫。1996 年更提出新加坡壹計畫（Singapore ONE, One Network for Everyone），開發多媒體寬頻網路，建議研究虛擬政府辦公室，可使市民及商業公司在線上辦理政府事務。

根據「2017 全球網路使用調查報告」指出，目前有一半以上的世界人口使用網路，不僅如此，使用網路的人口數正持續增加。過去五年內，全球用戶使用者數字達到 80%，今年增加至 3.54 億，比去年的 3.32 億增加 2200 萬。同時，超過 90% 的全球網路使用者都利用智慧型手機上網。國際網際網路是自印刷術發明以來，最偉大的媒體革命。

全球資訊高速公路

美國「國家資訊基礎建設」（NII）

1991 年　美國參議員戈爾（Albert A. Gore）向美國國會提交「高性能電腦網路法案」的提案，獲得國會的批准。

1997 年　柯林頓政府表明美國政府對資訊化建設重視的程度。

1999 年　美國開始實施「下一代 Internet（NGI）計畫」。

日本、新加坡等國家的跟進

1994 年　日本成立先進資訊及遠程通訊促進社總部（The Advanced Information and Telecommunications Society Promotion Headquarters），由首相擔任主席，宣布大量投資在電訊高速公路上。

1995 年　七大工業國（G7）於布魯塞爾舉行了一次有關資訊社會的會議，會議中確立資訊社會的地位。

1996 年　新加坡提出新加坡壹計畫（Singapore ONE, One Network for Everyone），開發多媒體寬頻網路，建議研究虛擬政府辦公室，可使市民及商業公司在線上辦理政府事務。

資訊基礎建設（NII）給美國帶來的效益

一、有效促進經濟成長及生產力。
二、創造就業機會。
三、保有技術領導地位。
四、促進區域性、各州以及各地方的經濟發展。
五、推動電子商務，提升產業競爭力。

Unit 11-5
網路的個人傳播訊息的形式

　　國際傳播主體經歷了由一元（政府）向多元（政府、企業、其他社會組織、個人）的轉變。在網際網路上，個人用於傳播訊息的形式主要有下列各項：

一、網絡日誌（部落格）

　　網際網路無遠弗屆的特性，成為新興的訊息傳播管道。網路的功能不僅只有一種，仍包括電子郵件（Email）、檔案搜尋（Archie）、電子布告欄（bulletin board system, BBS）、遠端登入（Telnet）、檔案傳輸（file transfer protocol, FTP）、網路討論群（Usenet Newsgroups）、即時通訊（Instant Messaging）、部落格（Blog）等諸多應用資源。

　　以網絡日誌部落格（Blog）為例，它是在早期個人網頁的基礎上發展起來的一種製作簡便的個人網頁，任何人都可以像免費電子郵件的註冊一樣，完成它的創建、發布和更新過程（這種特定軟體發明者最初就是為了幫助不擅長網頁製作的人）。那些網絡日誌的擁有者或在其中發表和張貼個人文章的人，被稱為 Bloggers（部落格作者）。

二、社交網站的使用

　　伴隨著端對端溝通技術，以及 Web2.0 架構逐漸成熟，網際網路從傳統的網頁瀏覽，發展出多對多人際直接溝通，諸如 Napster、ICQ、Skype、MSN、Blog 等端對端溝通工具。在二十一世紀開始普及後，社交網站（social network site, SNS）應順而生。最早的社會網絡網站是 1997 年成立的 SixDegrees.com。基於六度分隔理論，全球所有人透過不同形式的連帶關係而緊密結合成一張人際關係網，任何兩個人之間不會超過六層的關係，即可彼此連結。SixDegrees.com 的成立，即是希望提供網際空間讓人們可以在線上交友，達到彼此連結的目標。

　　在這之後，各種型式的社會網絡網站如雨後春筍般迅速發展。創立於 2004 年的臉書（Facebook），全球活躍用戶數於 2012 年 10 月突破 10 億，成為有史以來發展最快的媒體，成長速度相當驚人。美國 18 至 24 歲年輕人 99% 使用至少一項社會網絡網站，18 歲以上使用網際網路的美國人也有 46%。

　　社會網絡網站包括範圍相當廣，一般用途的臉書、MySpace，專業的 LinkedIn，特殊喜好的 Hobbies、academic，影片的 YouTube、Google Video、部落格的 LiveJournal、Blogger，微網誌的 Twitter、FriendFeed，即時通訊的 Skype、MSN 等都是。

三、社交網站的成長

　　此外，網友在社交網站的使用人數更是驚人。根據「2017 全球網路使用調查報告」指出，隨著 Facebook 貼文爆炸性的成長，社交網站的使用在 2016 年激增 20% 以上，世界上近乎 28 億人每個月至少使用一次社交網站，社群媒體也增加了 48.2 億使用者，比起 2015 年成長 21%。社交網站的成長同樣也帶動社群平臺的蓬勃發展，Global Web Index 的數據就指出，隨著人們使用社交網站的時間越來越長，人們每日平均使用社群平臺的時間也達到 2 小時又 19 分鐘。

　　許多著名的平臺都在去年有驚人的用戶成長率，Facebook 有超過 10 億用戶，一半以上的社群平臺活躍用戶都使用臉書。而 Facebook 公司旗下的其他平臺，像是 WhatsApp、Facebook Messenger、 Instagram 使用人次也都大幅成長。儘管 Facebook 公司旗下的每個社交或通訊軟體使用者多有重複，但是四大平臺總計擁有超過 43.7 億的使用者。

　　該報告指出，網路使用者成長速度激增，超過一半以上的網頁流量都來自智慧型手機。社交網站普及帶動社群媒體平臺發展，Facebook 旗下 App 彙集最多用戶。此外，除了 Facebook 是較無國界限制的平臺，其他社群平臺大多在特定國家才有較多的用戶，普及度仍遠遠不及 Facebook。

網路的個人傳播訊息的形式

網絡日誌（部落格）

1 網際網路所造成的社會變革，遠超過歷史其他社會革命。

2 那些網絡日誌的擁有者或在其中發表和張貼個人文章的人，被稱為 Bloggers（部落格作者）。

社交網站的使用

❶ 二十一世紀開始普及後，社交網站（social network site, SNS）應順而生。

❷ 最早的社會網絡網站是 1997 年成立的 SixDegrees.com，基於六度分隔理論。

❸ 創立於 2004 年的臉書（Facebook），全球活躍用戶數於 2012 年 10 月突破 10 億，成為有史以來發展最快的媒體，成長速度相當驚人。

❹ 社會網絡網站包含的範圍相當廣，如微網誌的 Twitter、FriendFeed，即時通訊的 Skype、MSN 等都是。

社交網站的成長

❶ 根據「2017 全球網路使用調查報告」指出，隨著 Facebook 貼文爆炸性的成長，社交網站的使用在 2016 年激增 20% 以上。

❷ 世界上近乎 28 億人每個月至少使用一次社交網站，社群媒體增加了 48.2 億使用者，比起 2015 年成長 21%。

❸ 社交網站的成長帶動社群平臺的蓬勃發展，人們每日平均使用社群平臺的時間達到 2 小時又 19 分鐘。

❹ Facebook 公司旗下的其他平臺，像是 WhatsApp、Facebook Messenger、Instagram 使用人次也大幅成長。

第 **12** 章

國際組織的角色：NWICO & UNESCO

 章節體系架構 ▼

Unit 12-1
新世界資訊與傳播秩序（NWICO）

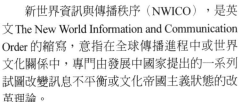

圖解國際傳播

150

一、NWICO 的定義

　　新世界資訊與傳播秩序（NWICO），是英文 The New World Information and Communication Order 的縮寫，意指在全球傳播進程中或世界文化關係中，專門由發展中國家提出的一系列試圖改變訊息不平衡或文化帝國主義狀態的改革理論。

　　「建立世界資訊與傳播新秩序」是二十世紀七〇年代末，提出來的廣受第三世界歡迎的一個關於全球傳播體系改革的目標。這種改革試圖反抗由美國與西方發達國家及其全球媒體集團支配的全球傳播秩序，建立一種更加民主的、公平的、均衡的與其他國家傳播系統相互交流文化及訊息的新的全球傳播體系。這既是第三世界國家對現存的或傳統的全球傳播秩序，造成的資訊與傳播不平衡、文化侵略、文化帝國主義等現象的不滿，以及對本國文化生存、訊息生態可能造成傷害的擔憂，也是對世界訊息傳播新秩序的呼籲和期盼，對世界資訊傳播舊秩序的回應和挑戰。

　　自從世界進入大眾傳播時代，西方先進國家就憑藉其雄厚的經濟實力和先進的傳播科技，主導著全球傳播的話語權，控制著世界傳播的權力和「閘門」，它們發布的訊息占全球訊息總數的 76% 以上，其文化支配發展中國家的文化。結果，第三世界國家越來越高度依賴西方的傳播科技和文化產品，依賴它們提供的各種圖書、雜誌和新聞、電影、電視娛樂節目，而不能自拔。

　　對此，聯合國教科文組織在二十世紀八〇年代召開一系列會議進行研討，提出一套旨在打破現存的世界訊息傳播不平等格局的改革方案。試圖透過為發展中國家提供物質手段和訊息產品，來保護與促進其自身文化傳統、文化產業與文化認同，扭轉訊息與娛樂傳播中的不平等狀態，縮小訊息富裕國家與訊息匱乏國家之間的差距。

二、NWICO 發展歷程

（一）第一階段：1973 年坦佩雷研討會

　　坦佩雷研討會召開的原因，可追溯到 1970 年漢科會議。在漢科會議上，與會者決定對國際電視節目的流向進行調查。諾頓斯登與瓦瑞斯（Tapio Varis）承擔了這個調查項目，並在 1972 年獲得聯合國教科文組織的贊助。贊助還包括召開一次對調查結果進行討論的國際會議，此即 1973 年 5 月的坦佩雷研討會。

（二）第二階段：1978 年《大眾媒體宣言》

　　《大眾媒體宣言》的完整名稱叫做「關於大眾傳播工具為加強和平與國際瞭解、促進人權以及反對種族歧視、種族隔離及反對煽動戰爭做貢獻的基本原則宣言」。從 1970 年聯合國教科文組織第十六次全體會議提議，到 1978 年第二十次全體會議通過《大眾媒體宣言》，一共經歷八年的時間與激烈論爭。

（三）第三階段

　　美、英退出聯合國教科文組織，是新秩序運動失敗的標誌之一。1987 年西班牙人梅耶（Federico Mayor）成為聯合國教科文組織的總幹事，並重新宣揚訊息自由流通，這是新秩序失敗的另一個標誌。從新秩序運動的失敗當中，諾頓斯登等批判學者得出的主要教訓是需要發動草根力量。「麥克布萊德圓桌會談」就是延續火種與積蓄力量的媒體民主化運動。從 1989 年在辛巴威首都哈拉雷召開的第一次會談，到 1998 年在約旦首都安曼召開的第十次會談，麥克布萊德圓桌會談逐漸演化為促進傳播權利的國際公民社會組織。

　　2003 年訊息社會世界高峰會議第一期會議在日內瓦召開，公民社會力量在此次會議上獲得突破性的勝利，發表《訊息社會世界高峰會議公民社會宣言》。諾頓斯登代表學界在這次高峰會議上，做了總結歷史教訓的主題發言。在 2005 年舉行第二屆突尼西亞會議，邀集學界討論關於新聞傳播教育的問題。

新世界資訊與傳播秩序（NWICO）

NWICO 發展歷程

01　新世界資訊與傳播秩序（The New World Information and Communication Order, NWICO）：意指在全球傳播進程中或世界文化關係中，專門由發展中國家提出的一系列試圖改變訊息不平衡或文化帝國主義狀態的改革理論。

02　NWICO：為二十世紀七〇年代末提出的廣受第三世界歡迎的一個關於全球傳播體系改革的目標。

03　一套旨在打破現存的世界訊息傳播不平等格局的改革方案。

NWICO 發展歷程

第一階段

1973 年坦佩雷研討會

→

第二階段

1978 年《大眾媒體宣言》

→

第三階段

美、英退出聯合國教科文組織，是新秩序運動失敗的標誌之一

Unit 12-2
聯合國教科文組織（UNESCO）

一、UNESCO 的成立

聯合國教科文組織（UNESCO）成立於 1945 年，總部設在法國巴黎，截至 2011 年 4 月，共有 195 個成員國。該組織以促進教育、科學、文化和訊息傳播領域進行全球合作為宗旨，從人文、社會層面關注全球傳播問題。

聯合國教科文組織對全球傳播的控制，主要表現在建規立制、開設論壇和發展援助等三個方面上。

首先，未建立跨國傳播規範。1945-1979 年期間，在訊息和傳播方面，該組織協商通過了八個條約（或公約）、六個宣言和二十七個決議，共計四十一個國際法規範或法律文件。

其次，該組織是最為重要的國際訊息交流平臺之一。建立跨國傳播規範的活動，就是在這一跨國訊息交流平臺上完成的。譬如，早在 1970 年聯合國教科文組織第十六屆大會，就新聞和訊息傳播不均衡、不平等問題展開了辯論。由於先進國家與發展中國家在「人權」與「主權」、「新聞自由」與「新聞社會責任」之間的關係等關鍵性問題上各執己見，辯論持續八年之久。但是在此期間，教科文組織正式提出建立「世界資訊與傳播新秩序」的主張。

1978 年，教科文組織第二十屆大會通過了爭論雙方折衷的決議「關於大眾傳播工具為加強和平與國際瞭解、促進人權以及反對種族歧視、種族隔離和反對煽動戰爭做貢獻的基本原則宣言」，為全球大眾傳播事業發展提供指導。

1989 年，教科文組織第二十五屆大會通過新的跨國傳播戰略，「鼓勵新聞在國際和國家範圍內的自由流通；在對言論自由不做任何妨礙的情況下，促進新聞更廣泛、更均衡的傳播；發展各種手段，加強發展中國家的傳播能力，以擴大其對交流過程的參與。」

二、二十一世紀的 UNESCO

進入二十一世紀後，建立跨國傳播規範的活動又活躍起來。在 2001 年，聯合國教科文組織召開第三十一屆大會，通過《世界文化多樣性宣言》，這是國際社會首次就文化多樣性問題提出明確的主張。再次，該組織一直致力於對欠發達國家展開發展援助項目，加強其新聞訊息的傳播力量。譬如，在聯合國教科文組織的促進和協助下，從二十世紀七〇年代中期開始，第三世界國家著手建立自己的聯合通訊機構。不結盟國家通訊社聯盟、加勒比通訊社、亞太新聞交換網、泛非通訊社等新聞機構相繼成立，大大推進了第三世界國家大眾傳播事業的發展。

聯合國教科文組織以建立自由而公正的世界新聞與訊息傳播新秩序為途徑，為整個人類世界的大眾傳播事業的發展和進步，做出重要貢獻。

截至 2011 年 4 月，聯合國教科文組織有 195 個成員國及 8 個準會員。聯合國教科文組織的宗旨是「利用教育、科學、文化、溝通及訊息，為建立和平、消除貧窮、可持續性發展及跨文化對話而努力。」因此，主要透過這五個領域組織活動。例如：贊助文學、技術及教師培育、國際科學計畫、獨立媒體及新聞自由的提升、區域性及文化歷史計畫、促進文化多樣性、世界文學的翻譯、保護文化遺產及自然遺產（世界遺產）與保護人權、弭平全球數位落差的國際合作協議等。

聯合國教科文組織（UNESCO）

UNESCO 的成立

1 聯合國教科文組織（UNESCO）成立於 1945 年，總部設在法國巴黎。

2 聯合國教科文組織對全球傳播的控制，主要表現在建規立制、開設論壇和發展援助等方面上。

二十一世紀的 UNESCO

進入二十一世紀後	建立跨國傳播規範的活動又活躍起來。在 2001 年，聯合國教科文組織召開第三十一屆大會，通過《世界文化多樣性宣言》。
截至 2011 年 4 月	聯合國教科文組織有 195 個成員國及 8 個準會員。聯合國教科文組織的宗旨是「利用教育、科學、文化、溝通及訊息，為建立和平、消除貧窮、可持續性發展及跨文化對話而努力。」

近年活動

2015 年	發布「言論自由世界趨勢報告」，針對終止記者犯罪不受懲罰現象，舉辦國際紀念日。
2016 年	舉辦慶祝第一屆「國際普遍獲取訊息日」的座談會。
2017 年	命名中東文化名城「沙迦」（Sharjah）為 2019 年世界圖書之都。
2018 年	命名吉隆坡為 2020 年世界圖書之都。

（資料來源：台灣國際資訊整合聯盟協會 http://www.ifii.org.tw/search_tag_result.php?num=166）

Unit 12-3
與國際傳播活動相關的國際組織

圖解國際傳播

154

一、國際電信聯盟

國際電信聯盟（ITU）組建於 1932 年，其前身是 1865 年成立的國際電報聯盟。1947 年，國際電信聯盟成為聯合國的一個專門機構，總部設在日內瓦。它扮演的主要角色是圍繞無線電頻率的使用和分配問題，制定國際公約、協調國際合作。該聯盟主持締結第一項無線電報公約、國際電話服務的最初條款，組織第一次世界太空無線電通信會議，以及世界電信標準化會議。

二、國際通訊衛星組織

國際通訊衛星組織（ITSO）是美國和一些歐洲國家於 1964 年建立的，總部設在華盛頓。該組織是負責向世界各國提供全球衛星線路的國際承運組織，它擁有在太空上的衛星設施，地面衛星接收站由成員國自己控制管理。目前，該組織擁有 140 多個成員國，它所擁有的 200 多個投資公司掌握和操作著全球的衛星系統，向全球 200 多個國家和地區（作為客戶）提供公共網路、私人網路、公司網路、國際網際網路和電視訊號等多種服務。

1998 年，國際通訊衛星組織創立一個獨立的附屬公司——「星空衛星」公司。由此，該組織實際上成為一個日益私有化的半政府性國際財團或跨國公司。它已在二十一世紀初，成為一個完全的私營企業。

三、聯合國教科文組織

聯合國教科文組織（UNESCO）成立於 1945 年，總部設在法國巴黎，截至 2011 年有 195 個成員國。該組織以促進文化、教育、科學領域中的國際合作為己任，並從社會人文角度關注國際傳播問題。在國際訊息的交流方面，聯合國教科文組織的職責是「鼓勵新聞在國際和國家範圍內的自由流通；在對言論自由不作任何妨礙的情況下，促進新聞更廣泛、更均衡的傳播；發展各種手段，加強發展中國家的交流能力，以擴大其對交流進程的參與。」

四、世界貿易組織

世界貿易組織（WTO）誕生於 1995 年，總部設在瑞士日內瓦，截至 2016 年 7 月有 164 個成員國。該組織的前身是 1947 年建立的關稅和貿易總協定（GATT）。關稅和貿易總協定主要涉及貨物貿易，而世界貿易組織則將貨物貿易延伸到服務貿易與知識產權貿易。

世界貿易組織設有三個機構：部長會議、總理事會和祕書處。其中，部長會議為世界貿易組織的最高權力機關，由該組織成員國的代表組成，至少每兩年舉行一次會議。

五、世界知識產權組織

世界知識產權組織（WIPO）是以促進知識產權保護為己任的世界性組織，總部設在瑞士日內瓦。截至 2014 年 7 月，有 187 個成員國。該組織來源於 1883 年 3 月由 11 個國家通過簽署《保護工業產權巴黎公約》，而建立的保護工業產權國際聯盟，以及 1886 年 9 月由 10 個國家通過簽署《伯爾尼保存文學藝術作品公約》而建立的保存文學作品國際聯盟。成立知識產權組織的公約於 1967 年簽署，1970 年生效。1974 年 12 月 17 日，知識產權組織成為聯合國一個專門機構。該組織的主要目標是通過協調民族國家之間的合作，提高人們對知識產權的重視程度和保護意識，透過鼓勵創造性的活動、推動技術轉讓和文學藝術作品的傳播，促進工業和文化的全面發展。

與國際傳播活動相關的國際組織

國際電信聯盟

國際電信聯盟（ITU）組建於 1932 年，其前身是 1865 年成立的國際電報聯盟。

國際通訊衛星組織

1 國際通訊衛星組織（TISO）是美國和一些歐洲國家於 1964 年建立的，總部設在華盛頓。

2 1998 年，國際通訊衛星組織創立了一個獨立的附屬公司——「星空衛星」公司。

聯合國教科文組織	聯合國教科文組織（UNESCO）成立於 1945 年，總部設在法國巴黎，其職責是鼓勵新聞在國際和國家範圍內的自由流通。
世界貿易組織	世界貿易組織（WTO）誕生於 1995 年，總部設在瑞士日內瓦，截至 2016 年 7 月，有 164 個成員國。
世界知識產權組織	世界知識產權組織（WIPO）是以促進知識產權保護為己任的世界性組織，總部設在瑞士日內瓦。

Unit 12-4
國際組織對國際傳播的控制方式

有關國際組織對國際傳播活動的控制，主要透過以下三種方式進行：

一、制定規則

國際傳播活動得以進行的前提，是正常有序的國際傳播管道的建立。如果兩個國家之間的通訊系統互不相容（比如電纜帶寬、電壓、阻抗不一致，發送、接收衛星信號的標準不一致，電視制式不一致等），或者出現技術干擾、信號溢波等問題，不但難以實現有效的傳播溝通，甚至還有可能引起國際糾紛。因此，以制定統一規則的形式，對參與國際傳播的主權國家的行為進行約束，是十分必要的。在這方面，國際組織發揮了重要的功用。

例如：早在電報技術啓用之初，伴隨著國際電報聯盟的成立，就出現第一個國際公約－－ 1865 年在巴黎簽署的電報公約，制定國際電報技術標準和稅費監督原則。

二、分配資源

在國際傳播中，無線電頻譜、電磁波頻譜以及衛星軌道等，都是重要的傳播資源，需要透過國家之間的協議、協定，使其得到合理的分配與運用。而國際傳播頻率的分配，正是國際組織的一項職責。例如：1960 年制定的無線電公約，就是將無線電頻譜按不同服務內容劃分為不同的頻帶，並規定哪些頻率用於海岸站之間的長途通訊，哪些頻率供政府的無線電站使用，不傳遞任何公共訊息，以避免無線電站之間互相干擾。

廣播電視則需要使用電磁波頻譜。電磁波頻譜是一種天然的物理現象，利用它，人們可以將無線電波所攜帶的訊息從發射機傳至接收機。而無線電波無法被限制在一國境內，為了防止溢波的出現，國際組織（國際電信聯盟）需要進行頻譜的劃分。按照規定，各國不能使用未經分配的頻譜，所進行的實驗必須經由國際電信聯盟或各國電信管理機構的許可，並在指定的頻段內進行。

三、調解爭端

與國內傳播不同，所有的國際傳播活動都是以主權國家簽署協議為基礎展開的。而在簽署協議的過程中，圍繞頻道分配、頻譜使用、費用收繳以及技術標準的制定等問題，出現的矛盾與紛爭不可避免。例如：某些國家希望國際協定制定出世界通用的設備標準，以便控制此類產品的生產，因此遭到其他國家的反對。一些國家在媒體發展規劃中，仍然使用不相容的傳送系統，對其他國家的標準化努力形成衝擊和影響，這自然也遭到譴責。

為了調解或解決各類爭端，國際組織大都設置相關程序。例如：世界貿易組織就有爭端解決程序，它的總理事會會議就是貿易政策審議和爭端解決機構。世界知識產權組織、聯合國教科文組織、國際通訊衛星組織、國際電信聯盟等，也都有類似的協調職責或解決爭端的專門機構。當然，國際組織的調解或協調有時能夠使問題得到快速解決，有時卻效果不佳。例如：在國際電信聯盟的會議上，常常會因對某一議題的持續爭議而使會議陷入僵局。此外，儘管國際組織為發展中國家申訴權利提供論壇，也試圖在發展中國家和發達國家之間建立起某種平衡，但這不能從根本上解決兩者之間的「數位落差」問題。

國際組織對國際傳播的控制方式

制定規則

❶ 國際傳播活動得以進行的前提，是正常有序的國際傳播管道的建立。

❷ 制定統一規則形式，對參與國際傳播主權國家的行為進行約束，是十分必要的。

分配資源

❶ 在國際傳播中，無線電頻譜、電磁波頻譜以及衛星軌道等，都是重要的傳播資源，需要透過國家間的協議、協定，使其得到合理的分配與運用。

❷ 按照規定，各國不能使用未經分配的頻譜，所進行的實驗必須經由國際電信聯盟或各國電信管理機構的許可，並在指定的頻段內進行。

調解爭端

❶ 所有的國際傳播活動，都是以主權國家簽署協議為基礎展開的。

❷ 為了調解或解決各類爭端，國際組織大都設置相關程序。

世界貿易組織（WTO）爭端解決機制的特點

❶ 統一了爭端處理程序。

❷ 設立了專門的爭端強制管轄機構（DSB）。

❸ 規定了爭端解決的時限。

❹ 確立了新的否決一致原則（negative consensus）。

❺ 增設了上訴評審程序（DSU）和上訴機構。

❻ 引入交叉報復權，加大了裁決的執行力度。

❼ 採用政治說理與法律方法相結合處理糾紛。

（資料來源：MBA 智庫網站 https://wiki.mbalib.com/zh-tw/）

Unit 12-5
國際組織對國際傳播的影響

關於國際組織對國際傳播影響的問題，可以從兩個方面進行探討，即對先進國家的影響和對發展中國家的影響。

一、對先進國家的影響

在國際傳播中，國際組織對先進國家的影響主要體現在以下三個方面：

(一) 為先進國家開闢全球訊息市場

如同世界商品市場的形成有利於早期資本主義的發展，統一的訊息市場形成有利於發達國家在全球範圍內獲益。而先進國家在其中發揮主導作用的國際組織，在這方面功不可沒。從最初制定國際電報技術的使用標準，到規定無線電管理的基本準則；從協調頻道、頻譜的使用到制定標準，以便使不相容的電視訊號在統一的傳播系統中發揮作用，國際組織的努力是顯而易見的。

(二) 使先進國家占有訊息資源優勢

國際傳播直接涉及國際訊息的資源分配問題，國際組織或國際協議就是為了分配資源而存在的。例如：在廣大的殖民地國家獨立之前，國際上的通訊系統早已形成，由於經濟基礎薄弱，這些國家的通訊聯絡仍然要透過原宗主國的首都，才能進入自己的國家。電視制式的採用情況也是如此。

(三) 先進國家因不均衡發展而產生摩擦

雖然國際傳播的規則是在先進國家的主導下制定的，反映他們的共同利益，但是由於先進國家的力量相對處於不斷的變動中，這種變動使原有的平衡狀態被打破，矛盾與衝突便產生。例如：早期法國電影最發達，在世界上占有絕對優勢，一次世界大戰後其地位被美國逐漸取代。隨著美國全球營銷戰略的實施，好萊塢大片不但占領發展中國家的電影市場，也使包括法國在內的歐盟國家感到威脅。

二、對發展中國家的影響

國際組織對發展中國家的影響，主要體現在以下三個方面：

(一) 提供分享全球訊息的條件

毫無疑問，在訊息全球化中受益的，首先是發達國家。而先進國家要想形成一體化的大市場，使自己的訊息產品在世界範圍內無障礙的流通，就必須解決技術問題（與其他產品市場的形成不同，訊息產品市場的形成有賴於成熟的技術手段的支持）。而將經濟基礎薄弱的廣大發展中國家吸納進國際組織，向它們提供技術援助，讓它們分享新的傳播技術成果，不失為一條有效的途徑。

(二) 形成對先進國家的訊息依賴

如同前面所說，國際組織最早是由先進國家聯合組織的，發展中國家加入訊息全球化進程，也是以先進國家制定的規則、提供的傳播技術條件為前提。在此基礎上進行訊息傳播，發展中國家自然就會形成對先進國家的依賴。這種依賴體現在兩個方面：一是對先進國家技術手段的依賴。例如：日本等國控制錄影機、攝影機和其他複製設備的專利權，除非與有專利權的跨國公司聯合生產，否則發展中國家很難自己生產這些產品。二是由技術依賴帶來的訊息衝擊。技術手段是為傳播內容服務的，既然先進國家在傳播技術的軟硬體上對大部分發展中國家形成控制，它們也就基本上控制國際訊息傳播的內容和流向。而在這些方面，發展中國家是被動的。

(三) 一些發展中國家的崛起

在國際傳播中，發展中國家雖然長期受制於先進國家，但是先進國家不斷拓展的訊息市場及其在傳播手段方面的進步與更新，也為發展中國家傳播業的拓展提供了契機。一些善於利用傳播資源、實施追趕戰略的國家，因此獲得跨越式的發展，中國和印度就是如此。

國際組織對國際傳播的影響

對先進國家的影響

01 為先進國家開闢全球訊息市場

02 使先進國家占有訊息資源優勢

03 先進國家因不均衡發展而產生摩擦

對發展中國家的影響

01 提供分享全球訊息的條件

02 形成對先進國家的訊息依賴

03 一些發展中國家藉此崛起

國際組織與國際傳播合作

01 國際組織比較像是個傳播的管道（作為跨國溝通場合）？

02 還是比較像傳播的結果（作為國際規範的集合）？

03 由於其具有本體性與不完全行為者的特性，故仍可以作為傳播的對象，以及傳播合作的夥伴。

（資料來源：蔡政修，2011 https://www.pf.org.tw/files/5939/37A1ABF8-049E-4BD5-AD29-B51B79F137AF）

第 13 章

全球傳播科技與組織：ITU

 章節體系架構 ▼

Unit 13-1
傳播科技與國際傳播

圖解國際傳播

162

一、國際傳播的定義

國際傳播（international communication）是什麼？在傳播學中，傳播被定義爲訊息的交流與分享。國際傳播是一種跨國界、跨民族的訊息交流與分享。它包括的形式極爲廣泛：

1. 書籍、報刊等印刷媒體；
2. 廣播、電視等電子媒體；
3. 衛星電視、網路等新媒體；
4. 電影、DVD 等影音媒體；
5. 郵件、電話等電信媒體；
6. 跨國旅遊、留學和移民；
7. 跨國宗教活動、文藝演出、展覽、體育賽事；
8. 外交、軍事活動及國際會議。

有學者將上述形式概括爲國際間的大眾傳播（如 1-4）、國際間的人際傳播（如 5-7）和國際間的組織傳播（如 8）三種管道。

過去，國際傳播主要是指以民族、國家爲主體，而進行的跨文化訊息交流與溝通。對傳播主體來說，主要是指國家或國家的組織，然而隨著時代的變化也包括國際組織、跨國公司和有影響力的個人。

二、傳播的內容

在傳播內容方面，主要是指國際新聞的傳播，有人提出政治、經濟和文化訊息的三分法，還有人則認爲應該包括一切訊息。簡而言之，我們可以這樣理解國際傳播，即由各種傳播媒體支持、具有全球化觀點，供不同國家和地區交流與共享的訊息流動。

三、網際網路推動國際傳播

當今網際網路已經發展成爲人們瞭解訊息、交流思想、休閒娛樂和享受服務的重要管道，成爲電子商務以及遠程教育的重要平臺，成爲社會影響巨大、發展前景廣闊的新興媒體，爲新時期國際傳播提供一條方便、快捷、有效通達的途徑，提高國際傳播能力。各國政府都十分重視加強網絡建設，廣泛利用網際網路開展國際傳播，使之成爲對象國受眾瞭解他國的窗口。

隨著寬頻、下一代網際網路（NG）、5G 移動通訊等傳播科技的快速發展，新媒體將全方位的滲入生活、學習及工作等各方面，其影響力正在透過話語的溝通和思想的交流，而最直接的表現出來。

四、現在面臨的課題

現在面臨的課題是：新媒體環境下國際傳播具有哪些新的特徵？新媒體手段可以在國際傳播中發揮什麼作用？在這些特徵之下如何運用新媒體的手段來策劃國際傳播策略？國外一些主要國家在新媒體環境下，有哪些國際傳播的經驗可以借鏡？

五、當前媒體發展與國際傳播特點

1. 新媒體突破了國別、區域邊界，實現了國際傳播的跨越時空、超越疆界，即刻傳遞、大量傳送、互動傳播，在一定程度上改變了傳統的傳播特性。
2. 強大的互動、互融性特點，強化了國際傳播的廣度、深度和影響力，從區域轉向全球，在一定程度上規避了傳統媒體的傳播缺陷。
3. 區域事件迅速演變爲國際事件，國際事件也可能演變成國內事件。新媒體是「雙刃劍」。
4. 訊息的透明化程度更高，監督的主體角色下移，輿論焦點容易迅速放大。
5. 網路輿論走勢在一定程度上顯示出不可控性，甚而肆意曲解，誤導大眾的視線和情緒，造成不良的影響。

（資料來源：李丹、郭書，2014.07.14 https://kknews.cc/zh-tw/tech/z3yvxzp.html）

國際資訊流通的頻道及類型 ── 技術與人類適應應該是相輔相成、互相關聯且可適應的

科技環境

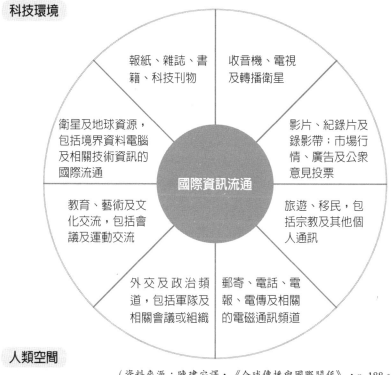

報紙、雜誌、書籍、科技刊物

收音機、電視及轉播衛星

衛星及地球資源，包括境界資料電腦及相關技術資訊的國際流通

影片、紀錄片及錄影帶；市場行情、廣告及公眾意見投票

國際資訊流通

教育、藝術及文化交流，包括會議及運動交流

旅遊、移民，包括宗教及其他個人通訊

外交及政治頻道，包括軍隊及相關會議或組織

郵寄、電話、電報、電傳及相關的電磁通訊頻道

人類空間

（資料來源：陳建安譯，《全球傳播與國際關係》，p. 188。）

傳播科技與國際傳播

國際傳播的定義

1. 國際傳播是一種跨國界、跨民族的訊息交流與分享。
2. 過去，國際傳播主要是指以民族、國家為主體而進行的跨文化訊息交流與溝通。
3. 隨著時代的變化，也包括國際組織、跨國公司和有影響力的個人。
4. 由各種傳播媒體支持、具有全球化觀點，提供不同國家和地區交流與共享的訊息流動。

網際網路推動國際傳播

1. 各國政府都十分重視加強網絡建設，廣泛利用網際網路開展國際傳播，使之成為對象國受眾瞭解他國的窗口。
2. 現在面臨的課題：新媒體語境下，國際傳播具有哪些新的特徵？新媒體手段可在國際傳播中，發揮什麼作用？

Unit 13-2
新媒體發展中的技術

一、衛星通訊技術

衛星通訊自二十世紀六〇年代出現以來，在全球通訊領域扮演著重要的角色。從 1964 年在美國成立國際通訊衛星組織，並於次年發射第一顆商用通訊衛星 Early Bird 以來，衛星通訊技術及其應用蓬勃發展，取得巨大成功。

近幾年來，衛星通訊頻譜資源擴展使用最廣泛的是 Ka 頻段。目前國際電信聯盟為 Ka 頻段的頻譜使用劃分為三段：17.3-17.7 GHz、17.7-19.7 GHz 和 27.5-29.5 GHz。

然而，現階段衛星通訊發展的主要限制是頻譜資源無法滿足日益增長的新業務需求，造成頻譜擁塞和衛星干擾越來越嚴重的問題。同時，衛星通訊系統與地面移動通訊系統之間，對頻譜資源的競爭越來越激烈。

2015 年 11 月，在日內瓦召開的世界無線電通訊大會（World Radiocommunication Conference 2015, WRC-15）決定，對於 C、Ku 或 Ka 頻段的衛星固定業務、衛星移動業務和廣播業務中，還沒有完成全球統一的頻段將被納入新的 WRC-19 議題，計畫將從中選擇適合的頻譜分配給未來的 IMT/5G 使用。

2016 年 2 月，在北京召開國際電信聯盟無線通訊部門 5D 工作組（ITU-R-WP5D）會議，重點討論 5G 通訊系統與衛星通訊系統的頻譜資源共存與分配問題。5G 系統在 6 GHz 以下的候選頻譜中，3400-3600 MHz 和 4800-4990 MHz 與目前的衛星固定業務間，存在一定的干擾問題。而 6 GHz 以上的頻段，將在 2019 年世界無線電通訊大會（WRC-19）中展開討論。

衛星通訊的迅速發展得益於通訊技術、信號處理技術、通訊設備製造水準的進步，以及通訊商業需求的不斷增長。現階段的衛星通訊系統正在嘗試異構網路共存，提供多樣化的接入服務。未來的衛星通訊將不再只是地面通訊系統的補充，而是與地面移動通訊系統和寬帶網際網路的緊密融合。星（衛星）地（地面蜂窩移動通訊）融合通訊和衛星寬帶通訊，將是近期發展的焦點。

二、寬頻技術

寬頻是一個動態的發展概念，隨著技術的進步和需求的拓展，頻寬可盡可能加大。寬頻技術包括骨幹技術和接入網技術。寬頻骨幹在實體層，使用的是 SONET（同步光纖網路）技術。

現今由於營運廠商的積極投入，骨幹已經基本實現光纖化，傳輸速率可達到千兆。接入網的概念從建立電話網的開始就已存在。寬頻網的出現使得接入網的作用，顯得尤為突出。接入網是連接用戶終端設備和某種業務網路節點之間的網路設施，即使用者交接設備之後到使用者引入線之前，僅提供管道而不具備交換功能的通訊設備網路。

三、移動媒體技術

移動通訊是針對新開闢之新的移動通訊頻段，有效利用其頻率和小型移動臺。它是藉由與地面網接續，並以自動化為中心而發展起來的。主要經歷以下幾個階段：第一階段，二十世紀二〇～五〇年代。主要使用對象是船舶、飛機、警車等專用無線電通訊及軍事通訊，通訊頻段為短波波段，設備是電子管式的，採用人工交換和人工切換頻率的控制和接續方式。

第二階段，二十世紀五〇～六〇年代，電晶體的使用，使移動臺尺寸大大減小，交換方式發展為使用者直接撥號的專用自動交換系統。第三階段，二十世紀六〇～七〇年代，科學家提出並研究蜂窩系統的概念、理論。由於應用電腦及大型積體電路技術，控制和交換跨入了儲存程式控制的自動化新階段。第四階段，二十世紀八〇年代至今，先進電子技術的大量應用使移動通訊系統範圍更廣，種類和形式更豐富。

新媒體發展中的技術

衛星通訊技術

❶ 衛星通訊自二十世紀六〇年代出現以來，在全球通訊領域扮演重要角色。

❷ 近幾年，衛星通訊頻譜資源擴展使用最廣泛的是 Ka 頻段。

❷ 2016 年 2 月，在北京召開國際電信聯盟無線通訊部門 5D 工作組（ITU-R-WP5D）會議，重點討論了 5G 通訊系統與衛星通訊系統的頻譜資源共存與分配問題。

寬頻技術

1 隨著技術的進步和需求的拓展，頻寬可以盡可能加大。

2 寬頻網的出現，使得接入網的作用顯得尤為突出。

移動媒體技術

第一階段　二十世紀二〇～五〇年代
第二階段　二十世紀五〇～六〇年代
第三階段　二十世紀六〇～七〇年代
第四階段　二十世紀八〇年代至今

先進電子技術的大量應用，使移動通訊系統範圍更廣，種類和形式更豐富。

Unit **13-3**
數位科技與國際廣播

166

一、數位廣播發展的現狀

數位廣播是繼調幅、調頻傳統類比廣播之後的第三代廣播－－數位信號廣播，它的出現是廣播技術的一場革命。數位廣播具有抗雜訊、抗干擾、抗電波傳播衰落、適合高速移動接收等優點。它提供 CD 級的身歷其境質量，信號幾乎零失真，可達到「水晶般透明」的發燒級播出音質，特別適合播放古典音樂、交響音樂、流行音樂等，因而受到專業音樂人、音樂「發燒友」和音響「發燒友」的追捧。數位廣播在一定範圍內不受多重路徑干擾影響，以保證固定、攜帶及移動接收的高品質。

數位廣播是指將數位化的音訊信號、視訊訊號以及各種資料信號，在數位狀態下進行各種編碼、調製、傳遞等處理。同時，數位廣播也是一項有別於傳統所熟知的調幅、調頻廣播技術，它透過地面發射站發射數位信號來達到廣播以及資料資訊傳輸目的。隨著技術的發展，數位廣播除了傳統意義上的傳輸音訊信號外，還可以傳送包括音訊、視頻、資料、文字、圖形等在內的多媒體信號。

開發數位音訊廣播的初衷，是為了提高聲音播出的品質和提供高速移動接收性能。因為採取數位編碼技術，音質和接收品質都得到提高。模擬廣播的各項技術指標遠遠低於播音室的品質，而且訊號傳輸的過程容易受到干擾，這種干擾無法被消除。隨著處理環節的增多，干擾也會不斷增多。數位音訊廣播技術可以盡可能排除干擾，尤其是強大的「自我糾錯」能力，保證在偏遠地區和移動時的收聽品質。

就世界範圍看，數位廣播已經進入數位多媒體廣播的時代。受眾透過手機、電腦、可攜式接收終端、車載接收終端等多種接收裝置，就可以收聽到豐富多彩的數位多媒體節目。

最早的數位音訊廣播開始於二十世紀七○年代末期。1988 年，基礎性研究和初步的試驗取得階段性結果，在歐洲乃至世界其他地方被廣泛採用。但是由於其高額的費用和狹窄的應用面，世界上許多國家在推廣時都出現價格壁壘問題，受眾較少。2003 年，歐洲市場的情況發生變化，覆蓋範圍變廣。

總之，數位音訊廣播最大的優勢在於，它不僅可以提高聲音品質，增加頻道數量，還可發展多媒體服務。這相對於類比廣播而言，是一種質的飛躍。

二、國際廣播在國際傳播中發揮更大的作用

近年來，隨著國際局勢及各國國家利益取向的變化、新媒體技術發展等因素的影響，作為長期以來重要組成部分的國際廣播，在資訊傳播全球化的過程中遇到新的機遇和挑戰。世界主要先進國家均利用國際廣播宣揚本國文化，瓦解發展中國家本土文化歸屬感；發展中國家積極利用國際廣播，堅守自己的政治文化陣地。世界主要國際廣播媒體對其發展戰略進行調整，國際廣播呈現一系列新的發展趨勢：由政治「硬」傳播轉為文化「軟」滲透，由傳播者本位轉為本土化傳播，由單一廣播媒體轉變為多媒體傳播機構，目標受眾由大眾轉為青年和精英群體。

比如美國之音增加「美國校園」和「音樂世界」這兩個文化節目的時間，每天各 1 小時。在美國對中東的廣播中，中東廣播網透過現代行銷技巧利用音樂，吸引在這一地區占多數的年輕受眾，音樂形式俱全，包括美國的流行音樂，也包含來自埃及等阿拉伯國家的流行音樂，在音樂節目的框架下提供新聞報導。

現在，全世界共有 105 個國家和地區開辦了國際廣播，國際廣播電臺數量有 160 多個，播出語種達 140 多種。

資訊傳播全球化背景下，受眾獲取資訊的管道開始多元化，網際網路和衛星電視成為國際傳播的新興力量。與此同時，國際廣播的受眾也在流失，國際廣播的不可替代性受到了挑戰。因此，各主要國際廣播電臺擴大自己的國際傳播業務，由單一廣播媒體發展成為集廣播、電視、網路、移動資訊為一體的跨媒體傳播機構。

數位科技與國際廣播

數位廣播發展的現狀

① 數位廣播具有抗雜訊、抗干擾、抗電波傳播衰落、適合高速移動接收等優點。

② 可傳送包括音訊、視頻、資料、文字、圖形等在內的多媒體信號。

③ 強大的「自我糾錯」能力，保證在偏遠地區和移動時的收聽品質。

④ 2003 年歐洲市場的情況發生變化，數位廣播覆蓋範圍變廣。

國際廣播在國際傳播中發揮更大的作用

1 世界主要先進國家均利用國際廣播宣揚本國文化。

2 發展中國家積極利用國際廣播堅守自己的政治文化陣地。

3 世界主要國際廣播媒體由政治「硬」傳播，轉為文化「軟」滲透。

4 美國之音增加了「美國校園」和「音樂世界」這兩個文化節目的時間。

5 在資訊傳播全球化背景下，受眾獲取資訊的管道開始多元化。

Unit 13-4
數位電視與跨國電視傳播

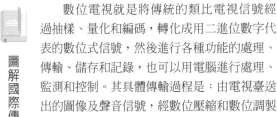

168

一、數位電視發展的現狀

　　數位電視就是將傳統的類比電視信號經過抽樣、量化和編碼，轉化成用二進位數字代表的數位式信號，然後進行各種功能的處理、傳輸、儲存和記錄，也可以用電腦進行處理、監測和控制。其具體傳輸過程是：由電視臺送出的圖像及聲音信號，經數位壓縮和數位調製後，形成數位電視信號，透過衛星、地面無線廣播或有線電纜等方式傳送，由數位電視接收後，透過數位解調與數位視音訊解碼處理，還原出原來的圖像及聲音。因爲所有過程均採數位技術處理，故信號損失小，接收效果好。

　　目前來說，使用者能看到並控制的數位電視功能，大致上有個性化節目指南、互動節目指南、視頻點播、區域天氣預報、訂製新聞、電視節目廣告以及互動遊戲、聊天和收發電子郵件。此外，還有商品零售資訊等。對於正在播出的節目，可同時提供包括背景材料在內的各種相關資料。

　　傳統的類比信號、頻道的切換透過機械進行，通過切換頻道來切換節目，現在已經很不適用。數位電視的使用者可以循著電子功能表的導引，自由選擇自己需要的節目和服務。這種選擇有時會超出電視節目的範圍，有些情況會被稱爲「高級節目指南」或「互動式節目指南」。

　　數位電視節目功能表的搜尋和服務功能，突破傳統類比電視的線性時空概念，可以讓用戶在時間、空間和收看方式上自由選擇。從時間上來說，它會列表介紹正在播出的節目、預告當天乃至以後的節目，也可查詢已經播出的節目。

二、電視跨國廣播在國際傳播中發揮更大作用

　　考察西方一些主要媒體集團的國際傳播發展策略，目前較成功的落地方式，爲透過當地有線電視臺、廣播電視網路公司、頻道代理公司，以及各國的衛星電視平臺。與對象國媒體合辦電視臺，與當地電視臺聯合製作節目，或者透過節目銷售，也是西方國家電視節目落地的一個重要途徑。

　　美國有線電視（CNN）先後與一些國家的傳媒集團合辦電視臺，如與西班牙付費電視營運商 Sogecable 公司共同開辦 CNN 西班牙語新聞頻道；與土耳其多家媒體集團在伊斯坦堡建立 CNN 土耳其頻道；與日本有線電視網（JCTV）合辦 CNN；與印度的 CBN 公司合辦 CNN—IBN 頻道。

　　1998 年英國廣播公司（BBC）同美國探索傳播公司（DCI）合作，在美國創辦一個有線電視頻道 BBC America。2001 年英國廣播公司和加拿大聯合大西洋傳播公司，創辦兩個數位電視頻道——加拿大頻道和 BBC 兒童頻道。隨後，英國廣播公司還同埃及重新簽署衛星電視傳送協議，BBC 的 24 小時國際新聞和訊息頻道（BBC World）向整個阿拉伯地區提供免費電視節目。

　　德國之聲電視臺除了加強與外國電視臺合作外，還與由歐洲和海外的 20 家公共電視臺組成的 Intermag 聯盟進行國際節目交換。現在德國之聲又採用與外臺聯合的形式，共同對一地區進行傳播，它與法國、義大利、西班牙、葡萄牙等歐洲國家的 6 家電視臺和 11 家廣播電臺，共同組成「歐洲廣播電視節目聯盟」，透過亞洲二號衛星用數位技術，向亞洲、澳洲地區傳送廣播電視節目，鞏固歐洲廣播和澳洲**傳媒**市場的地位。

數位電視與跨國電視傳播

數位電視發展的現狀

❶ 數位電視節目可以讓用戶在時間、空間和收看方式上自由選擇。

❷ 從時間上來說，它介紹正在播出的節目、預告當天乃至以後的節目，也可查詢已經播出的節目。

電視跨國廣播在國際傳播中發揮更大的作用

❶ 西方一些主要媒體集團的國際傳播發展策略，目前有較為成功的落地方式。

❷ 方法為透過當地有線電視臺、廣播電視網路公司，以及各國的衛星電視平臺。

❸ 美國有線電視（CNN）先後與一些國家的傳媒集團合辦電視臺。

❹ 1998 年英國廣播公司（BBC）與美國探索傳播公司（DCI）合作，在美國創辦了一個有線電視頻道 BBC America。

❺ 2001 年英國廣播公司和加拿大聯合大西洋傳播公司，創辦了兩個數位電視頻道──加拿大頻道和 BBC 兒童頻道。

❻ 德國之聲電視臺除了加強與外國電視臺合作外，還與由歐洲和海外的 20 家公共電視臺組成的 Intermag 聯盟進行國際節目交換。

169

網路電視產業鏈示意圖

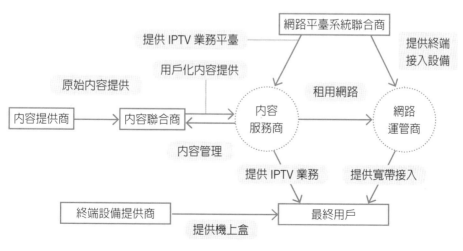

（資料來源：黎斌，《國際電視前沿聚焦》，p. 161。）

Unit 13-5
視頻網站與社群網站

一、視頻網站的定義

　　視頻網是在一定的技術平臺支援下，允許網際網路的用戶線上發布、流覽、分享視頻的網站，主要有網站和播放軟體兩種型態。視頻網站一方面聚合各類專業視頻資源（主要來自電視臺、影視公司及其他專業製作機構），另一方面吸引大量用戶上傳。此外，有的視頻網站也會涉足網路視頻作品的製作和加工。目前主要的視頻網站，有 YouTube、優酷土豆網等。

二、主要視頻網站：YouTube

　　YouTube 是世界上最大的視頻分享網站，2005 年創立。YouTube 集音訊、視頻、文章與圖像為一體，任何人可以分享自己製作的各種格式的視頻檔，觀看他人的視頻，從而創造一種全新的娛樂方式，引發社會和文化方面的革命。YouTube 的介面簡單流暢，在西方世界有廣泛的影響力，網友上傳視頻後，在很短的時間內就可實現於全球範圍的傳播。人們可以成立私人影片院、影片發布站、新聞站，甚至進一步取代傳統媒體。除了網友自己製作上傳的內容，YouTube 也有專業視頻製作機構製作的內容，包括電影、MTV、電視節目。根據市場調查公司 ComScore 的統計資料，YouTube 在美國的市場占有率約為 43%，到 2010 年 5 月有超過 140 億的影片瀏覽次數。

三、社群網站（SNS）

　　1967 年，哈佛大學心理學教授斯坦利•米爾格拉姆（Stanley Milgram）提出「六度分隔理論」（Six Degrees of Separation），即「你和任何一個陌生人之間所間隔的人不會超過六個」。按照這一理論，每一個人的社交只要不斷放大，最後都能組成一個大型網路。社會性網路的網際網路服務，最初正是透過「熟人的熟人」進行社交拓展。發展到後來，「熟人的熟人」變成社交拓展方式的一種，一般的 SNS 不再限於「熟人的熟人」這一層面，人們可根據話題、興趣、職業等不同主題聚合在一起。

（一）社群網站的定義

　　社群網站（social networking services , SNS）即社會性網路服務（簡稱「社交網路」），專指說明人們建立社會性網路的網際網路應用服務。SNS 的另一種常用解釋為「social network site」，即「社群網站」或「社交網」。技術上，SNS 是採用分散式技術（P2P 技術）構建的下一代基於個人的網路基礎軟體。透過分散式軟體程式設計，每個人的 CPU、硬碟、寬頻可被統籌安排，這些設備具備更加強大的能力，如超強的計算速度、超快的通訊速度、超大的存儲空間。絕大部分社群網站提供許多互動方式方便使用者溝通，如聊天、發起討論、發布日誌等。社群網站動輒擁有幾百萬用戶，登錄社群網站，享受其服務成了眾多使用者每天生活的一部分。

（二）主要社群網站：臉書（Facebook）

　　Facebook（原本稱作 the facebook）成立於 2004 年 2 月，創始人為馬克•祖克柏（Mark Elliot Zuckerberg）。創辦 Facebook 時，祖克柏還是哈佛大學一名大二學生，網站設立最初只是為了方便哈佛大學的男孩們認識結交女朋友，因此網站註冊一開始只限於哈佛大學學生。隨後兩個月，Facebook 的註冊範圍擴展到美國波士頓地區其他高校，如史丹佛大學、紐約大學、西北大學及所有的常春藤名校，最終全球範圍內有大學尾碼電子郵箱的人均可註冊加入 Facebook。從 2006 年 9 月 11 日起要求進一步放寬，只要使用者輸入有效電子郵寄位址和年齡段都可以加入。2010 年，Facebook 的流量一度超越 Google。截至 2012 年 9 月，Facebook 內已有超過十幾億個活躍使用者，其中約有 9% 的不實使用者。截至 2012 年，Facebook 每年共產生 180 拍位元組（PB）的資料，並以每 24 小時 0.5 拍位元組的速度增加。統計顯示，Facebook 上每天上傳 3 億 5000 萬張圖片。國內資策會最新（2017 年）調查顯示，臉書在臺灣的普及率高達 90.9%，第二名的 LINE 也高達 87.1%。

　　新的傳播科技使得人能克服時空的限制，擴展自己的社交空間（網路交友），找到欲望抒發的管道，發揮自己在文化生產上的創意，以及對（國際）公共事務的影響力，大幅擴張我們所存在的「情境地理」（situational geography），讓我們能在全球化的虛擬世界中生存。

視頻網站與社交網站

視頻網站的定義

視頻網是在一定的技術平臺支援下，允許網際網路的用戶在線上發布、瀏覽、分享視頻的網站，主要有網站和播放軟體兩種形態。

主要視頻網站：YouTube

▶ YouTube 是世界上最大的視頻分享網站，於 2005 年創立。

▶ YouTube 在美國的市場占有率約為 43%，到 2010 年 5 月有超過 140 億的影片瀏覽次數。

社群網站（SNS）

❶ 社群網站（social networking services，SNS）的定義：SNS 即社會性網路服務（簡稱「社交網路」），專指說明人們建立社會性網路的網際網路應用服務。

❷ 主要社群網站──臉書（Facebook）：Facebook（原本稱作 the facebook）成立於 2004 年 2 月，創始人為馬克‧祖克柏（Mark Elliot Zuckerberg）。

❸ 資策會最新（2017 年）調查顯示，臉書在臺灣的普及率高達 90.9%，第二名的 LINE 也高達 87.1%。

LINE 新服務

LINE 於 2018 年 12 月推出新的「共享內容」，所謂新服務就在每個對話視窗的右上方「∧」更多服務下拉選單之中。上方分成「照片、影片」、「連結」、「檔案」三大類，而每一類都有我們與好友曾經分享過的內容。每個欄位中更是貼心的依照日期來清清楚楚排序著，因此不管是個人對話聊天室還是群組聊天視窗，通通都能非常容易的查找到以往分享過的資料。

Unit 13-6
國際電信聯盟

一、國際電信聯盟的宗旨

國際電信聯盟（International Telecommunication Union, ITU）是一個國際組織，主要負責確立國際無線電和電信的管理制度及標準。它的前身是 1865 年 5 月 17 日在巴黎創立的國際電報聯盟，是世界上最悠久的國際組織。它的主要任務是制定標準，分配無線電資源，組織各個國家之間的國際長途互聯方案。它也是聯合國的一個專門機構，其總部設在瑞士日內瓦。

國際電信聯盟的宗旨：維護和擴大會員之間的合作，以改進和合理使用各種電信；促進對發展中國家的援助；促進技術設施的發展及其最有效的運營，以提高電信業務的效率；擴大技術設施的用途，並儘量使之為公眾普遍利用；促進電信業務的使用，為和平聯繫提供方便等。

二、國際電信聯盟的架構及其成員

國際電信聯盟最高權力機構為全權代表大會，每四年開會一次。代表大會主要任務是選舉祕書長 / 副祕書長、修訂電信聯盟公約等。大會閉會期間，由 41 名理事組成的行政理事會代理行使大會職權，每年開會一次，負責處理財務、人事等方面的行政事務。

聯合國成員國都能成為國際電信聯盟成員國。國際電信聯盟有 193 個成員國，其中包括 192 個聯合國成員國（除了帛琉和梵蒂岡城國）。2010 年巴勒斯坦國被承認為觀察員國。

最近加入國際電信聯盟的成員國是南蘇丹共和國，於 2011 年 7 月 14 日加入。

中華民國於 1920 年加入國際電信聯盟，直到 1971 年聯合國大會 2758 號決議將中華人民共和國視為唯一合法的中國代表，並成為常任理事國為止。此後，中華民國失去成員資格。

國際電信聯盟的成員可能是一些私人組織，像營運商、設備製造商、資助機構、研究和開發組織，以及國際和地區電信組織，它可作為無投票權的部門成員加入。

三、國際電信聯盟的未來工作

國際電信聯盟面臨的一項主要工作，是通過建設訊息通訊基礎設施，大力促進能力建設和加強網路安全，以提高人們使用網路空間的信心，弭平所謂數位鴻溝。實現網路安全與網路和平，是訊息時代人們最關注的問題。國際電信聯盟正在透過其具有里程碑意義的全球網路安全議程，採取切實可行的措施。

2015 年召開的世界無線電通訊大會，同時要求負責開發 IMT 系統的小組（ITU-R WP5D 工作組），研究 6 GHz 以上的其他頻譜在國際移動通訊系統上應用的可能性，這些研究結果將在 2019 年下一屆世界無線電通訊大會上審議。

ITU-R 的主要任務包括制定無線電通訊系統標準，確保有效使用無線電頻譜，並開展有關無線電通訊系統發展的研究。

此外，ITU-R 從事有關減災和救災工作所需無線電通訊系統發展的研究，具體內容由無線電通訊研究小組的工作計畫予以涵蓋。與災害相關的無線電通訊服務內容，包括災害預測、發現、預警和救災。在「有線」通訊基礎設施遭受嚴重或澈底破壞的情況下，無線電通訊服務是展開救災工作最為有效的手段。

國際電信聯盟

國際電信聯盟的宗旨

1 國際電信聯盟（International Telecommunication Union, ITU）是一個國際組織，主要負責確立國際無線電與電信的管理制度和標準。

2 宗旨：維護和擴大會員之間的合作，以改進與合理使用各種電信等。

國際電信聯盟的架構及其成員

❶ 國際電信聯盟最高權力機構為全權代表大會，每四年開會一次。

❷ 聯合國成員國都能成為國際電信聯盟成員國，國際電信聯盟有 193 個成員國。

國際電信聯盟的未來工作

❶ 實現網路安全與網路和平是訊息時代人們最為關注的問題，國際電信聯盟正在透過其具有里程碑意義的全球網路安全議程，採取切實可行的措施。

❷ 2015 年召開的世界無線電通訊大會要求負責開發 IMT 系統的小組（ITU-R WP5D 工作組），研究 6GHz 以上的其他頻譜，在國際移動通訊系統上應用的可能性。

聯合國與傳播通訊相關的組織

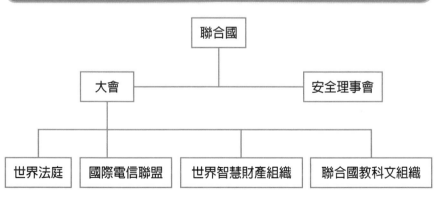

第 **14** 章

跨國媒體全球發展評估

 章節體系架構 ▼

Unit 14-1
跨國媒體全球發展趨勢

一、跨國公司的定義

所謂「跨國公司」或稱「多國公司」（multinational corporation, MNC），經常被稱為多國企業（multinational enterprise, MNE），是在多個國家有業務，通常規模很大的公司。這些公司在不同的國家或地區設有辦事處、工廠或分公司，還有一個總部用來協調全球的管理工作，另有跨國公司（transnational corporation, TNC）、國際公司（international corporation）、「世界公司」等稱呼。跨國公司通常利用承包商來製造特殊商品，外包的經營手法也經常被使用。

大型的跨國公司其預算，甚至超過許多國家的政府預算。一個國家中的地區間以及國家與國家間都會彼此競爭，以爭取跨國公司來到該國設點（隨之將帶來稅收、工作機會和經濟提升）。國家與地區政府通常會提供優惠條件來吸引跨國公司，比如財稅優惠、承諾給予政府協助或較低的環境標準。因此，類似的國際投資雖然多少帶著社會意識，其短期內能獲得巨大利益且四處流動的特性，經常給世人一種「是否逐步剝奪各國在經濟與社會方面的權力，甚至一步步掌控全球」的擔憂與批評。

二、跨國媒體集團

所謂跨國媒體集團，係指將傳播產業設立於他國，或是以資金入股於他國媒體，以及將本身節目提供給外國頻道商播出均是。廣義的媒體泛指廣播、電視、報紙、雜誌、網路、廣告等傳播媒體。媒體的產品具有集體智慧、易於傳布，以及訊息傳達、內容供應的特性，與一般產業實體產品不同。現今全世界最大的跨國媒體集團，是「美國線上時代華納」集團（AOL Time Warner）。

目前有所謂世界五大媒體集團，除了前述的「美國線上時代華納」集團之外，尚有梅鐸的「新聞集團」（News Corporation）、貝圖斯曼（Bertelsmann）、迪士尼（Walt Disney），以及新力－派拉蒙－韋爾康（SONY-Paramount-Viacom）。這五大跨國媒體集團，透過全球在地化的策略，控制全球三分之二以上的通俗文化生產與行銷通路。前述跨國媒體集團係以美國為核心，自從美國 FCC（Federal Communication Commission）在 1980 年代解除了關鍵的媒體併購限制後，以美國為首的傳播媒體集團，就開始走向全球化的道路，並將其「媒體帝國」的影響力伸展到傳播產業以外的相關領域中。

三、跨國媒體集團的資產

跨國媒體集團的資產相當龐大，在其他國家賺取不少的利潤。以 2005 年為例，美國線上時代華納集團的資產約 122 億美元，在北美以外地區所占的利潤比是 21%。新聞集團的資產約 56 億美元，幾乎等於 2006 年臺灣政府總預算，這些全球化媒體集團簡直富可敵國。新聞集團在北美以外地區所占的利潤比更是高達 44%，非常驚人。

在全球化的時代，通訊產業、資訊產業與動畫、電影、出版業、運動賽事、主題樂園經營等，都逐漸被整合在這些跨國性媒體集團的經營範圍之內。這些媒體集團持續針對媒體與科技平臺匯流、文化工業複合體，以及創意產業的綜效（synergy）方向發展。

在戰爭與和平時期傳播的範圍分析圖

不斷增加的衝突

和平的關係	對抗性關係	低度的衝突	中度的衝突	高度的衝突
新聞的流通	外交手段與通訊	公眾策略	傳播恐怖主義	傳播科技與軍事
衛星傳播	通訊與國際性諮商	宣傳手段	傳播革命	軍事
資訊跨國境的流通	國際性衝突中之用語	情報的消除	高度的衝突	軍事武力傳播
國際性廣播	輿論之激憤與開戰	通訊與間諜	傳播科技與軍事	
國際性組織的傳播	在衝突中扮演演員般的媒體	發展破壞性之滲透	軍事武力傳播	
		電子媒體之滲透		

（資料來源：陳建安譯，《全球傳播與國際關係》，p. 312。）

跨國媒體全球發展趨勢

跨國公司的定義與批評

❶ 定義：所謂「跨國公司」或稱「多國公司」（multinational corporation, MNC），經常又被稱為多國企業（multinational enterprise, MNE），是在多個國家有業務，通常規模很大的公司。

❷ 批評：經常給世人一種「是否逐步剝奪各國在經濟與社會方面的權力，甚至一步步掌控全球」的擔憂與批評。

跨國媒體集團

❶ 定義：所謂跨國媒體集團，係指將傳播產業設立於他國，或是以資金入股於他國媒體，以及將本身節目提供給外國頻道商播出均是。

❷ 五大媒體集團：「美國線上時代華納」集團（AOL Time Warner）、梅鐸的「新聞集團」（News Corporation）、貝圖斯曼（Bertelsmann）、迪士尼（Walt Disney），以及新力－派拉蒙－韋爾康（SONY-Paramount-Viacom）。

跨國媒體集團的資產

❶ 以 2005 年為例：新聞集團的資產約 56 億美元，幾乎等於 2006 年臺灣政府總預算。

❷ 經營範圍：通訊產業、資訊產業與動畫、電影、出版業、運動賽事、主題樂園經營等。

Unit 14-2
全球化與全球媒體體系

178

一、全球化的概念

全球化（globalization）的概念並沒有一個標準的定義，不同的學者各自解讀與運用。有些學者將全球化視爲是一種過程，有些看作是一種結果。有些人認爲這是現代化的進程，或者是一種新機會的到來；也有人視全球化是西方化勢力的延伸，是文化帝國主義的延伸等。不論是哪一種說法，都肯定全球化的現象正在發燒，影響力方興未艾，居住在地球上各角落的人都受到這股潮流的影響。

二、全球化的範例：電視媒體

全球化意指一系列導致世界時間、空間的壓縮，以及增加對全球連結的理解。電視的全球化是一個科技、經濟、制度與文化下的產物，包括傳統上各種電視文本都是在民族國家的邊境之內，或相同語言（翻譯）社群之中被製作與消費。

但隨著傳播科技的進展，節目產權、節目通路和電視的閱聽人，其運作卻是跨越民族國家和語言社群的邊界。

類似的電視敘事形式（類型、節目型態），在全世界各地到處流通。如當紅的歌唱選秀節目「American Idol」，或是政治/非政治的談話性節目、美食節目或實境節目（reality show），競相成爲各國節目仿效的對象。

電視的全球化是一個資本主義在文化生產中，追求新商品與新市場的動態擴張的邏輯。因此，電視的全球化只是讓電視此一文化生產活動，成爲消費資本主義的擴展中心。

三、全球化傳播與全球媒體系統

有關全球化傳播（globalized communication）的討論中，媒體集團組織、文化傳播內容、閱聽人與使用者，以及新傳播科技，都是經常被引述的。但是影響這些發展的，絕對不是單一的因素，一種動態與辯證關係的形成，才是理解全球化傳播現象的重要取徑。

Chan（2005）指出：「全球化媒體（global media）是運作在跨越疆界的跨國性媒體。利益導向與經濟規模龐大的公司，有一些意圖從海外市場獲取更大部分的經費預算。即使是非營利的全球化媒體，如公共廣播與政府廣播機構，也都想要將影響力擴充到自己的國家界線之外。」換句話說，在全球化的時代中，所有的媒體，甚至是個人傳播者（如網民），只要有能力，無不積極加入這個新的國際布局當中，企圖掌握新興傳播資源，擴大影響力。

全球媒體系統（globalized communication system）的特徵，包括跨國多媒體集團的茁壯；曾經獨立的媒體部門之科技整合；各類媒體工業的全球市場發展；商業化的傳布和強化；公共服務廣播的式微；西方新聞學中公共服務精神的腐蝕；廣告工業的成長與鞏固；爲了建立最好的全球傳播網絡所形成的商業需求，刺激而生的傳播科技發展；企業的大幅合併（企業合資、併購），導致前所未見的全球性媒體所有權集中現象。

隨著傳播新科技的發展，全球化的速度與規模，加速動作起來。多媒體形式、科技平臺、媒體組織集團，以及媒體內容等面向，都朝向功能的整合與匯流的腳步發展。同時，這些匯流的趨勢，也受到網路傳播發展的影響，可以更快速、更完整，且更有效地將資訊與媒體內容推向全球各地的閱聽人（郭良文、林素甘，2009）。

全球化媒體奇觀

新聞集團全球電視網

地區	公司	占有股份（%）
歐洲	英國天空廣播公司	37.5
	Kirch Pay TV（德國）	24
	Stream（義大利）	43
	Star TV	100
亞洲	SKY PerfecTV!（日本）	10
	衛視音樂臺	87.5
	鳳凰衛視	35.25
	ESPN 體育臺	50
	國家地理頻道	66.7
拉丁美洲	巴西天空電視	36
	墨西哥天空電視	30
	多國天空電視	30
北美洲	併購 DirecTV	

全球化與全球媒體體系

全球化的概念

全球化是西方化勢力的延伸，是文化帝國主義的延伸……。

全球化的範例：電視媒體

① 電視的全球化是一個科技、經濟、制度與文化下的產物。

② 電視的全球化只是讓電視此一文化生產活動，成為消費資本主義的擴展中心。

全球化傳播與全球媒體系統

① 全球化媒體（global media）是運作在跨越疆界的跨國性媒體。所有的媒體，甚至是個人傳播者（如網民），只要有能力，無不積極加入這個新的國際布局當中，企圖掌握新興傳播資源，擴大影響力。

② 全球媒體系統（globalized communication system）的特徵：

　⑴跨國多媒體集團的茁壯；

　⑵曾經獨立的媒體部門之科技整合；

　⑶各類媒體工業的全球市場發展等。

③ 隨著傳播新科技的發展，全球化的速度與規模，加速動作了起來。

Unit 14-3
全球化與媒體併購

180

一、媒體併購的概念

何謂「媒體併購」？媒體併購乃指媒體集團藉由收購其他媒體股權，以擴大勢力範圍的行為。

1990 年起，由於衛星電視通訊科技持續發展且漸趨成熟與普及，電視產業發展歷程中兩項最大的限制：即頻寬不足以及訊號播送區域受限等問題，開始得到有效解決。國際媒體集團趁勢而起，利用強大的資金力量進行併購，企圖透過全球化市場版圖的擴展，有效降低節目成本，獲取更高利潤。

華納兄弟公司原本是電影起家，首先併購時代雜誌，接著買下美國線上（America Online），強化媒體集團的完整力量，成為進軍全球化的利器，旗下的著名媒體包括 CNN 與 HBO 等。而維康集團（Viacom），則擁有 CBS 電視臺、MTV 音樂臺、派拉蒙電影、百視達影業等，全球化實力不可小覷。原先不是媒體起家的迪士尼（Disney）與新力（SONY），也併購一些媒體機構，成為實力強大的跨國媒體集團。迪士尼集團購買 ABC、ESPN 體育臺，並創建迪士尼頻道。而新力集團則併購哥倫比亞與 Tri-Star 電影公司，並買下 CBS Records 等。當然，這其中的佼佼者，非新聞集團（News Corporation）莫屬。

二、新聞集團的擴張

新聞集團是全方位的全球化媒體，旗下公司散布全球各大洲。集團首腦梅鐸（Murdock）是澳洲人，在美國成立新聞集團，全球影響力之大，無任何媒體集團可比。電影部分買下二十世紀福斯電影公司，電視部分包括 Channel [V]、衛星電視（STAR TV）、英國 Sky 衛視與福斯新聞臺等。報紙與雜誌的部分，則擁有《華爾街日報》、《倫敦時報》（The Times）與《英國太陽報》（The Sun）等。

同時，美國在九○年代所進行的解除管制風潮，在相繼開放媒體管制法令後，大媒體雛形日漸浮現。

1996 年《大媒體潮》（Megemedia）一書的出版，宣告大媒體世紀的來臨，同時描述著傳播產業中所出現的匯流趨勢，作者凱文‧曼尼（Kevin Maney）指出，這一波大媒體潮逐漸模糊電話公司、有線公司、電腦軟體公司、電影公司等企業間的界線。為了具備競爭能力，公司規模和實力必須更大、更雄厚，因此許多公司會藉由併購尋找新的交易機會，也造成傳播產業間的併購交易熱潮持續不減。然而，這一波大媒體的熱潮漸漸自美國本土開始向外擴散，並搭上全球化的順風車，成為一股新的全球大媒體浪潮。

三、國際媒體購併案

美國 1996 年的企業併購案有 31 件超過 31 億元，總併購金額達 5500 億美元（傅依傑，1997）。大媒體潮的時代裡，AT&T、IBM、迪士尼、微軟、SONY 成為同業，有線電視、電腦軟硬體、娛樂產品與電子通訊業整合在同一跑道競爭，引爆商業世界大洗牌。

依據 CNN Money 2007 年 5 月 14 日的報導，2006 年前五個月，全球有 446 件媒體購併案，購併金額為 555 億美元，其中美國占 109 件。2007 年同一期全球有 372 件媒體購併案，購併件數雖降低，但購併金額提高為 938 億美元，美國占了其中 81 件。以 Google 公司為例，Google 2006 年收購 YouTube，收購金額 16 億 5000 萬美元。2007 年收購 DoubleClick，收購金額為 3 億 1000 萬美元。不可諱言，美國主導的購併案，一直是全球媒體購併案的大宗。

當集團擴充及國際化開啟資訊經濟（information economy）時，《大媒體潮》一書中曾指出，「性格」與「鈔票」將決定這齣戲碼的贏家與輸家。

McQuail（2001）指出，雖然媒體機構本身是一種企業，媒體的經營除了應該注意一般企業經營上的策略外，因媒體特質與其在社會中的特殊功能，還必須注意其所擔負的社會責任等功能。

新聞集團 2002-2004 年購併情況一覽

時間	購併過程	支付
2002 年 3 月	收購 Chris – Craft 產業公司	價值 53.5 億美元的現金和股票。
2002 年	同 Meredith 進行資產互換,新聞集團售出其 UPN 聯盟的 KPTV,從而得到 Meredith 的 WOFL 和 WOGX 兩家電視臺。	新聞集團還支付 800 萬美元現金給 Meredith。
2002 年 7 月	新聞集團和 Cablevision Systems Corp.,就如何分配雙方的體育電視合資公司資產之事進行談判。透過談判,新聞集團獲得了與 Cablevision 共有的在俄亥俄州、新英格蘭、佛羅里達州、芝加哥和舊金山的五個地區性有線體育頻道的全部控制權。	
2002 年 9 月	新聞集團與 Vivendi 公司達成最終協議,成功收購義大利付費電視公司 Telepiù。	收購價格為 10 億歐元。
2003 年	對 DirecTV 公司進行了收購計畫,獲得 DirecTV 母公司 Hughes Electronics 公司 34% 的控股權。	耗資約 68 億美元。
2004 年 4 月	購買福斯娛樂集團的一部分(約 18%)股份。	用出售其在泛美公司的股份所獲得的資金。

（資料來源：唐世鼎、黎斌主編，《世界電視臺與傳媒機構》，p. 50。）

美國媒體重大購併案（1996-2008）

時間	購併事件	金額（美元）
1996	購併 Infinity	49 億
1998	Bertelsmann 購併 Random House	13 億
1998	AOL 購併 Netscape	42 億
1999	CBS 購併 Outdoor Systems	65 億
1999	Viacom 購併 CBS	380 億
1999	Vivendi 購併 Seagram	340 億
2000	AOL 購併 Time Warner	1660 億
2000	購併 Seagram	340 億
2000	Clear Channel 購併 SFX Entertainment	44 億
2001	Clear Channel 購併 Ackerley Group radio stations	8.5 億
2003	News Corporation 購併 Hughes Electronic Inc.	66 億
2005	eBay 購併 Skype	26 億
2005	New York Times 購併 About.com	4.1 億
2006	Disney 購併 Pixar	74 億
2006	NBC Universal 購併 iVillage	6 億
2008	Sirius Satellite Radio 購併 XM Satellite Radio	33 億

（資料來源：陳炳宏，《媒體併購案例與媒體產權集中對內容多元影響之研究》，國家通訊傳播委員會，p. 15。）

Unit 14-4
全球化與反壟斷

一、各國政府對媒體併購的規範

　　全球媒體越來越為少數大企業所掌握，小規模獨立媒體的經營空間漸漸狹窄，甚至要面對大企業併購的威脅。前述梅鐸的新聞集團，就是明顯例子。

　　媒體的併購成為另一種權力，因此官方紛紛祭出重典進行規範，於國內有 NCC 即將公布的媒體反壟斷法，而國外則有歐盟反壟斷小組對 Google 於網路廣告壟斷的科罰。歐洲聯盟 2017 年 6 月 27 日對 Google 開鍘，祭出 24 億歐元（約新臺幣 826 億元）的反托拉斯罰金，創下空前紀錄。開罰理由為 Google 是推廣自家購物搜尋，排擠較小購物搜尋網站，涉嫌濫用市場支配地位。

　　這項金額打破之前美國晶片大廠英特爾（Intel）受罰 10.6 億歐元時，歐盟就壟斷案開罰所締造的紀錄。儘管這筆金額創歐盟罰款紀錄，但遠低於 80 億歐元的可能最高罰款金額，也就是 Google 去年總營收的 10%。Google 當時的回應是，不同意但「尊重」歐盟的決定，正在考慮上訴。

　　Google 資深副總裁暨法務長華克（Kent Walker）表示：「我們不同意但尊重今天宣布的結論。我們將仔細檢視（歐盟）執委會的決定，並考慮上訴，期待繼續提出對我們有利的論據。」

　　歐盟指控 Google 在搜尋結果中，太過偏袒自家的網購服務 Google Shopping，對 TripAdvisor 和 Expedia 等其他比價服務造成傷害。

　　歐盟執行委員會競爭事務執委維斯塔哲（Margrethe Vestager）表示，Google 作為全球最受歡迎的搜尋引擎，卻「濫用市場主宰地位」，讓自家購物服務享有非法優勢。

　　維斯塔哲聲明指出：「根據歐盟的反托拉斯法規，Google 所為是非法的。它不許其他公司擁有利用優點，從事競爭以及創新的機會。」「最重要的是，它不讓歐洲客戶握有各項服務的真正選擇，以及創新的完整利益。」

二、美國對媒體併購的觀點

　　其實早在 2011 年美國就調查過 Google 是否違反反托拉斯法，當時董事長 Eric Schmidt 就曾親自向參議院表示，Google 創建的是搜尋引擎，而不是內容網站，不管怎麼做，一定都會有人不滿意他們的排名。Cowen & Co. 策略分析師 Paul Gallant 指出，如果消費者仍然受益，美國其實願意容忍一些對競爭力的損害。所以儘管類似訴訟早已行之有年，可是 Google 並未落入下風，因為他們能提出證據，證明消費者有受益。

　　《紐約客》的社論指出，對美國而言，壟斷是邪惡的代名詞。在羅斯福時代，石油卡特爾與鐵路大亨是最大的敵人，其限制競爭、提高價格、傷害消費者。簡而言之，較為古老的美國反壟斷法注重的是「價格」問題。然而以 Google 的案例而言，事實上它並不向一般消費者收費，甚至 Google 本身也反駁，其用戶可以輕易轉向其他搜尋引擎，不構成強迫力量。

　　Google 的案例彰顯反壟斷戰爭，在現今網路時代中更令人困惑。不過歐盟反壟斷的定義比美國更廣泛，因此具有微妙的攻擊性。歐盟的反壟斷法自網路經濟崛起後才有，而其關鍵字是「創新」，它禁止在市場上占主導地位的公司透過收取不公平的價格，或者是限制生產等方式，來創造偏見及拒絕創新。然而其缺點是，所謂對創新的影響其實很難有客觀判斷。

新聞集團購併之路

年分	兼併／收購	被購併企業
1954	兼併	阿德萊德（星期日廣告報）
1960	收購	澳洲（鏡報）
1969	收購	英國（世界新聞報）
1969	收購	英國（太陽報）
1973	收購	聖安東尼奧（快報）、（晚報）、（星期報）
1976	兼併	美國（紐約晚報）
1980	收購	英國（泰晤士報）
1984	兼併	美國（新女性）
1985	收購	20 世紀 FOX 電影公司
1986	收購	香港（南華早報）
1987	收購	哈伯・羅出版公司和澳洲（墨爾本論壇報）
1989	兼併	美國三角出版公司
1990	收購	柯林斯出版公司
1993	收購	香港衛視（STAR TV）
1997	收購	美國新世紀通訊集團
2003	收購	直播電視公司（Direct TV）
* 2018	收購	英國天空廣播公司（Sky）

（資料來源：邱瑞穗，《俄羅斯傳播體系：變遷與發展》，p. 191。）

全球化與反壟斷

各國政府對媒體併購的規範

❶ 歐洲聯盟 2017 年 6 月 27 日對 Google 開鍘，祭出 24 億歐元（約新臺幣 826 億元）的反托拉斯罰金，創下空前紀錄。

❷ 歐盟指控 Google 在搜尋結果中，太過偏袒自家的網購服務 Google Shopping，對 TripAdvisor 和 Expedia 等其他比價服務造成傷害。

❸ 根據歐盟的反托拉斯法規，Google 所為是非法的。它不許其他公司擁有利用優點，從事競爭及創新的機會。

美國對媒體併購的觀點

❶ 早在 2011 年，美國就調查過 Google 是否違反反托拉斯法。

❷ Google 的案例彰顯反壟斷戰爭在現今網路時代中更令人困惑，不過歐盟反壟斷的定義比美國更廣泛，因此具有微妙的攻擊性。

＊ 大紀元 2018.09.28 www.epochtimes.com

Unit 14-5
全球化與全球地方化

184

一、全球在地化的概念

「全球化」（globalization）於 1990 年代後，逐漸成為世界共同面臨與討論的現象。而全球在地化（glocalization）是全球化（globalization）與在地化（localization）兩字的結合。

「全球在地化」意指個人、團體、公司、組織、單位與社群，同時擁有「思考全球化、行動在地化」的意願與能力。這個詞被使用來展示人類連結不同尺度規模（從地方到全球）的能力，並幫助人們征服中尺度（meso-scale）、有界限的「小盒子」（little-box）的思考

二、全球在地化的品牌精神

全球在地化策略就像天平的兩端，一端是全球化、一端是在地化，企業必須明確區隔全球化與在地化的意義，並且在全球市場架構下，找出一個最適切的點切入，發展出適應本土市場的策略。

很多企業並不瞭解全球化的意義，當某項商品在某個市場上銷售長紅，便認為在別的市場一定也會成功。更天真地認為，只要使用當地語言架設好網站，再佐以同樣的廣告與促銷活動，消費者就會蜂擁而來，但事實絕非如此。

全球在地化主張企業，必須因應各地的特殊文化。原則上，帶著越多文化意義與感情，或欲強調個性化的商品，需要越多的在地化，才能讓消費者接受。

三、全球在地化下的電影產業

隨著全球化時代的到來，全球在地化的議題不斷延燒，電影產業作為媒體經濟的一分子，不僅以融資方式製作各階段的活動、發行映演與行銷，也都以國際性的方式進行著。動畫電影逐漸在電影產業展露頭角，美國好萊塢電影等大型跨國集團，本著題材的多元與豐富、高技術、高度視覺效果，配合國際性的發行管道與行銷方式，在世界各國引領風騷，其巧妙結合跨地域性的在地化行銷方式，在臺灣搏得許多動畫迷的心。然而動畫電影所跨越文化與地域性，讓動畫電影所面對的觀眾群，遠比真人電影來得廣泛。因此，動畫電影的海外發行與映演更重要，例如：迪士尼與皮克斯合作的動畫電影《車》（*CARS*），在片中穿插著中文使人為之驚喜；抑或海外配音的選擇，《冰原歷險記》中配音的當地口語化用詞、迪士尼經典動畫主題曲的翻唱、行銷搭配合作方式，在在都顯現美國動畫電影對於因應海外市場地方特殊文化的企圖。

此外，以 Discovery 頻道與國家地理頻道「紀實娛樂類型節目」為例，均能突破地方與全球的地理文化疆界，成功進入全球市場。究其原因，乃採取「全球節目異質化」及「在地素材同質化」的節目，全球在地化過程深入各地方市場。

四、地方、網路與科技賦權

在全球化的脈絡下，「網絡化社會」（networked society）的出現創造了新的力量。地方或非媒體集團仍可以透過網路的運用，重組網絡關係，使地方社會的力量能夠展現。就媒體全球在地化（glocalization）而言，全球化不再純粹是一種以西方為中心的擴散現象。「global-local」所強調的全球與地方的辯證，讓有特色、經營完善的地方媒體與文化，能夠在全球化的環境下出頭，創意產業、文化商品及數位經濟的概念，也因而得到強化。個人意見、公民新聞及地方與社區的全球化再現，也成為可能。

地方如何在全球化時代下，既連結又參與，又能獲得自主性呢？一種強調科技進用（access to technology）、多元素養（multiple literacy）、參與式傳播（participatory communication）與賦權（empowerment）的觀點應運而生。換句話說，在地人民的實踐，包括媒體素養的提升、培養對全球化媒體訊息反省的能力，或者以參與式傳播、或社會運動方式建構市民社會的力量，或許是地方與全球的辯證過程中，獲取權力的重要作法。

全球化與全球地方化

全球在地化的概念

意指個人、團體、公司、組織、單位與社群,同時擁有「思考全球化、行動在地化」的意願與能力。

全球在地化的品牌精神

定義
全球在地化策略就像天平的兩端,一端是全球化,一端是在地化,發展出適應本土市場的策略。

主張
全球在地化主張,企業必須因應各地的特殊文化。

全球在地化的電影產業

❶ 美國好萊塢電影等大型跨國集團,巧妙的結合跨地域性的在地化行銷方式,在臺灣搏得許多動畫迷的心。

❷ 迪士尼《冰原歷險記》中配音的當地口語化用詞,顯現美國動畫電影對於因應海外市場地方特殊文化的企圖。

❸ Discovery 頻道採取「全球節目異質化」及「在地素材同質化」的節目全球在地化過程,深入各地方市場。

地方、網路與科技賦權

❶ 在全球化的脈絡下,「網絡化社會」(networked society)的出現創造了新的力量。

❷ 地方如何在全球化時代下既連結又參與,又能獲得自主性呢?

❸ 一種強調科技進用(access to technology)、多元素養(multiple literacies)、參與式傳播(participatory communication)與賦權(empowerment)的觀點應運而生。

Unit 14-6
全球化與數位落差

一、數位落差的定義

所謂數位落差（digital divide）是指社會上不同性別、種族、經濟、居住環境、階級背景的人，接近使用數位產品（如電腦或是網路）的機會與能力上的差異。數位落差指的是能夠有效使用資訊科技者與無法有效使用者之間的差距；也就是說，數位落差係因地理區隔、族群、經濟狀況、性別及技術、知識與能力，在使用網際網路等資訊通訊科技資源應用上差異所造成的差距。因此，數位落差不全然是負面的意義，數位落差的產生可視為因資訊通訊科技的發展與普及化所造成的一種現象。

最早有系統觀察數位落差的國家是美國，自 1995 年起，由美國商務部國家通訊及資訊管理局（NTIA）陸續發布數位落差調查報告。

二、造成數位落差的原因

造成數位落差的原因很多，包括教育文化、科技發展、政府政策、資源分配、社會結構等層面。造成數位落差的主要因素可歸納為五項，分述如下：

（一）城鄉差距

偏遠地區的家庭，其電腦擁有率較城市為低，接觸數位資訊的機會較城市少。以臺灣為例，臺北市民眾的資訊使用率，遠高於偏遠地區鄉鎮。

（二）社經地位

收入不高的家庭較無購置電腦設備能力，往往大幅降低使用電腦與網路的機會。例如：全球有 70% 的網路用戶，集中在高所得國家，這些用戶大約僅占全球 16% 的人口。

（三）教育程度

教育程度越高者，使用數位資源的機會就越多。

（四）弱勢團體

身心障礙者（諸如視覺障礙、肢體障礙），因先天的限制，使其接觸電腦的機會較一般人來得困難，因而造成極大的數位落差。

（五）年齡層次

青少年對電腦網路的使用較年長者多，因年長者在適應新科技的環境時，會有排斥或產生障礙現象。

尤其是經濟條件差的國家，其數位發展明顯被邊緣化，使得網路普及化的過程困難重重，而且在發展中國家所負擔的網路經營成本，常是先進國家的好幾倍。

數位落差問題，使得國際間對於消弭差距的呼聲日高。1998 年，國際電信聯盟通過一項決議：體認資訊傳播科技的快速發展，已造成資源分配的嚴重落差。因此，資訊社會世界高峰會議（簡稱 WSIS），廣泛討論相關問題。2001 年時，聯合國大會決議 WSIS 採取的會議形式，應突破只有各國政府代表與會的作法，應邀請非政府組織參加。

WSIS 的首要議題，便是如何消弭南、北半球的數位落差，尤其關注如何充實南方國家的資訊傳播科技建設所需的經費。南方國家希望有更多北方國家的經費援助，並希望藉由常設的財務單位，有效運用經費以充實資訊基礎建設。例如：賽內加爾總統韋德提出「數位團結基金」的構想，雖然受到印度、巴西和中國大陸的支持，但美國、歐盟和日本等北方國家則持保留態度。最後，數位團結基金構想在 2003 年年會中雖未能達成任何結論，但在 2005 年的突尼斯會議中，再次重申縮小發展中國家數位落差的重要性，也確立數位團結基金有推行的必要，但必須是自願援助。

全球化與數位落差

數位落差的定義

所謂數位落差（digital divide），指的是能夠有效使用資訊科技者與無法有效使用者間的差距。

造成數位落差的原因

01 城鄉差距

02 社經地位

03 教育程度

04 弱勢團體

05 年齡層次

資訊社會世界高峰會議（簡稱 WSIS）首要議題

如何消弭南、北半球的數位落差，尤其關注如何充實南方國家的資訊傳播科技建設所需的經費。

第 **15** 章

國際傳播與跨文化傳播

 章節體系架構 ▼

Unit 15-1
跨文化傳播的定義與要素

一、跨文化傳播的定義

跨文化傳播（intercultural communication）是不同文化背景的個人、組織和國家之間，進行的資訊交流與溝通。

在當今全球經濟一體化和社會訊息化的背景下，跨文化傳播已成為一種常規的傳播現象。跨文化傳播是傳播學中的一支，也需要按照傳播理論的基本要求，並遵循傳播的基本規律進行實踐和操作。根據拉斯威爾（Harold D. Lasswell）於 1948 年發表的論文《傳播在社會中的結構和功能》中，提出研究傳播行為過程的五個要素：誰傳播、傳播什麼、經由什麼管道、向誰傳播、傳播效果如何（Who says what to whom in which channel with what effect），這成為傳播學的「5W」模式。跨文化傳播中的訊息傳遞，按照傳播者、傳播內容、傳播媒體、接受者和傳播效果可劃分為五個要素。傳播效果和影響力的建構，需要由傳播者的專業能力、傳播內容的吸引力、傳播媒體的有效性共同決定，良好的傳播效果應該有利於建構文化共同體，並且消弭文化差異。

最重要的是，跨文化傳播的關鍵，在於承認對方觀念存在的合理性，以及對方身分的正當性，不要做是與非的絕對判斷。這是增進彼此瞭解，搭建傳播平臺的前提條件。要將傳播問題具體化，將文化衝突暫時擱置，這是實現跨文化傳播訊息傳布的必要手段。真正的以文化訊息傳布為核心，表明傳播誠意，這是跨文化傳播的基本原則。

二、跨文化傳播的三個要素

（一）認知要素

包括文化價值觀、世界觀（宗教）、社會組織。最直接影響跨文化傳播的文化價值觀，主要涉及個體、家庭、宗教、唯物主義、人性、科學技術、競爭、工作與休閒、平等、性別、自然與環境、事件、正式與非正式、言說、沉默、自信心以及人際和諧等。世界觀對跨文化傳播的影響，在於多樣的概念會產生不同的選擇和行為。社會組織會左右人們觀察世界的方法和行為規範，從而影響認知與傳播。

（二）言語要素

言語不僅是一種保存文化的形式，也是一種分享文化的手段。在不同的文化中，表達同一事物的語言所採用的符號和傳遞的意義是不同的。對此，不同的文化會產生不同的反應。人們使用語言的方式因文化的不同而各有差異，即使生活在同一地域的人，使用語言的方式也會有別於主導文化。

（三）非言語傳播

非言語傳播是來自不同文化的人，相互進行有效交流的一個要素。人的身體行為、身體動作、面部表情、時間概念及空間使用等，均會因為傳播主體和接收者文化背景不同，而產生不同的形式和理解，從而傳遞不同的訊息。這在很大程度上，也體現不同文化的深層結構與價值體系。

在全球化時代，跨文化傳播更加活躍和頻繁。政治和經濟強勢的國家，影響甚至操縱著跨文化傳播，形成文化霸權。不同文化間的交流和衝突更加嚴重，強勢文化的擴張必然帶來弱勢文化的萎縮，導致單向的不平等文化傳播，對世界文化的豐富性和多樣性產生威脅。構築一個具有豐富性、多樣性和有序性的跨文化傳播，處理好跨文化傳播與文化多樣性和文化本土化的關係，避免種族主義和種族中心主義，採取互相尊重、互相信任的態度，不僅是跨文化傳播的基本前提，也是跨文化傳播所要追求和維護的價值目標。

跨文化傳播的定義與要素

定義 跨文化傳播（intercultural communication）是不同文化背景的個人、組織和國家間，進行的資訊交流與溝通。

主張 在於承認對方觀念存在的合理性，以及對方身分的正當性，不要做是與非的絕對判斷。

基本原則	真正以文化訊息傳布為核心，表明傳播誠意。

跨文化傳播的三個要素

認知要素 包括文化價值觀、世界觀（宗教）、社會組織。

言語要素 言語不僅是一種保存文化的形式，也是一種分享文化的手段，不同的文化會產生不同的反應。

非言語傳播 人的身體行為、身體動作、面部表情、時間概念及空間使用等，均會因為傳播主體和接收者文化背景不同，而產生不同的形式和理解，從而傳遞不同的訊息。

文化價值觀

　　文化價值觀是跨文化傳播中至關重要的因素。例如：東、西方對於婚姻，如離婚和再婚的價值觀。文化差異可能使跨文化傳播變得極其困難，在某些情況下甚至無法進行。例如：對於牛和豬的看法，佛教徒和回教徒之間有如天壤之別。因此，成功地進行跨文化交流，既要瞭解自己所屬的文化，又要瞭解對方不同的和互補的文化。

（資料來源：MBA 智慧百科 https://wiki.mbalib.com/zh-tw/%E8%B7%A8%E6%96%87%E5%8C%96%E4%BC%A0%E6%92%AD）

Unit 15-2
跨文化傳播中的文化霸權

一、文化霸權理論

文化霸權理論是由葛蘭西提出的，「文化霸權」（cultural hegemony）理論的主要觀點，在於與傳統的政治領導權（political hegemony）相區別。統治階級不是簡單「統治」一個社會，而是透過道德與知識領導者積極引導社會，這就是「文化霸權」。換句話說，就是統治階級將對自己有利的價值觀和信仰，普遍推行給社會各階級；不是透過強制性的暴力措施，而是依賴大多數社會成員的自願接受來實現。

跨文化傳播中的文化霸權現象，一般是指文化傳播強國與文化傳播弱國之間在文化交流中的不平衡狀況，即引進文化要素大於輸出文化要素的數量；外來文化對本國、地區和民族的影響，大於本國、地區和民族文化對外國（地區、民族）的影響現象。

跨文化傳播是一種不對等性的傳播，這種不對等性是由不同國家、地區和民族間的不均速和不等速發展所決定的。另外，還有兩方面的原因：一是國際政治交流不平等、國際政治關係不民主；二是國際經濟交流不平等、國際經濟關係不公平。

經濟基礎決定上層建築，跨文化傳播是一種上層意識形態色彩很濃的傳播形式，必須服從於國際經濟交流，並受到國際政治的強烈制約。而國際政治、經濟是不平等的，所以跨文化傳播必然滲透文化霸權，跨文化傳播的不對等性必然導致文化霸權。

二、跨文化傳播中，文化霸權的表現形式

就內容方面的文化霸權現象來看，西方傳媒發達國家在跨文化傳播中的強勢，可在以下四個方面獲得說明。

(一) 訊息產品貿易

有關數據顯示，美國作為最大的文化產品出口國，其電影、電視節目、音樂、書籍和電腦軟體等文化產品的出口額，每年都達 600 多億美元，超過其他行業的出口額。其中電影已占據世界總放映時間的一半以上，占據世界電影市場總票房的三分之二；電視節目占世界總生產和製作量的 75%，每年向國外發行的電視節目總量達 30 萬小時，美國節目在許多國家的電視節目中占 60-70%，有的占 80% 以上。這不僅僅是文化產品的輸出或傳播，更主要的是傳播一種生活方式、思想方法、行為方式和價值觀念。

(二) 文化和語言

1. 文化方面：以廣告文化為例，許多跨國公司在跨文化廣告傳播中經常出現，例如：美國肆無忌憚彰顯其霸權文化的情節和內容。
2. 語言方面：近幾年許多開發中國家掀起學習英語的熱潮，這現象與跨文化傳播中的文化霸權是相關聯的。

(三) 西方傳媒的強大國際影響力

一些西方先進國家對發展中國家的文化霸權，體現在其運用各種傳媒手段向發展中國家傳播其自由、民主、平等、人權等觀念，宣揚其價值觀，使發展中國家的文化以先進國家的文化為標準，賦予自己在全球化中的支配地位，試圖將他們的文化觀念轉化為世界共同的觀念。

(四) 跨文化傳播訊息的流向

訊息一般都是從強勢國家流向弱勢國家，比如在波斯灣戰爭中，國內媒體的大部分消息，基本上都是來自美聯社、路透社等西方媒體的二手訊息。

三、跨文化傳播中的文化霸權危害

跨文化傳播中的文化霸權，對發展中國家、地區和民族文化傳播主權，以及文化傳播資源構成威脅；為發展中國家、地區和民族帶來文化壓力；對發展中國家、地區和民族帶來價值觀的衝突，容易引起價值體系的混亂，還有可能使弱勢文化被同化，導致民族文化的萎縮，最後引發全球文化生態危機。

跨文化傳播中的文化霸權

文化霸權理論

❶ 倡導人：文化霸權（cultural hegemony）理論是由葛蘭西提出。

❷ 主要觀點：統治階級不是簡單地「統治」一個社會，而是透過道德和知識的領導者積極引導這個社會。

❸ 跨文化傳播中的文化霸權現象：指文化傳播強國與文化傳播弱國間在文化交流中的不平衡狀況。

❹ 不對等性原因：一是國際政治交流不平等，國際政治關係不民主；二是國際經濟交流不平等，國際經濟關係不公平。

跨文化傳播中文化霸權的表現形式

❶ 訊息產品貿易：美國節目在許多國家的電視節目中占 60-70%，有的占 80% 以上。

❷ 文化和語言

　⑴ 文化方面：許多跨國公司在跨文化廣告傳播中經常出現。

　⑵ 語言方面：開發中國家掀起學習英語的熱潮。

❸ 西方傳媒的強大國際影響力：運用各種傳媒手段向發展中國家，傳播其自由、民主、平等、人權等觀念。

❹ 跨文化傳播訊息的流向：訊息一般都是從強勢國家流向弱勢國家。

跨文化傳播中的文化霸權危害

| 1 | 給發展中國家、地區和民族帶來文化壓力。 |

| 2 | 對發展中國家、地區和民族帶來價值觀的衝突。 |

| 3 | 很容易導致全球文化生態危機。 |

193

Unit 15-3
文化帝國主義

一、文化帝國主義的興起與目標

　　文化帝國主義（cultural imperialism）是在二十世紀六○年代，反對「新帝國主義」的國際環境下誕生的。所謂「新帝國主義」，指的是戰後許多殖民地國家在獲得民族獨立的背景下，帝國主義的擴張戰略由軍事手段和直接殖民統治為主，轉向經濟和文化控制為主。文化帝國主義是現代帝國主義總過程的一部分。

　　文化帝國主義有兩個主要目標：一個是經濟的，另一個是政治的。經濟上是要為其文化商品攫取市場，政治上則要透過改造大眾意識來建立霸權。娛樂商品的出口是資本累積最重要的來源之一，也是替代製造業出口在世界獲利的手段。在政治上，文化帝國主義在於將人們從其文化之根和團結傳統中離間出來，並代之以新聞媒體製造出來的，隨著一場場宣傳攻勢變幻的「需求」。

　　「文化帝國主義」的概念，便是強調美國文化挾著政治經濟權力、資本主義文化商品、大眾媒體強勢科技，以及學術思維論述的整體優勢，透過非強制（如軍事、政治的蠻橫力量）卻令人難以拒絕的手段（如消費欲望的滿足或文化商業、媒體影像的糖衣包裝），進而形成實質的文化商品及文化內涵之宰制。

二、文化帝國主義的特點

　　美國學者席勒（H. I. Schiller）認為，文化帝國主義就是「某個社會步入現代世界系統過程中，在外部壓力的作用下被迫接受該世界系統中的核心勢力價值，並使社會制度與這個世界系統相適應的過程。」文化帝國主義有三個特點：

　　㈠它是以強大的經濟、資本實力作為後盾，主要透過市場進行擴張。

　　㈡它是一種文化價值的擴張，即透過含有文化介質的產品或商品的銷售，而實現全球性文化支配。

　　㈢這種文化擴張主要是透過訊息產品的傳播，而得到實現的。

　　日常生活中，由凱文‧克萊（Calvin Klein）、微軟、美國有線電視新聞等文化、資訊商品，重複營造出口味、時尚、語言、思想觀念，乃至於價值判斷的一致性，正透過時空壓縮與科技、資訊網絡的相互連結，而使全球文化趨於單一化。

　　這不禁令人擔心全球社會的跨國互動與連結的結果，將形成以美國或西方為主體的全球單一場域與全球意識，以及在地認同因此削弱的危機。挾著經濟力量、傳播媒體，以及文化產業發展上的優勢，西方文化正對全球各地發出嚴厲的挑戰。

　　然而，其隱憂則在於過度強調文化主體性與草根性，反而可能促成文化民族主義、保護主義的盛行，因而加深文化的封閉性。至於過度強調文化的混雜性、流動性與不穩定性，則可能導致失根的文化認同危機，以及懷疑絕對價值、否定文化意義的極端「文化相對主義」。那麼究竟全球化的結果是文化的同質化、單一化，還是文化的多樣化與混雜化？何以文化的同質化與單一化，以及文化的多樣化和混雜化兩條矛盾衝突的思維主軸，竟能在「全球化」背景下，同時觸動人們對當代文化的強烈危機感？值得我們深思。

文化帝國主義

文化帝國主義的興起與目標

「新帝國主義」的定義

指的是戰後許多殖民地國家在獲得民族獨立的背景下,帝國主義的擴張戰略由軍事手段和直接的殖民統治為主,轉向以經濟和文化控制為主。

文化帝國主義的目標

一個是經濟的,另一個是政治的。經濟上是要為其文化商品攫取市場,政治上則透過改造大眾意識來建立霸權。

文化帝國主義的特點

01 以強大的經濟、資本實力作為後盾,主要透過市場進行擴張。

02 一種文化價值的擴張,即透過含有文化介質的產品或商品的銷售,而實現全球性文化支配。

03 這種文化擴張主要是透過訊息產品的傳播,而得到實現的。

在臺美商電影發行四大優勢

01 優先選檔期

02 上映規模大

03 可以挑片

04 拆帳條件好

結果,國片發行遭遇困境,使得國片回收成本之路更加遙遙無期。

(資料來源:Punchline 娛樂網,https://punchline.asia/archives/33640,陳芛薇 2016.10.18)

Unit 15-4
文化全球化

196

一、文化全球化的定義

文化全球化（cultural globalization）是指世界上的一切文化以各種方式，在「融合」和「互異」的同時作用下，於全球範圍內的流動。我們不妨將文化全球化過程中形成的文化共同體，稱為「全球化文化」（globalized cultures）。

文化全球化是一種全球性的現象，指日常生活的經驗受商品流通和思想傳播影響，在世界形成一種文化表達的標準化。在無線通訊、電子商務、流行文化和國際旅行效率或吸引力推動下，全球化已被視為一種趨勢，其結果同質性（homogeneity），最終會使世界各地的人類經驗基本上相同。

隨著全球化一詞的提出，文化全球化一詞經常出現在各種媒體。對這一概念須從對文化全球化的理解，結合經濟、政治、社會生活等方面綜合分析。

二、對文化全球化的不同觀點

當前，在學術界普遍關注全球化的同時，對「全球化」，尤其是「文化全球化」的看法，產生較大的分歧。

第一種觀點認為，不存在「文化全球化」，「文化全球化」是對「全球化」概念的廣泛使用。

第二種觀點認為，「文化全球化」就是「文化趨同化趨勢」，或者說是文化的同質化。

第三種觀點認為，「文化全球化」意味著「文化的殖民化」。

還有一種觀點認為，「文化全球化」正在消融著「民族文化」。

三、文化全球化與全球經濟關係

文化全球化同經濟全球化一樣，是一種世界發展的趨勢，因為通訊技術的發展，人們的交流更加容易，文化間的交流因而產生。為了實現自身的經濟利益，需要認同自己的文化，就像美國的肯德基、麥當勞一樣，當人們認可美國的速食文化後，才會接受美國的速食食品。所以，有些老年人不喜歡國外的速食，而更喜歡中國的傳統飲食。

文化為經濟打頭陣，經濟為文化發展注入新動力。文化全球化是經濟擴張的必然，只有認同一種文化，才會消費這種文化下的產品，為這個文化下的人製造利潤。

四、文化全球化對母語的衝擊

文化全球化對某些母語帶來不少衝擊，造成語言瀕危現象。母語不僅表示為母親對某個人說的語言，更認定是民族語。1999 年 11 月，聯合國教科文組織（UNESCO）在第三十屆大會上提出倡議：從 2000 年起，每年的 2 月 21 日為國際母語日，其目的在於促進語言和文化的多樣性及多語種化。倡議指出，「語言是保存和發展人類有形和無形遺產的最有力工具。各種促進母語傳播的運動，不僅有助於語言的多樣化和多語種的教育，而且能夠提高對全世界各語言和文化傳統的認識，藉此在理解、容忍和對話的基礎上，促成世界人民的團結。」

母語既是一個族群交流的工具，也是其文化和身分的代表。母語瀕危是一種全球現象。據統計，在全世界現存的 6000 多種語言中，大約 2000 種語言有書面文字，96% 語言的使用者只占世界人口的 4%，超過 1000 種語言處於極度瀕危和嚴重瀕危狀態。聯合國教科文組織 2009 年繪製的「全球瀕危語言分布圖」顯示：印度共有 196 種語言瀕臨滅絕，是瀕危語言最多的國家；排在第二位和第三位的國家分別是美國和印尼，瀕危語言數量分別為 192 種和 147 種。

前不久，聯合國教科文組織總幹事伊琳娜・博科娃（Irina Bokova）博士呼籲國際社會關注瀕危語言，保護語言及文化多樣性，促進社會平等和包容發展。

文化全球化

定義　文化全球化（cultural globalization）是一種全球性的現象，指日常生活的經驗受商品流通和思想傳播影響，在世界範圍內反映一種文化表達的標準化。

概念　對這一概念需從對文化全球化的理解，結合經濟、政治、社會生活等方面綜合分析。

對文化全球化的不同觀點

01 不存在「文化全球化」，「文化全球化」是對「全球化」概念的泛用。

02 「文化全球化」就是「文化趨同化趨勢」，或者說是文化的同質化。

03 「文化全球化」意味著「文化的殖民化」。

04 「文化全球化」正在消融著「民族文化」。

文化全球化與全球經濟關係

認同　為了實現自身的經濟利益，需要人們認同自己的文化。

利潤　只有認同一種文化，才會為這個文化下的人製造利潤。

文化全球化對母語的衝擊

衝擊　文化全球化對某些母語帶來不少衝擊，造成語言瀕危現象。

語言　語言是保存和發展人類有形和無形遺產的最有力工具。

母語　母語既是一個族群交流的工具，也是其文化和身分的代表。

Unit 15-5
外國節目與文化接近

198

一、文化接近的概念

文化接近是指受眾基於對本地文化、語言、風俗等的熟悉，較傾向於接受與該文化、語言、風俗接近的節目。

此概念由斯特勞哈爾（Joseph Straubhaar）1991 年在《大眾傳播批判研究》發表的學術論文＜超越媒體帝國主義：不對稱的相互依賴與文化接近＞（"Beyond media imperialism：Asymmetrical interdependence and cultural proximity"）中首次提出，以此來說明文化距離對節目成功輸出/輸入的重要性。

斯特勞哈爾表示，美國節目的「文化接近」源於龐大的英語市場，近年新興的西班牙、華人、阿拉伯和其他多語言國家的區域電視和音樂市場發展，主要源於區域中的國家在語言與文化的接近性；也由於語言和文化接近性，使得區域電視市場的版圖有別於全球市場。但是他也表示，某些節目類型如音樂和幽默劇，具有一定製作品質和國際知名度，雖然不具有文化接近性，仍有進口優勢；一些區域節目既具製作價值，又有文化接近性，亦能增加其吸引力。

此外，Liebes（1988）則認為文化差異會使閱聽眾用自己的文化背景，詮釋外國節目的文本，並且產生不同的解讀。

從擴張中的全球資本生產體系和市場來觀察全球電視節目的銷售，屬於政治經濟層面，Tomlinson（1997）以為這和文化面是兩回事，也不代表宗主國對接收國產生的文化影響。從後殖民論述來看，舊殖民力量已然消逝。在解除管制的廣電政策下，不單文化產品在資本市場的流通不受限制，反而增強「去疆界」的文化產品流動和交流。

不過，不管鄰國或外國節目具有何種優勢，由於閱聽眾區隔，外來與本國節目仍各有所好。Martin-Barbero（1988）認為本地製作的節目仍有文化接近的優勢，這使得本國節目仍較外國節目具吸引力，本國節目仍有一大群忠實閱聽眾。

二、區域間節目流通的增加

由於文化和語言同源，本國閱聽人「必然」更喜愛收看本國節目，但閱聽人實際選擇電視節目，是在國際、區域和本土節目間穿梭遊走，所以觀察多頻道的閱聽眾收視，不只應瞭解本國境內的文化、種族、價值觀同質的吸引力，還應進一步觀察語言文化接近的區域市場節目彼此流通的情形。

從拉丁美洲和亞洲經驗來看，區域間傳播產品的快速流通，頗符合一種需求法則，即閱聽人基本上受同一文化語言區域的交流和文化接近性的影響。在閱聽眾需求方面，可以進而依循在地、區域、本國、全球等因素，把閱聽眾分為更多層。另外，加上語言和文化的特殊性，如服裝、風格、種族、宗教和價值觀，其中又以文化因素為重要考慮。

區域間節目流通增加的原因，如西班牙語、阿拉伯語和華語市場的出現，一方面顯示區域中有些內需市場大的國家，其國內市場已可涵蓋成本並可獲得利潤，更可外銷；另一方面，這些國家可供應語言相近的鄰國電視和音樂市場。由於文化接近性的影響，區域節目為區域內小國所能負擔，如巴西、印度、墨西哥和美國、香港、日本、韓國等，外銷影視產品都可謂相當成功。

後來，斯特勞哈爾（1997）更進一步指出，與其探討全球化的概念，不如先從區域化或文化、語言可視為同一個市場的觀點談起。例如：巴西人雖說葡萄牙語，但和拉丁美洲國家的接近性仍然比與美國重要；印度節目可輸往沙烏地阿拉伯，因為兩國有歷史文化的淵源和接觸；臺灣閱聽人愛看香港、日本、韓國節目，都受語言文化的接近性影響。

外國節目與文化接近

文化接近與文化差異的概念

文化接近
指受眾基於對本地文化、語言、風俗等的熟悉，較傾向於接受與該文化、語言、風俗接近的節目。

文化差異
文化差異會使閱聽眾用自己的文化背景詮釋外國節目的文本，並且會產生不同的解讀。

區域間節目流通增加的原因

閱聽眾需求
可以進而依循在地／區域／本國／全球等因素，把閱聽眾分為更多層。

文化因素
另外加上語言和文化的特殊性，包括服裝、風格、種族、宗教和價值觀，其中又以文化因素為重要考慮。

市場觀點
從區域化或文化、語言可以視為同一個市場的觀點談起，臺灣閱聽人愛看香港、日本、韓國節目，都受語言文化的接近性影響。

Unit 15-6
全球化與本土化

圖解國際傳播

200

一、本土與本土文化

當討論全球化之際，也會討論本土化。關於「本土」這個字來自拉丁字 locus，字面上意指本地、位置，英文字彙中包括鄰近地區、村莊、城鎮、鄉村、區域或行政區。對本土的整體印象，是含有比較接近的、熟悉的、正面的、較小本地實體的意思。

本土文化通常被認為是具有特殊性，與隱含普遍性的全球文化是相反的概念。所謂「本土文化」（local culture），意指在一個較小的限定空間內，住在其中的居民有著日常、面對面的關係，這種日常生活當中有一些視為理所當然的、習慣性的、重複性的文化活動，而且生活在此空間內的個體可自由行使其文化自主權，並且擁有一種歸屬感，而成員間彼此享有共同沉澱的經驗與文化形式，這些文化的特性是緊密和某個地方聯繫。

然而，持文化帝國主義觀點的學者卻認為，當西方所輸出的媒體產品充滿消費主義與個人主義時，時常會與媒體產品進口國的傳統價值相衝突，而這樣的媒體產品的流通，將導致本土文化與價值的流失（Schiller, 1992）。

不同於普遍主義與特殊主義，Braman（1996）提出「相互滲透的全球化」（interpenetrational globalization）的概念，強調「非賴本土，全球不存」與「無一本土，全球不至」的事實。他也認為，在全球化的分析裡，本土成為動力的來源，科技的發展與全球化的趨勢轉變本土的本質，並進一步衍生某些概念。

二、本土／在地解讀上的差別

其實從不同的觀點與角度出發，對於本土與在地的解讀各有差別。以世界主義者而言，對於全球和地方文化的觀點是，現代不再容易或明確地界定何謂本土文化，本土文化在海外並不普遍；若被視為理所當然的文化，則與外界並沒有清晰的區辨。世界主義者認為，這種現象的暗示可能是全球同質化的危機，也可能是在全球層次上有著相同的地方文化。

若是從解放運動來看本土化的觀點，本土主義被視為一種壓迫的思想及一種鄉愁的觀點。在過去歷史，本土主義經常是某些流血衝突的題材，即使是鄉土的觀點也必須從本土反壓迫和尋求解放的角度去思考。

若將上述針對全球文化與本土文化間辯證關係的討論，放到傳播文化工業的角度來看，則有不同的觀點。根據 Barker（1999）的看法，電視本身是全球的。作為資本主義者現代化的機構，當各類型閱聽人需求不同的本土文化時，可以透過本土化的全球媒體來獲得滿足，本土文化工業再度被排除在聚光的焦點外。

不過，也有不同的觀點提出反證，在電視文化工業中要同質化各種不同的文化，第一，全球電視（global television）必須成功接近到許多的當地國家（host countries）；第二，必須於黃金時段播出；第三，必須要被消費、觀看；第四，必須取代閱聽人現存的價值觀，而現存價值觀是不同於全球電視所帶來的價值觀；最後，全球電視所帶來的價值觀必須容易理解，以至於可以取代當地國家的重要價值觀。

從上得知，全球化所帶來的整合風潮，也促使部分公眾菁英開始關注「草根式的區域文化」。意即全球地方化的概念，基本上可以被視為是一種對於全球化概念的反思，並以「在地化」的思維，來思考如何使特定區域的發展，可以更符合全球化的需求，並為地區爭取最大利益。

整體而言，全球文化與本土文化之間的關係互為主體的依存關係。全球化立足於多元的本土文化，才能拓展深度與廣度，沒有多元的在地文化（本土文化）就沒有全球文化，沒有純粹的全球化或本土化，則本土文化不會被全球文化消滅。

全球化與本土化

本土與本土文化

本土

「本土」這個字來自拉丁字 locus，含有比較接近的、熟悉的、正面的、較小本地實體的意思。

本土化

通常被認為是具有特殊性，與隱含普遍性的全球文化是相反的概念。

本土文化

所謂「本土文化」（local culture）意指在一個較小的限定空間內，住在其中的居民有著日常、面對面的關係。

相互滲透的全球化

強調「非賴本土，全球不存」與「無一本土，全球不至」的事實。

本土／在地解讀上的差別

❶ 不同觀點：從不同的觀點與角度出發，對於本土／在地的解讀各有差別。

❷ 以世界主義者而言：有關本土／在地的解讀，可能是全球同質化的危機。

❸ 從解放運動來看本土化的觀點：本土主義被視為一種壓迫的思想及一種鄉土的觀點。

❹ 從傳播文化工業的角度來看：電視本身是全球的，本土文化工業再度被排除在聚光的焦點外。

❺ 全球電視（global television）：在電視文化工業中，要同質化各種不同的文化。

❻ 價值觀：全球電視所帶來的價值觀必須容易理解，以至於可以取代當地國家的重要價值觀。

❼ 草根式的區域文化：意即全球地方化的概念，以「在地化」的思維，來思考如何使特定區域的發展，可以更符合全球化的需求，並為地區爭取最大利益。

Unit 15-7
全球化與文化混雜化

一、文化混雜化（cultural hybridization）的定義

從九〇年代後，伴隨著全球化論述發展，學術圈的主流知識有不一樣的脈絡或情節（scenario）。混雜（hybridity）原為一個生物演化學的用字，Kraidy 幫他的書取這樣的名字，隱含其書寫對於後殖民脈絡有某種政治論述的企圖。這本講「混雜」的書，本身除了反省幾個「混雜」的概念建構上的姻親，也指陳這些概念有時可互通，有時卻又標誌著其崛起演變的歷時性差異。當然，這些建構的差異其實在功能上服務著不同的言說。

全球傳播訊息不僅種類多樣，而且在性質上是混合的。全球傳播訊息的混合性，主要表現在兩個方面：一是本土性內容與異域性內容的混雜；二是各種訊息形態的糅合。

二、本土性內容與異域性內容的混雜

Pieterse（1995）進一步說明，不論是過去或現在，文化不是簡單朝向文化一致化與標準化的方向移動，誇大西方文化同質性而忽視一個事實。假如檢測文化血統的話可以發現，由西方所輸出的標準規範及其西方文化工業本身，皆具有混合的特質，而歐洲和西方的文化是全球混雜中的一部分。

以下就以迪士尼版《木蘭》與《臥虎藏龍》為例，說明文化產品的混雜化（hybridization）與全球化的關係。

文化產業的全球化與地方化，使混雜已成為文化生產的一個趨勢。然而混雜並不是單純將文化元素混雜，或綜合成一個沒有特色的集合體。混雜的過程中，文化經常產生新的形式與連結。《臥虎藏龍》與《木蘭》是兩部改編自華文文本，並風行全球的影片。曾有研究發現這兩部影片，展示其混雜的複雜性，以及其對於文化全球化的意涵。研究發現「去文化化」、「文化內涵空洞化」，以及「再文化化」是混雜的特殊手法，而製片的背景、目標與行事風格深刻影響產品特色。

在傳播全球化的情境下，世界各國和各個地區的文化傳統彼此交織在一起，不同文化並存、碰撞、競爭的「增量空間」不斷擴大，人類文化呈現出從未有過的密集「交流」狀態。作為一個爭鬥、交鋒場域，「全球文化不是說明同質性或共同文化；相反的，它越來越多地說明，我們共享著一個很小的星球，每天都與他人保持著廣泛的文化接觸，這樣，把我們帶入不同世界定義間的衝突範圍也擴大了。」

三、傳播訊息性質的混合性

在訊息化社會，訊息有一種一體化的整合趨勢。作為全球傳播內容的四類公共訊息不是絕對獨立和分離的，在某些場合，他們有相近、趨近和趨同的趨勢，甚至其中的兩者有可能糅合在一起，形成一種新的特殊訊息狀態。

㈠在高度商業化社會的商業邏輯主宰和僭越下，廣告出現新聞化趨勢。廣告訊息往往侵蝕新聞訊息，以新聞形式宣傳其內容。於是，以新聞形式出場的廣告於是被貼上客觀性的標籤，形成新聞式廣告或者說「廣告新聞」，即所謂「有償新聞」。在跨國公司的全球公關操控下，國際新聞媒體會暗中為世界知名品牌做「廣告新聞」，製作和播放企業新聞專題報導等。

㈡在日益世俗化的大眾消費社會，新聞訊息與娛樂訊息相互趨近，出現新聞娛樂化的趨勢，新聞越來越多帶有故事性、情節性，添加人情味；同時，新聞越來越多以娛樂為主題，兩者的糅合則形成「軟新聞」——「娛樂新聞」（infotainment），其典型形態是所謂的「八卦」新聞（gossip news）。當前，娛樂新聞充斥著世界各地的新聞媒體，娛樂新聞版、娛樂新聞欄幾乎無一例外地成為其最吸引眼球的媒體內容。

㈢商業邏輯不僅侵襲新聞訊息的生產過程，還滲透到娛樂製作當中，出現廣告娛樂化傾向。娛樂製作的贊助商將商品或服務的廣告訊息，隱密地植入到娛樂產品（戲劇、電影、電視劇、相聲小品、電子遊戲）中。

全球化與文化混雜化

文化混雜化的定義

混雜（hybridity） 原為一個生物演化學的用字，Kraidy 幫他的書取了這樣的名字，隱含其書寫對於後殖民脈絡有某種政治論述的企圖。

全球傳播訊息的混合 主要表現在兩個方面：一是本土性內容與異域性內容的混雜；二是各種訊息形態的糅合。

本土性內容與異域性內容的混雜

❶ 全球混雜：由西方所輸出的標準規範及其西方文化工業本身，皆是具有混合的特質，而歐洲和西方的文化是全球混雜中的一部分。

❷ 文化產品的混雜與全球化的關係：混雜的過程中，文化經常產生新的形式與連結。「去文化化」、「文化內涵空洞化」，以及「再文化化」是混雜的特殊手法。

傳播訊息性質的混合性

❶ 廣告新聞（advertising news）：即所謂「有償新聞」。在跨國公司的全球公關操控下，國際新聞媒體會暗中為世界知名品牌做「廣告新聞」，製作和播放企業新聞專題報導等。

❷ 娛樂新聞（infotainment）：其典型形態是所謂「八卦」新聞（gossip news）。當前，娛樂新聞充斥著世界各地的新聞媒體。

❸ 廣告娛樂化傾向：娛樂製作的贊助商將商品或服務的廣告訊息，隱密地植入到娛樂產品（戲劇、電影、電視劇、相聲小品、電子遊戲）中。

第 **16** 章

國際傳播的效果與展望

章節體系架構 ▼

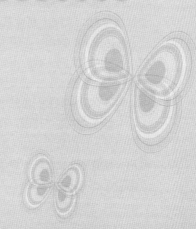

Unit 16-1
國際傳播受眾的角色

一、受眾研究

受眾是傳播過程重要的一環，對於以往受眾研究的理論按時間劃分，可整理成三個部分，即電視普及之前的受眾研究（二十世紀初至二十世紀六〇年代）、電視普及時代的受眾研究（二十世紀六〇年代至二十世紀九〇年代），以及網際網路時代的受眾研究（二十世紀九〇年代至今），其中包括兩個極端，亦即媒體強大（受眾被動）或者受眾強大（受眾主動）。不管是「皮下注射」理論、有限效果論，甚至第三者效果假設等，各方似乎都在做長期的拉鋸戰。最近則有學者提出「受眾本位論」，強調「受眾本位」所體現的以人為本的思想，重申滿足受眾需求是新聞媒體的天職觀點。國際傳播受眾和一般傳播受眾是否相同，或有不同之處？以下是國際傳播受眾的有關研究。

二、國際傳播受眾的角色

(一) 作為宣傳對象的國際受眾

國際傳播架構下的受眾或閱聽人研究，是與整個受眾或閱聽人研究的演變聯繫在一起。英國文化研究代表霍爾（Hall），於 1973 年發表＜製碼／解碼＞一文，重新界定受眾或閱聽人的角色內涵，提出受眾或閱聽人可以有三種解讀位置：主控—霸權式、協商式與反抗式。而後兩者的提出，可說敞開了「主動式閱聽人」研究的大門。到底國際傳播的受眾，是不是「主動閱聽人」？儘管後來有「文化接近性」與「文化折扣」的論點，證明受眾或閱聽人的主動性，但是這裡面存在相當複雜的文化以外因素，有待釐清或加入解釋，包括巨觀的政治、經濟、社會條件，以及傳播產業的形構等因素。

(二) 作為消費者的國際受眾

如果採取一個商業的角度，將新聞視為訊息產品，那麼不斷變動的世界是產品的無限資源，訊息革命為它提供了現代化的生產、加工和輸出手段。或者說，不斷變動的世界是源源不斷的國際新聞訊息材料，現代化的國際傳播媒體是國際新聞採製、加工、輸出的工廠，而全球化的用戶就是國際新聞的消費大眾。

(三) 作為世界公民的國際受眾

廣義而言，全球公民意識或世界公民意識一般典型的定義是具備「以全球為一家」的意識觀念，超越個人的特定國家意識或在地意識之個人。這樣的想法意味著他的認同超越地理或政治的界限，認為整個地球的人類群體是相互影響的整體。英國廣播公司（BBC）的「全球掃描」民調中心（GlobeScan）2016 年發表一份有趣民調，在 18 個國家進行大規模調查後發現，世界上有越來越多的人認同自己是「世界公民」，認為自己先是地球村的公民，再來才是隸屬某個國家或某個區域的人。因此，國際傳播的受眾很多便以作為世界公民為己任。

(四) 作為「商品」的國際受眾

核心國家常把邊陲地區視為大量傾銷廉價娛樂內容的市場，尤其跨國媒體集團精心構成了一套完整的現代化工業生產線，於是一個國際化的商業傳媒市場開始形成，在這種情況下，國際傳播的受眾自然成為一個「商品」。然而，此一論點曾遭到文化帝國主義論點的批判，認為那是一種過度決定論的看法，把各地閱聽人都當成容易上當的呆瓜。

國際傳播受眾的角色

受眾研究

❶ 電視普及之前的受眾研究（二十世紀初至二十世紀六〇年代）

❷ 電視普及時代的受眾研究（二十世紀六〇年代至二十世紀九〇年代）

❸ 網際網路時代的受眾研究（二十世紀九〇年代至今）

國際傳播受眾的角色

❶ 作為宣傳對象的國際受眾：與整個受眾或閱聽人研究的演變聯繫在一起。

❷ 作為消費者的國際受眾：全球化的用戶就是國際新聞的消費大眾。

❸ 作為世界公民的國際受眾：具備「以全球為一家」的意識觀念，超越他個人的特定國家意識或在地意識之個人。

❹ 作為「商品」的國際受眾：國際傳播的受眾自然成為一個「商品」。

民粹橫行與消費受眾

❶ 網路時代政治人物與人民間的距離拉近，也使得政治人物從最早期的議題領導者，轉變為議題及需求的接收者。在網路社會中，在人民「得以期待」政治人物回應其訴求的條件下，政治人物在言行最低限度上，自然須符合人民期待。

❷ 根據財團法人台灣網際資訊中心委託創市際公司執行的電訪資料，2018 年臺灣人 81% 有使用社群網路，其中 99% 有臉書帳號、38% 有 Instagram 帳號，而且有 72% 會看別人的貼文、照片、影片，15% 有在看直播，甚至有 4.2% 的人會開直播。

❸ 另一方面，臺灣已經有上百位著名的 YouTuber，例如：這群人已經破了 280 萬訂閱數，阿滴英文已經破 200 萬訂閱數、HowHow 與聖結石破 100 萬訂閱數，甚至在 2018 年 6 月才成立的理科太太，現在也已經有近百萬訂閱數。相比之下，總統蔡英文的臉書粉絲人數是 220 萬人，臺北市長柯文哲的人數是 210 萬人、前總統馬英九的人數是 180 萬人。一旦使用者訂閱了 YouTube 頻道，當有新影片時就會透過各種方式通知粉絲觀看。

（資料來源：王宏恩 2019.01.23 https://whogovernstw.org/2019/01/21/austinwang40/）

Unit **16-2**
國際節目閱聽人的特質

圖解國際傳播

208

閱聽人依其不同的社經背景、動機、年齡選擇節目收看，伴隨著觀眾特質差異而影響他們選擇收看本土節目或全球節目。

一、文化資本、語言和文化的影響

學者 Cardoso（1973）認為國際化的本國菁英易接近國際節目，因其內容有助吸收世界經濟知識，依賴理論相信精英和中產階層會「國際化」其品味、注意及忠誠，更可能在國內形成一種霸權，影響整個社會大眾。Straubhaar（1991）認為，由於收看外國節目需要不同的文化資本，外國節目的閱聽眾多集中於中上階層。

Straubhaar 以多明尼加研究為例，舉出語言、文化和文化資本如何影響閱聽眾的近用和消費。他解釋，經濟資本決定人們與新科技接近的程度，使得某些閱聽眾取得優先消費全球化媒體的優勢，這些新科技往往供應以美國為主的節目，跨國衛星頻道提供最多的也是美國、英國或日本節目，但由於文化資本、語言和文化的影響，不同社會階層的閱聽眾對喜歡的節目有品味高低之分，中低收入、勞工由於具有本土化的品味，多喜歡本國及鄰國節目，上層階級具有國際品味，他們的教育、就業、旅遊機會和家庭背景，使其有更多「文化資本」瞭解外來節目，也容易喜歡第一世界（主要指美國）的節目，中下階層閱聽眾通常偏好本國和鄰國節目。

二、文化資本和經濟資本的概念

Straubhaar 援引 Bourdieu（1984）文化資本和經濟資本的概念指出，閱聽眾有品味高低之分，社會階級似乎可作為區分民眾文化偏好或品味的指標。社會階級可分成兩個面向：一為經濟面，即 Bourdieu 稱的經濟資本，這可用所得、購買力及擁有貨品等測量，它可決定

人們可以近用何種媒體。第二個面向是文化資本，閱聽眾的文化資本通常從家庭和教育獲得，文化資本和經濟資本相關，但不是絕對有關。Bourdieu 更強調教育機構的重要性，認為文化資本不像經濟資本一樣，可以立即獲得，而是需要花費時間、長期投資才行。品味和文化偏好，因此是特別學習而得的文化能力下的分類社會系統產物。

許多研究發現，除了中上階層或精英分子外，青少年是最常看外國節目的一群。某些跨國節目受到不同國家的青少年普遍喜愛，例如：1981 年問世的 MTV（Music Television），以搖滾和流行音樂為主，吸引青年和青少年次團體收看。歐洲的外來節目以年輕人收看最多，甚至在他們成長後，可能也不排斥外來節目。

三、以各國年輕人為主要訴求

國際上有若干節目以各國年輕人為主要訴求，例如：音樂和戲劇。許多研究發現，外國節目的閱聽眾多以年輕人為主，例如：Mills（1985）研究歐洲收看外國節目的閱聽眾特質，發現由於年輕人對外國語言及事物較為熟悉，國外進口節目對其深具吸引力。墨西哥當地年輕閱聽眾，較偏好美國節目（Straubhaar, 1991），日本、韓國節目更在「特定」族群中流行。石井健一等人在 1996 年所做的一項收視調查結果發現，13-25 歲的閱聽眾，尤其在年輕女性當中，日劇是最受歡迎的類型。2002年吳金煉、曾湘雲所做的另一項調查韓劇收視群的報告中則顯示，收看韓劇族群亦以女性居多，年齡主要分布在 25-30 歲。

由上得知，閱聽眾本身的特質造成各有所好，因此收看外國節目不是一種「大眾」現象，而是「分眾」行為。

國際節目閱聽人的特質

文化資本、語言和文化的影響

01 由於收看外國節目需要不同的文化資本,外國節目的閱聽眾多集中於中上階層。

02 中下階層閱聽眾通常偏好本國和鄰國節目。

文化資本和經濟資本的概念

01 閱聽眾有品味高下之分,社會階級似乎可作為區分民眾文化偏好或品味的指標。

02 社會階級又可分成兩個面向:一為經濟面,如所得、購買力等;另一面向是文化資本。

對文化全球化的不同觀點

1
年輕人對外國語言及事物較為熟悉,國外進口節目對其深具吸引力。

2
收看外國節目不是一種「大眾」現象,而是「分眾」行為。

Unit 16-3
全球化下的主動閱聽人的辯證關係（一）

圖解國際傳播

210

一、主動閱聽人與文化接近性

在當前以全球爲架構的傳播環境脈絡下，不但閱聽人的接收狀況有重大改變，閱聽人研究的內容與方向也應當隨之調整。

其實，國際或全球的傳播與接收，比單一國家或社會更為複雜，但顯現在傳播理論與研究方面，卻與一般閱聽人研究的演變有若合符節之處。

主動閱聽人理論在國際傳播層次上的延伸，主要有兩個重要且相關的階段或面向。

首先是 1980 年代以主動閱聽人爲主要概念，對盛行於 1970 年代的文化帝國主義論點展開批判。強調閱聽人主動性的學者，對文化帝國主義論點相當不以爲然。他們認爲那是一種過度決定論式的看法，費傑士（F. Fejes）就批評，文化帝國主義論述「認爲大眾媒體主要只是操縱工具，能對閱聽人的行爲和世界觀，直接且沒有中介阻攔地產生效果。」

其次是在 1990 年代與當時興起的「文化全球化理論」連結，衍生出主動閱聽人的「強化版」。這類理論特別強調全球化過程中的文化全球化面向，而有意無意地忽略經濟與政治面向。他們以樂觀正面的態度，主張全球化趨勢並不會導致一種同質的全球文化；相反地，由於國族國家控制力量的消退、全球與在地文化交流的迅速與便利，全球化將帶來一種充滿異質變化可能性的多元文化榮景。

同樣基於「主動閱聽人」的信仰，以美國學者斯特勞哈爾（J. D. Straubhaar）爲代表的部分國際傳播學者，提出「文化接近性」這個概念，主張閱聽人在觀賞電視節目時具有主動選擇的能力，若在市場上國產節目與進口節目同樣可得，那麼閱聽人會偏好收看國產節目。這個論點相當程度上反駁文化帝國主義論點，因爲不管美國的強勢文化產品在其他國家占有多大市場，但在文化喜好和選擇上，閱聽人還是忠於本國或本地文化產品。

與此相近的論點，還有站在主流經濟學立場的媒體經濟學者所提的「文化折扣」概念。霍金斯與米洛斯（C. Hopkins & R. Mirus, 1988）指出，此地某個文化下所生產的節目，在進入彼地之時，因爲觀眾無法對節目中的風格、價值、信仰、制度和行爲模式產生共鳴，因此吸引力會降低，此即「文化折扣」。文化接近性與文化折扣的概念提出後，被大量實證研究用來解釋某地節目在另地市場受到歡迎的原因。

二、文化接近性和文化論述的缺點

然而，儘管文化接近性和文化折扣這樣的解釋和取徑，從表面上看似理所當然，且無可反駁的，但稍加探究便會發現其缺點。

第一，文化接近的概念，本身就有其模糊之處。

第二，這也牽涉到，當我們不只是看文本的表面文化因素（如語言、習俗），而是文本背後的意識形態，文化接近性理論的意義便會大幅降低。

第三，僅從文化單一面向來解釋文化產品的國際流通，當然也是不足的。

相對的，文化帝國主義論述則強調國與國之間文化宰制的事實依舊存在，閱聽人的主動性不宜片面誇大。席勒（H. I. Schiller）便批評主動閱聽人理論。他強調，當前的文化宰制形式是一種「總體的套裝文化」（total cultural package），不僅是任何一家超大型媒體集團，其文化產品橫跨印刷、音樂、電視、電影等類型；而且文化宰制的指標應該擴大到英／美語的世界通用、在美式購物中心消費、到迪士尼樂園之類主題公園遊玩，以及去麥當勞等速食餐廳用餐，甚至是它的金色拱門標誌。

相對於文化全球化理論，晚近的文化帝國主義論述對於當前傳播環境的全球性變化，提供更爲根本的結構性觀點，有效批評過度樂觀的全球化理論，也針對閱聽人「主動性」提出替代性的詮釋方向。

然而，文化帝國主義論述還是沒有告訴我們，究竟應該如何適當分析全球文化動態閱聽人接收層次，以及進一步指出具體的閱聽人研究課題。

全球化下主動閱聽人的辯證關係（一）

主動閱聽人與文化接近性

1 主動閱聽人理論在國際傳播層次上的延伸，主要有兩個重要且相關的階段或面向。

➤ (1) 1980 年代以主動閱聽人為主要概念，對盛行於 1970 年代的文化帝國主義論點展開批判。

➤ (2) 在 1990 年代與當時興起的「文化全球化理論」連結，衍生出主動閱聽人的「強化版」。

2 文化接近性：主張閱聽人在觀賞電視節目時具有主動選擇能力，那麼閱聽人會偏好收看國產節目。

3 文化折扣：此地某個文化下所生產的節目，在進入彼地時，因為觀眾無法對節目中的風格、價值、信仰、制度和行為模式產生共鳴，因此吸引力會降低。

文化接近性和文化論述的缺點

1 文化接近的概念，本身就有其模糊之處。

2 當我們看的是文本背後的意識形態，文化接近性理論的意義便會大幅降低。

3 僅從文化單一面向來解釋文化產品的國際流通，當然也是不足的。

Unit 16-4
全球化下的主動閱聽人的辯證關係（二）

三、批判的閱聽人研究

在對這些理論觀點進行交互檢視與批判之後，以下將在兼顧全球與在地、巨觀與微觀的基礎上，提出全球化主動閱聽人研究課題與方向：權力關係、結構的限制，以及動力與資源差異及差距。

（一）在權力關係（全球架構的權力關係）方面

即便是全球化理論家也同意，當今的國際政治、經濟與文化關係仍存在不平等，但他們往往將這種不平等的關係存而不論，甚至認為全球化會帶來各種超越既有權力關係的多元文化呈現。

在地的特殊文化生態或許可以對全球文化同質化的傾向帶來變異，閱聽人或許可以主動詮釋外來文化，但在各地閱聽人所能運用或詮釋的文化範疇與元素，究竟是多元多樣的，還是被某些脈絡下適當的特定生產者與流通者所主控？外國與本國、外國企業與本地企業在這中間各扮演什麼角色？彼此的關係是什麼？都是進行具體研究應該瞭然於胸的基本脈絡。

（二）在結構的限制（微觀與巨觀／在地與全球的辯證與接合）方面

閱聽人主動性是外在結構的限制下運作的，而閱聽人有限度的自主活動，也能反過來影響結構，這是一個辯證過程；也就是，微觀與巨觀／在地與全球的辯證與接合的問題。

因此，在接合微觀與巨觀層次時，必須瞭解全球層次的權力不均等關係，究竟對在地文化生態與閱聽人的文化消費，產生什麼限制，設定什麼範疇？這裡所講的限制與範疇，並不僅僅是具體的媒體產品，更應該是席勒所說的「套裝文化」——從新聞到肥皂劇、服飾到飲食等日常生活的元素。

（三）在動力與資源差異及差距（文化消費的資源差異與差距）方面

研究全球脈絡下的閱聽人接收狀況，應特別探究不同社會位置的閱聽人，消費了哪些外來產品？用了哪些新傳播科技？產生什麼互動結果（接收狀況）？以及這些結果對他們的社會位置產生哪些維繫或變動效果？以上問題，是希望能滿足下列要求：要能實質、妥善處理這些文化過程，所涉及的全球／本土之動態發展。

就文化品味與價值觀的問題來說，外來文化在被本地閱聽人接收的過程中，本地社會對各種文化產品的價值歸類與位階判斷，發生什麼變化？例如：擁有較多物質文化的優勢階級，消費了外來的歌劇、藝術等「高雅文化」產品，對他們維持自身優勢有什麼影響？這一象徵、文化鬥爭過程中，不同社會位置的閱聽人扮演什麼角色？各種文化產品的文化位階產生什麼變化？「有意義的反抗」或「組織化的反抗」在外來文化的媒體下，各以什麼樣的可能性出現在不同的社會位置的閱聽人身上？在這方面，外來與本地文化產品的作用有何差異？為什麼？這些問題都是將閱聽人主動性研究，進一步細緻化所可以注意的議題。

以上問題，希望能滿足下列要求：我們必須結合微觀和巨觀的分析層次。

全球化下主動閱聽人的辯證關係（二）

批判的閱聽人研究

1 在權力關係（全球架構的權力關係）方面

全球化會帶來各種超越既有權力關係的多元文化呈現。

2 在結構的限制（微觀與巨觀／在地與全球的辯證與接合）方面

微觀與巨觀／在地與全球的辯證及接合的問題。

3 在動力與資源差異及差距（文化消費的資源差異與差距）方面

要能實質地妥善處理這些文化過程所涉及的全球／本土之動態發展。

全球化下的閱聽人（Colin Sparks, 2007）

1 慶賀主義（elebratory）者對閱聽人的看法

對閱聽人的看法承襲至對閱聽人主動性的看法，認為對全球化充滿憧憬，樂觀的認為文化產品的全球流通，將使得全球和在地文化產生複雜多變的互動，各地閱聽人將可以擁有更多文化消費的可能性，並進而鬆動過去以地域為依憑、相對僵化的傳統認同。

2 干預主義（interventionist）者對閱聽人的看法

其實也並非全盤否定閱聽人主動性的看法，強調國際間仍存在著權力的不平衡，重視更大的結構關係。

（資料來源：樂多日誌網，jessiemimi, 2008.01.30 http://reader.roodo.com/mimitopia/archives/5398215.html）

Unit 16-5
國際傳播效果

圖解國際傳播

214

一、傳播效果的定義

傳播效果，顧名思義，就是傳播內容對於目標受眾產生了影響。具體表現為：媒體訊息經由傳播管道，使訊息接受者在觀念、態度、行為方面有一定程度的改變。

傳播效果是某一訊息對受眾的影響，有影響就是有效果，沒有影響就是沒效果。而所謂影響描述的是一種因（訊息）果（認識、態度或行為的改變）關係，而這種因果關係包含著這樣一種假定，即受眾可以理解訊息的意義；也就是說，只有在受眾能夠理解訊息意義的前提下，才有傳播效果產生。

傳播學者過去幾十年有關傳播效果的研究，已經有了深厚的基礎，其研究方法與文獻，為國際傳播效果研究提供理論指導和嚴格、可靠的檢測方法。

要研究傳播效果，首先要弄清楚傳播效果研究的對象。訊息傳播涉及傳播內容、傳播對象與訊息給目標受眾帶來的影響。因此，傳播效果研究對象包括：

（一）傳播內容：國際傳播研究開始於傳播者發布的訊息。專家制定的傳播戰略和策略，要通過明確的內容去實現。訊息傳播者就某個主題，透過適當管道，發布了什麼訊息？某個專題宣傳的具體內容在多大程度上，體現國際傳播的戰略和策略？這是首先需要回答的問題。

（二）傳播對象：訊息傳播因為目標任務不同，傳播對象也各不相同。國際傳播可能面對一般受眾或者針對專門受眾。傳播效果透過具體的傳播對象而實現，與傳播對象的屬性和行為表現密切相關。

（三）傳播內容給訊息接收者帶來的影響：傳播效果最後透過訊息接收者的觀念、態度與行為的變化來體現，即是傳播效果研究的核心所在。

傳播效果研究主要考察傳播內容、傳播目的與過程，以及傳播內容給受眾帶來的影響。

不同傳播目的所採用的傳播內容與策略不同：有些是為了廣而告知；有的是為了就某個問題逐漸影響受眾；有些是針對某個問題試圖較快影響受眾。

二、傳播效果研究的兩個新方向

（一）真實的社會建構：主要探討個人形成其世界觀的過程。有學者提出真實社會建構的分析模式，例如：阿鐸尼與曼恩（Adoni & Mane）提出分析模式，包括「客觀真實」（指不隨人主觀意志移轉、客觀存在的外在世界，由事實組成）、「主觀真實」（指人類基於客觀與符號真實所建構的真實）。此外，艾略特（Elliott）提出新的模式假設：人會嘗試基於客觀與符號真實，建構主觀真實，個人會以自身所察覺的真實程度評估資訊，資訊越是被認為逼真，越易被人用來建構其主觀真實。

（二）媒體框架：在爭議性的議題上，各自努力以己方立場去定義或框架議題，例如：墮胎問題。「框架」可被定義為新聞內容的中心組織概念，不但提供新聞事件的脈絡（情境），且透過篩選、強調、排除與精緻化的手段，提供閱聽人議題定義。在某種程度上「媒體框架」提供一種典範，取代研究「（新聞）客觀性及偏見」的舊典範。框架有時先由權勢精英祭出，然後由媒體承接並傳送給公眾。框架的優點除了更精細分析新聞外，同時幫助我們掌握瞭解新聞。

目前傳播學者還未建構出可以解釋所有大眾傳播效果的單一理論，反而提出各種不同的效果理論。

大眾傳播效果並非無所不包，它會因為情況不同而有異，且受媒體以外的許多因素影響，因此，「視情況而定」是大眾傳播效果的問題最正確的答案。

新的研究途徑如前述「真實的社會建構」和「媒體框架」等概念，讓我們更瞭解以精微、複雜的方式影響大眾傳播效果。

國際傳播效果

傳播效果的定義

| 傳播效果 | 傳播內容對於目標受眾產生的影響。 |

| 假定 | 只有在受眾能夠理解訊息意義的前提下，才有傳播效果的產生。 |

傳播效果研究對象

| 傳播內容 | 國際傳播研究開始於傳播者發布的訊息。 |

| 傳播對象 | 訊息傳播因為目標任務不同，傳播對象也各不相同。 |

傳播內容給訊息接收者帶來的影響

訊息接收者的觀念、態度與行為的變化。

傳播效果研究的兩個新方向

| 真實的社會建構 | 主要探討個人形成其世界觀的過程。 |

| 媒體框架 | 在爭議性的議題上，各自努力以己方立場去定義或框架議題，例如：墮胎問題。 |

| 正確答案 | 視情況而定。 |

Unit **16-6**
國際傳播的展望

216

　　網際網路在全球範圍內，被普遍稱為報紙、廣播、電視後的「第四媒體」。無論這一定義的科學性如何，網際網路對傳統媒體已經或即將帶來的衝擊，足以引起人們高度的重視。為此，世界上許多報刊、廣播、電視都紛紛走上網際網路，力求占據一席之地，擴大自身影響。

一、網路廣播

　　廣播有其傳統的運作模式。這種模式是根據廣播媒體自身的特點，而逐步形成的。儘管數位壓縮技術和衛星技術，在很大的程度上改變了過去廣播時代的許多運作模式，但廣播這種聲音媒體的基本特色並沒有根本上的改變，包括以短波傳送為主的國際廣播在內。

　　傳統廣播的最後產品是聲音訊號，網路廣播則是聲音、文字、圖片，甚至圖像的結合體，廣播訊號是按嚴格的時間進行傳播的，而網路廣播則是開放式的、任選擇的、全天候的，這就需要廣播媒體努力探索在運作模式上與網際網路的結合點。

　　目前，BBC 的網路廣播已達 46 種語言，其中有 9 種語言實現在線上廣播，主要目標是歐洲和北美洲電腦普及率比較高的國家和地區。BBC 網路英語廣播還按不同地區，進行本地化編播。

　　未來的網路廣播發展前景，被不少業內人士看好，特別是人類已經進入訊息時代，媒體界線將越來越不明顯。網際網路是實現多媒體發展重要的橋梁，廣播媒體應認真研究與網際網路的結合點，思考自身的發展方向。

二、網路電視

　　全球化傳播是網路電視的另一優勢，網路無國界，作為迄今最為便捷、快速的傳播載體，網際網路在新聞網站的國際化傳播戰略終將發揮到關鍵作用。它是政治形態與文化娛樂，在全球傳播的理想手段。網路電視為這種國際化傳播添色、添聲、添彩。為適應全球化傳播，各網路媒體都需要調整線上新聞價值取向和文化傳播的定位，並儘量與世界標準靠近，以得到世界各國國民的認同，取得滿意的傳播效果。

　　進而言之，未來國際傳播應該是傳統媒體與新媒體齊頭並進，相互協作，共同發展繁榮局面。其次，由於網際網路的特色是互動性，因此，要加強國與國之間的媒體互動，尤其是國際大媒體的互動與交流，包括三方面的互動與合作，一是與市場相關的產品，二是與經營相關的人員，三是與管理相關的制度或規則，以學習先進國家的機制和運作模式，從而培養自己的文化產品競爭力，並能順利進入國際市場，掌握應有的主動權與發言權。

　　現在國際文化及媒體交流越來越活躍，文化產品出現邊緣向中心的反向流動。雖然，這並不能表示西方文化霸權的消失，但它反映世界文化多元化的社會現實。因此，如何實現文化全球在地化，拓展與世界各民族的文化對話，爭取國際新聞受眾，進而建立起自身在國際傳播的應有優勢，是後續須努力的。

　　總之，「國際傳播」乃立足於國際受眾，重視訊息公開，並側重於媒體的多元性與間接性，因而更兼具柔性。若要實現從「對外宣傳」轉向到「國際傳播」，要使自身的立足點從「以我為主」轉向「以國外受眾為主」，使話語體系從「官方語言」轉向「國外受眾語言」。

國際傳播的展望

網路廣播

特色
1. 網路廣播是聲音、文字、圖片，甚至圖像的結合體。
2. 網路廣播是開放式的、任選擇的、全天候的。

發展前景
網際網路是實現多媒體發展重要的橋梁。

網路電視

特色
網路電視為國際化傳播添色、添聲、添彩。

前景發展
❶ 加強國與國之間的媒體互動，尤其是國際大媒體的互動與交流。
❷ 轉向「以國外受眾為主」，使話語體系從「官方語言」轉向「國外受眾語言」。

OTT（over-the-top）影音平臺

定義
指服務提供者透過網路向使用者提供內容、服務或應用。

種類
臺灣 OTT 業者大致可分為三種：線上影音平臺、頻道業者、電信業者。

前景發展
❶ 2016 年堪稱「臺灣 OTT 元年」，經過兩年廝殺後，透過臺灣線上影視產業協會一份白皮書，窺探出臺灣 OTT 產業的新難關。
❷ 由於 OTT 產業競爭激烈，除了積極打擊盜版之外，未來市場也將進行整併。

（資料來源：數位時代，唐子晴，2018.12.14
https://www.bnext.com.tw/article/51661/ott-industry-in-taiwan-netflix-iqiyi）

217

參考書目

1. 李智（2010）。《全球傳播學引論》。北京：新華。

2. 李少南（1994）。《國際傳播學》。臺北市：黎明。

3. 李金銓（1987）。《傳播帝國主義》。臺北市：久大。

4. 李明賢編譯（2013）。《國際傳播與全球媒體 Q & A》。新北市：風雲論壇。

5. 林怡伶（1995）。《臺灣流行音樂產製之研究》。臺北市：國立政治大學新聞研究所碩士論文。未出版。

6. 邱瑞惠（2009）。《傳播體系：變遷與發展》。新北市：風雲論壇。

7. 邱誌勇、鄭志文主編（2011）。《媒體科技與文化全球化讀本》。臺北市：揚智。

8. 吳非、馮韶文（2010）。《媒體與全球在地化》。臺北市：秀威資訊科技。

9. 周小普（2006）。《全球化媒體的奇觀：默多克新聞集團解讀》。北京：中國社會科學。

10. 孫治本（2001）。《全球化與民族國家：挑戰與回應》。臺北市：巨流。

11. 孫憶南譯（Peter Steven 原著）（2006）。《全球媒體時代：霸權與抵抗》。臺北市：書林。

12. 梁偉芊編著（2012）。《國際傳播與國際現勢》。臺北市：鼎茂。

13. 師淑云等譯（1999）。《世界傳播概覽－－媒體與新技術的挑戰》。北京市：中國對外翻譯出版公司。

14. 陳陽（2009）。《全球傳播》。北京：北京大學。

15. 陳卓主編（2007）。《新聞傳播史》。濟南市：齊魯。

16. 陳炳宏（2007）。《媒體併購案例與媒體產權集中對內容多元影響之研究》。臺北市：國家通訊傳播委員會。

17. 陳銘祥（2002）。《通信的規範結構與通信變革》。新北市：韋伯。

18. 陳建安譯（1999）。《全球傳播與國際關係》。臺北市：揚智。

19. 陳穎萱（2010）。《跨國衛星電視在地合製紀實節目之政經分析－－以 Discovery 頻道為例》。臺北市：師大大眾傳播研究所碩士論文（未出版）。

20. 陳衛星譯（A. Mattelart 原著）。《世界傳播與文化霸權》。北京：中央編譯。

21. 陳娟、展江等譯（2012）。《比較媒介體制：媒介與政治的三種模式》。北京：

中國人民大學。

22. 郭良文（2010.11）。〈地方與全球的辯證－－全球化下傳播發展的省思〉。《通識在線》第 31 期。臺北市：通識在線雜誌社。

23. 唐士哲、魏玓（2016）。《國際傳播：全球視野與地方策略》。臺北市：三民。

24. 唐世鼎、黎斌主編（2005）。《世界電視臺與傳媒機構》。北京市：中國傳媒大學。

25. 葉淑明（1998）。《全球與本土：臺灣流行音樂工業的演變》。新北市：輔仁大學大眾傳播研究所碩士論文（未出版）。

26. 葉珊、邱一江譯（Robert L. Hilliard 原著）（2012）。《美國廣播電視史》。北京市：清華大學。

27. 董關鵬主譯（Daya K. Thussu 原著）（2004）。《國際傳播：延續與變革》。北京市：新華。

28. 程予誠（1998）。《傳播帝國：新媒體帝國主義》。臺北市：亞太

29. 程曼麗（2006）。《國際傳播學教程》。北京：北京大學。

30. 彭云（1999）。《國際傳播新焦點》。臺北市：風雲論壇。

31. 彭文正（2017）。《電視新聞實務》。臺北市：三民。

32. 馮建三譯（T. Miller 等原著）（2003）。《全球好萊塢》。臺北市：巨流。

33. 張平功主編（2013）。《全球化與身分認同》。廣州：暨南大學。

34. 楊程凱（2014）。《國際新聞節目產製－－以 TVBS 頻道節目「Focus 全球新聞」為例》。臺北市：世新大學公共關係暨廣告學研究所碩士專業技術報告（未出版）。

35. 黎斌（2007）。《國際電視前沿聚焦》。北京：中國傳媒大學。

36. 劉利群、張毓強主編（2011）。《國際傳播概論》。北京：中國傳媒大學。

37. 劉現成（2004）。《跨越疆界：華語媒體的區域競爭》。臺北：亞太。

38. 魏玓（2006.10）。〈合製文化：反思全球化的國際電影合製〉。《新聞學研究》第八十九期，頁 127-164。

39. 關世杰（2004）。《國際傳播學》。北京：北京大學。

40. 謝奇任（2006）。《國際唱片工業研究》。臺北市：五南。

41. 羅世宏、董靜蓉主編（2014）。《社交媒體與新聞業》。臺北市：優質新聞發展協會。

42. 龍耘譯（T. E. Baldwin, D. S. McVoy & C. Steinfield 原著）（2000）。《大匯流：整合媒體信息與傳播》。北京：華夏。

43. 龐文貞譯（1996）。《國際傳播》。臺北市：五南。

網站

https://zh.wikipedia.org/zh-tw/

日本廣播協會

https://books.google.com.tw/books?id

全球化視野中的國際傳播

https://zh.wikipedia.org/zh-tw/

國際廣播

https://zh.wikipedia.org/zh-tw/

英國廣播公司國際頻道

https://www.bamid.gov.tw/information_246_64717.html

流行音樂產業狀況－－文化部影視及流行音樂產業局

https://www.ey.gov.tw/Upload/RelFile/27/73664/09301139471.pdf

流行音樂產業發展行動計畫

http://www.public.tw/prog/dannyer/exam_papers130130/Uploads/

106 國際傳播

http://wiki.mbalib.com/zh-tw/

MBA 智庫百科國際電信聯盟

file:///C:/Users/Danny/Downloads/publicD3.pdf

國際函授學校

https://books.google.com.tw/

國家傳播戰略

https://zh.wikipedia.org/wiki/

法爾達電臺

https://zh.wikipedia.org/wiki/CNN

國際新聞網絡

http://www.wikiwand.com/zh-hk/

半島電視臺

http://www.storming/article/770229

風傳媒：2018.12.31 陳鈺臻

http://theater.nccu.edu.tw/word/7394292013.pdf

政治大學劇場網站

http://ccs.nccu.edu.tw/word/HISTORY_PAPER_FILES/80_1.pdf

國際新聞節目產製與品質研究

http://wiki.mbalib.com/zh-tw/

MBA Lib MBA 智庫百科跨文化傳播

國家圖書館出版品預行編目資料

圖解國際傳播／莊克仁著. -- 初版. -- 臺北
市：五南，2019.06
　　面；　　公分.
　ISBN 978-957-763-359-0（平裝）

1.國際傳播

541.83　　　　　　　　　108004478

1ZOD

圖解國際傳播

作　　者 ― 莊克仁（213.9）

發 行 人 ― 楊榮川

總 經 理 ― 楊士清

副總編輯 ― 陳念祖

責任編輯 ― 陳俐君　李敏華

封面設計 ― 姚孝慈

出 版 者 ― 五南圖書出版股份有限公司

地　　址：106台北市大安區和平東路二段339號4樓

電　　話：(02)2705-5066　　傳　　真：(02)2706-6100

網　　址：http://www.wunan.com.tw

電子郵件：wunan@wunan.com.tw

劃撥帳號：01068953

戶　　名：五南圖書出版股份有限公司

法律顧問　林勝安律師事務所　林勝安律師

出版日期　2019年6月初版一刷

定　　價　新臺幣300元